Chinese Proficiency Grading Standards for
International Chinese Language Education

国际中文教育中文水平等级标准

词汇速记速练手册

Quick Vocabulary Handbook

张 义 曲抒浩 编著

六级
Level 6

北京语言大学出版社
BEIJING LANGUAGE AND CULTURE
UNIVERSITY PRESS

© 2023 北京语言大学出版社，社图号 23047

图书在版编目（CIP）数据

国际中文教育中文水平等级标准·词汇速记速练手册：六级 ／ 张义，曲抒浩编著．－－ 北京 ：北京语言大学出版社，2023.9

ISBN 978-7-5619-6271-8

Ⅰ．①国… Ⅱ．①张… ②曲… Ⅲ．①汉语－词汇－对外汉语教学－课程标准 Ⅳ．①H195.3

中国国家版本馆 CIP 数据核字（2023）第 094156 号

国际中文教育中文水平等级标准·词汇速记速练手册（六级）
GUOJI ZHONGWEN JIAOYU ZHONGWEN SHUIPING DENGJI BIAOZHUN·
CIHUI SU JI SU LIAN SHOUCE (LIU JI)

排版制作：	北京光大印艺文化发展有限公司
责任印制：	周　燚

出版发行：	北京语言大学出版社
社　　址：	北京市海淀区学院路 15 号，100083
网　　址：	www.blcup.com
电子信箱：	service@blcup.com
电　　话：	编辑部　8610-82303647/3592/3724
	国内发行　8610-82303650/3591/3648
	海外发行　8610-82303365/3080/3668
	北语书店　8610-82303653
	网购咨询　8610-82303908
印　　刷：	北京富资园科技发展有限公司

版　次：	2023 年 9 月第 1 版	印　次：	2023 年 9 月第 1 次印刷
开　本：	787 毫米 × 1092 毫米　1/16	印　张：	17.25
字　数：	234 千字		
定　价：	72.00 元		

PRINTED IN CHINA

凡有印装质量问题，本社负责调换。QQ：1367565611，电话：010-82303590

编写说明

《国际中文教育中文水平等级标准·词汇速记速练手册》（以下简称《词汇速记速练手册》）依据教育部和国家语委联合发布的《国际中文教育中文水平等级标准》（GF 0025—2021）（以下简称《标准》）的"词汇表"进行编写，是面向中文学习者的实用型词汇学习用书。

《词汇速记速练手册》依照《标准》"三等九级"的划分情况，共八个分册（高等为上下两册），分别收录初等一级 500 词、二级 772 词、三级 973 词，中等四级 1000 词、五级 1071 词、六级 1140 词，高等七—九级 5636 词。初等及中等分册内部以 20 个词语为一单元，高等分册内部以 60 个词语为一单元，力求将词汇学习化整为零，充分利用学习者的碎片化时间，提高词汇学习的效率，学习者可以每天完成一单元词语的学练。《词汇速记速练手册》按音序编排词语，分别从读音、词性、释义、用法四个维度对词语进行说明和展示。

《词汇速记速练手册》既可以作为学习者的 HSK 备考用书，也可以作为学习者自主学习中文词汇的学习用书。搭配中的短语、例句尽量从多角度展示词语的各种常见用法，以便学习者能够通过短语、例句的学习切实掌握词语用法。《词汇速记速练手册》初等——三级词语的短语、例句用词以不超出该等级"词汇表"的范围为原则，中等四—六级词语的短语、例句的用词以不超出该单元之前"词汇表"的范围为原则，目的是让学习者通过对《词汇速记速练手册》的学习逐步扩大词汇量，便于学习者自主学习，降低词汇学习难度。为了兼顾短语、例句的丰富性与实用性，部分短语和例句中出现了"超纲词语"，对于这种情况，我们对"超纲词语"加注拼音与英文释义，以帮助学习者理解。

《词汇速记速练手册》初等及中等分册的内部体例分为"目标词语""速记""速练"三部分，高等分册的内部体例分为"速记""重点词语""速练"三部分。

"目标词语"给出本单元需要记忆与掌握的词语，让学习者先有一个整体印象和词语学习目标。"速记"给出词语的拼音、词性、英文释义、搭配。其中，搭配中的目标词语以下画线形式进行标示，短语、例句的选择与编写力求做到典型常用，强调词语在实际语境中的运用，并严格控制"超纲词语"的数量与难度。"速练"对所学词语进行强化练习，初等及中等分册的"速练"部分分三个题型：注音与释义连线题侧重对所学词语语音及语义理解的操练，选词填空题侧重对所学词语意义及用法的考查，完形填空题侧重对易混淆词语的区分。不同的题型各有侧重，互为补充。

《词汇速记速练手册》高等分册取消了"目标词语"板块，每单元 60 个词语分为三个部分，每单元、每部分均配有形式多样的练习。在高等词汇学习阶段，考虑到学习者对部分词语深入了解及词语辨析的需要，增设"重点词语"板块，对较难理解、用法复杂的词语进行进一步说明。高等分册的"速练"部分取消了完形填空题，改为"为词语选择合适的位置"题，从句法的角度考查学生对词语的掌握情况。

词汇是国际中文教育的重点教学内容，这一点已成为业界共识，但词汇系统个性大于共性的特点也决定了词汇教学一直是国际中文教育中的薄弱环节。如何提高词汇学习效率，如何快速扩大学习者词汇量，这些问题编者一直在思考。《词汇速记速练手册》就是编者从教学实际出发，帮助中文学习者自主学习中文词汇的一种积极尝试。书中存在的不足，恳请广大使用者批评指正。

　　本级《词汇速记速练手册》在编写过程中得到华中师范大学中央高校基本科研业务费项目（CCNU18TD017）的资助，在此表示感谢！

编者
2022 年 7 月

Introduction

Chinese Proficiency Grading Standards for International Chinese Language Education: Quick Vocabulary Handbook (hereinafter referred to as *Quick Vocabulary Handbook*), compiled in accordance with the "Vocabulary List" in *Chinese Proficiency Grading Standards for International Chinese Language Education* (GF 0025–2021) (hereinafter referred to as *The Standards*) co-released by China's Ministry of Education and State Language Commission, is a practical vocabulary book for Chinese language learners.

Based on the division of three stages and nine levels (elementary stage: Levels 1–3; intermediate stage: Levels 4–6; advanced stage: Levels 7–9) in *The Standards*, the *Quick Vocabulary Handbook* is composed of eight volumes (the advanced stage has two volumes), respectively including 500 words of Level 1, 772 words of Level 2, 973 words of Level 3, 1,000 words of Level 4, 1,071 words of Level 5, 1,140 words of Level 6 and 5,636 words of Levels 7–9. Each unit in the elementary and intermediate volumes has 20 words, while each unit in the advanced volume has 60 words, aiming to break up vocabulary learning into bits and pieces, so that learners' fragments of time can be made use of and their learning efficiency can be improved. Learners can finish learning and practicing one unit a day. The words in the *Quick Vocabulary Handbook* are arranged in alphabetic order and are explained and demonstrated from four aspects—Pinyin, word class, definition and usage.

The *Quick Vocabulary Handbook* can be used not only as an HSK preparation book, but also as a Chinese vocabulary study guide for self-directed learners. The collocations are phrases and example sentences that illustrate common usages of the words from various perspectives to help learners master these usages. For the phrases and sentences of the elementary words of Levels 1–3, the principle is that they should not use words that exceed the scope of the "Vocabulary List" of the corresponding level; for the intermediate stage of Levels 4–6, the words of the phrases and example sentences should not exceed the scope of the "Vocabulary List" before the current unit. The purpose is to help learners expand their vocabulary step by step by using the *Quick Vocabulary Handbook*, facilitate autonomous learning, and reduce the difficulty. With diversity and practicality taken into account, certain phrases and example sentences include words beyond the scope, which are provided with Pinyin and English definition to help learners understand them.

Each elementary or intermediate volume consists of three sections: "Target words", "Quick memory", and "Quick practice". Each advanced volume consists of three sections: "Quick memory", "Focus words" and "Quick practice".

"Target words" lists the words to be memorized and mastered in the current unit to give learners a whole picture and clear target. "Quick memory" offers the Pinyin, word class(es),

English definition(s), and collocations of each target word. The target words are underlined in the collocations, and the phrases and example sentences selected and written are typical and frequently used. How the words are used in real situations is emphasized and the number and difficulty of the words beyond the scope are strictly controlled. "Quick practice", an intensive practice of the words learned, includes three types of exercises in the elementary and intermediate volumes. The pronunciation/definition matching exercise emphasizes the understanding of the pronunciations and definitions of the words learned, the multiple-choice exercise stresses the practice of the meanings and usages of the words learned, and the cloze exercise focuses on the differentiation between confusable words. These types of questions differ in stress and complement each other.

The "Target words" section is removed from the advanced volume, in which each unit includes 60 words that are divided into three parts. Each part is provided with various forms of exercises. At the stage of advanced vocabulary learning, learners need to understand certain words deeper and to differentiate certain words. In light of that, a new section—"Focus words"—is added to provide further explanation of the words that are difficult to understand and complicated in usage. "Quick practice" in the advanced volume doesn't have the cloze exercise, but the word-filling exercise to test learners' mastery of words from syntax perspective.

It is generally agreed within the field that vocabulary is a focus of international Chinese education, but the fact that vocabulary systems have more differences than commonalities makes vocabulary teaching a weak link in international Chinese education. I've been constantly looking for ways to improve learners' vocabulary learning efficiency and to expand their vocabulary faster. The *Quick Vocabulary Handbook*, based on the reality of teaching, is one of my positive attempts to help Chinese language learners learn Chinese vocabulary independently. Any comments or suggestions you may have on this book would be highly appreciated.

This level of *Quick Vocabulary Handbook* was supported by "the Fundamental Research Funds for the Central Universities" (CCNU18TD017) in the Central China Normal University during the compilation process. I would like to express my gratitude here.

The Author
July 2022

目 录

第 1 单元（挨着—暴露）..1

第 2 单元（暴雨—闭）..5

第 3 单元（边缘—不再）..9

第 4 单元（不至于—餐）...13

第 5 单元（残疾—长短）...17

第 6 单元（长假—撤离）...21

第 7 单元（撤销—出路）...26

第 8 单元（出面—串）...31

第 9 单元（窗口—打断）...36

第 10 单元（打发—当成）..40

第 11 单元（当天—电力）..44

第 12 单元（电器—对外）..48

第 13 单元（蹲—凡是）..53

第 14 单元（繁殖—奉献）..57

第 15 单元（佛—赶上）..61

第 16 单元（敢于—公）..65

第 17 单元（公安—刮）..70

第 18 单元（拐—过时）..75

第 19 单元（海报—宏大）..79

第 20 单元（洪水—混）..83

第 21 单元（混合—嘉宾）..88

第 22 单元（假日—接收）..93

第 23 单元（揭—近日）..98

第 24 单元（近视—剧）...103

第 25 单元（据—看管）...108

第 26 单元（看得见—阔）...113

第 27 单元（啦—联手）...117

第 28 单元（凉鞋—录音机）...122

第29单元（路过—妙）……127
第30单元（灭—母子）……131
第31单元（墓—皮球）……136
第32单元（偏—气氛）……140
第33单元（恰当—亲眼）……144
第34单元（倾向—全新）……148
第35单元（券—若）……153
第36单元（塞—舌头）……158
第37单元（设计师—识）……162
第38单元（识字—双打）……166
第39单元（爽—塔）……171
第40单元（踏—天下）……175
第41单元（添—透露）……179
第42单元（图书—外来）……184
第43单元（外头—为何）……188
第44单元（文娱—险）……192
第45单元（线路—心灵）……196
第46单元（心愿—学会）……201
第47单元（学员—要不然）……205
第48单元（要好—一时）……209
第49单元（一同—影星）……213
第50单元（应对—宇航员）……217
第51单元（雨衣—晕车）……221
第52单元（杂—战友）……225
第53单元（站台—政策）……230
第54单元（政党—至于）……235
第55单元（治病—柱子）……240
第56单元（祝愿—总经理）……244
第57单元（总量—座谈会）……248
语法术语缩略形式一览表……252
六级词汇检索表……253

第 1 单元　Unit 1

◎ 目标词语　Target words

1. 挨着	2. 挨	3. 挨打	4. 安检	5. 罢工
6. 罢了	7. 白领	8. 百分点	9. 办公	10. 办事处
11. 办学	12. 半决赛	13. 傍晚	14. 保健	15. 报刊
16. 报考	17. 抱歉	18. 暴风雨	19. 暴力	20. 暴露

◎ 速记　Quick memory

1　**挨着**　āizhe　next to, close to

树上的叶子一片一片紧挨着，看上去就像一把巨大的伞。
道路两旁多是两至三层的小楼，商店、饭馆一家挨着一家。

2　**挨**　ái　v.　suffer, endure; drag out; delay, dawdle

挨骂；挨饿
只要挨过这段苦日子，生活一定会好起来的。
不要挨时间了，没有人会来救你的。

3　**挨打**　áidǎ　v.　be beaten, suffer a beating

你脸怎么了？挨打了？
我从没挨过打，我父母认为讲道理是最重要的。

4　**安检**　ānjiǎn　v.　give a security check

乘客上飞机前要经过安检。
考生必须通过安检才能进入高考（gāokǎo, college entrance examination）考场。

5　**罢工**　bà//gōng　strike

单纯组织罢工是没有办法解决问题的，双方应该坐下来好好谈谈。
他们罢了多长时间的工？

6　**罢了**　bàle　pt.　used at the end of a sentence to mean "just, merely"

你们别乱说啊，他们俩只是好朋友罢了。
什么老板不老板的，我跟你们一样都只是打工的罢了。

7　**白领**　báilǐng　n.　white-collar worker

李红去年在北京旅行的时候认识了一个在酒店当经理的白领。
大学毕业后，他进了一家贸易公司，成了这个城市里千千万万普通白领中的一员。

8　**百分点**　bǎifēndiǎn　n.　percentage point

7月的失业率（lǜ, rate）比6月下降了0.5个百分点。
今年我校毕业生的就业率比去年上升了2个百分点。

9 办公　bàn//gōng　work in an office, deal with official business

办公环境；移动办公
除非有特殊情况，经理一般不会在家办公。
王经理曾经在这间小办公室里办过三年公。

10 办事处　bànshìchù　n.　office

新办事处的经营由李经理负责。
我们公司在很多城市都有办事处。

11 办学　bànxué　v.　run a school

合作办学
各个国家都有自己的办学模式。
为了更好地服务学生，教育部门努力改善学校的办学条件。

12 半决赛　bànjuésài　n.　semi-final

世界杯半决赛将在本月23日进行。
羽毛球男女团体赛半决赛已在10日晚全部结束。

13 傍晚　bàngwǎn　n.　evening

我们一直等到傍晚才出发。
由几位著名艺术家联合举办的展览活动将在30日傍晚开幕。

14 保健　bǎojiàn　v.　maintain health

保健操；保健工作
医疗保健事业的健康发展需要政府的积极引导。
这本书分为"老年生活"和"老年保健"两大部分。

15 报刊　bàokān　n.　newspapers and periodicals

全国平均每百人订有报刊17.4份。
省图书馆目前有各类报刊2000多种。

16 报考　bàokǎo　v.　enter (oneself) for an examination

今年全国报考硕士研究生的人数有400多万。
这孩子从小学习成绩就好，就算报考最好的大学也是很有希望上的。

17 抱歉　bàoqiàn　adj.　regretful, sorry, apologetic

很抱歉，这件事我帮不上你。
他为自己没有调查清楚就乱批评人感到抱歉。

18 暴风雨　bàofēngyǔ　n.　rainstorm

暴风雨就要来了。
昨日夜间的暴风雨导致我市大面积停电（tíngdiàn，power cut）。

19 暴力　bàolì　n.　violence

这部电影的主题是反对暴力和战争。
面对暴力，我们要勇敢说"不"，并拿起法律武器。

20 **暴露** bàolù v. expose

暴露问题；暴露目标
我们要让这些问题暴露在阳光下。
一个人听什么歌往往会暴露他的年龄。

◎ **速练** Quick practice

一、先根据词语写拼音，再将词语和正确的英文释义连起来
Write Pinyin according to the words, and then match the words with the correct English definitions.

1. 挨着 ＿＿＿＿＿＿＿＿　　　　　　A. white-collar worker

2. 安检 ＿＿＿＿＿＿＿＿　　　　　　B. semi-final

3. 罢工 ＿＿＿＿＿＿＿＿　　　　　　C. newspapers and periodicals

4. 白领 ＿＿＿＿＿＿＿＿　　　　　　D. next to, close to

5. 暴露 ＿＿＿＿＿＿＿＿　　　　　　E. evening

6. 报刊 ＿＿＿＿＿＿＿＿　　　　　　F. expose

7. 傍晚 ＿＿＿＿＿＿＿＿　　　　　　G. give a security check

8. 半决赛 ＿＿＿＿＿＿＿　　　　　　H. strike

二、选择合适的词语填空　Choose the right words and fill in the blanks.

（一）　A. 挨着　　B. 罢了　　C. 办学　　D. 报考　　E. 罢工

1. 这些根本不是事实，都只不过是没有根据的猜测＿＿＿＿。

2. 李校长在会上总结了我校30年的＿＿＿＿经验，并对学校未来的发展方向做了深入的分析。

3. 天太热了，连空调都＿＿＿＿了。

4. 教室后边有个男生＿＿＿＿墙低头站着，好像是做错了什么事。

5. 当初我＿＿＿＿的专业并不是教育学，而是心理学。

（二）　A. 挨　　B. 白领　　C. 半决赛　　D. 抱歉　　E. 办事处

1. 中国女子排球队顺利进入＿＿＿＿。

2. 雷路公司十分看好中国市场，目前在上海、北京和广州都有＿＿＿＿。

3. 他虽然是大公司的＿＿＿＿，但在短时间内也买不起属于自己的房子。

4. 你想挣这份钱，就得＿＿＿＿这个累，这是你自己选的。

5. 如果我曾经让你感到难过，____！我绝对不是故意的。

（三） A.挨打　　B.百分点　　C.傍晚　　D.暴风雨　　E.报刊

1. 总公司要求我们今年的销售利润要比去年提高至少 10 个____。
2. 天突然黑得跟晚上似的，眼看一场____就要来了！
3. 别看小马现在这么优秀，他小时候可调皮了，经常____。
4. 阅览室里适合青少年阅读的____非常丰富。
5. ____的时候，村口那棵大树底下，总有些老头儿老太太在那儿喝茶、聊天儿。

（四） A.安检　　B.办公　　C.保健　　D.暴力　　E.暴露

1. 专家建议，购买____品一定要根据个人的身体情况，另外要注意合理消费。
2. 有问题大家应该好好商量，争吵（zhēngchǎo, quarrel）和____解决不了任何问题。
3. 这次安全检查____出很多问题，必须认真对待，及时解决。
4. 那瓶水刚才过____的时候拿出去了。
5. 王总，请问贵公司在什么地方____？方便给我一张名片吗？

三、选择合适的词语完成句子　Choose the right words to complete the sentences.

1. 他不过就是个刚毕业的大学生____，有什么不得了的？！
   A.罢了　　　　B.算了　　　　C.得了　　　　D.行了
2. 经理脾气大，我们这些员工没有哪天不____骂的。
   A.挨　　　　　B.受　　　　　C.忍　　　　　D.见
3. 因为改进了方法，实验的成功率提高了 5 个____。
   A.百分之　　　B.百分点　　　C.百分百　　　D.一百分
4. 公司今年打算在西部地区成立几个新的____。
   A.办公室　　　B.办事处　　　C.代表团　　　D.会议室
5. 对不起，周五下午公司组织学习和开会，不对外____。
   A.办学　　　　B.办公　　　　C.办事　　　　D.办理

第 2 单元　Unit 2

◎ **目标词语　Target words**

21. 暴雨	22. 爆	23. 爆发	24. 爆炸	25. 悲惨
26. 背心	27. 背着	28. 被告	29. 奔跑	30. 本
31. 本地	32. 本期	33. 本身	34. 本土	35. 本质
36. 逼	37. 笔试	38. 必将	39. 必修	40. 闭

◎ **速记　Quick memory**

21　**暴雨**　bàoyǔ　*n.*　torrential rain

今天晚上有<u>暴雨</u>，下班以后早点儿回家，把窗户关好。
<u>暴雨</u>刚过，天上出现了一道彩虹（cǎihóng, rainbow）！

22　**爆**　bào　*v.*　explode, burst

别再吹气了，气球要<u>爆</u>了！
车在高速公路上<u>爆</u>胎（tāi, tire）是特别危险的事。

23　**爆发**　bàofā　*v.*　(of a volcano) erupt; break out

这是个活火山（huǒshān, volcano），新闻里说最近很可能会<u>爆发</u>。
战争在1914年<u>爆发</u>了。

24　**爆炸**　bàozhà　*v.*　explode, blast

目前为止，已有300人在<u>爆炸</u>中受伤。
<u>爆炸</u>风险被警察成功解除了，这里的居民安全了。

25　**悲惨**　bēicǎn　*adj.*　miserable

生活在战争年代的人们没有办法避免<u>悲惨</u>的命运。
她的成长经历非常<u>悲惨</u>，但她一直努力奋斗，最后过上了幸福的生活。

26　**背心**　bèixīn　*n.*　vest

他的篮球<u>背心</u>上写着"23"。
夏天很热，街上到处都是穿着短裤、<u>背心</u>的人。

27　**背着**　bèizhe　　hide sth. from, do sth. in secret

<u>她背着</u>父母报名参加了歌手比赛。
难过的时候，妈妈只能<u>背着</u>我们偷偷流眼泪。

28　**被告**　bèigào　*n.*　defendant

他不是法官吗？怎么成被告了？
<u>被告</u>是一名年轻女性，只有十八九岁的样子。

5

29 **奔跑** bēnpǎo *v.* run, rush

一群马在草原上自由地奔跑着。
人生就像一场长距离的奔跑比赛，重要的是坚持，而不是速度。

30 **本** běn

（1）*pron.* one's own; this, current
本市；本日；本月
本人姓方，是北京人。
本次活动是由北风公司赞助的。
（2）*adv.* originally, at first
我本不打算告诉别人，现在不说也不行了。
他本不想出门，可是妻子却拉他一起去逛街。

31 **本地** běndì *n.* local

你看起来不像本地人。
这是本地的一种特色美食，您尝尝。

32 **本期** běn qī current period

本期杂志介绍了著名演员马丽小姐。
感谢收听本期节目，听众朋友们，再见！

33 **本身** běnshēn *pron.* itself, oneself

这个问题本身并不难解决，关键要看你想不想解决。
他本身就是个不爱运动的人，一看要花这么多钱，就更不想去什么健身房了。

34 **本土** běntǔ *n.* native, native land

近几年，本土企业发展得越来越好了。
很多牌子好像很有名，但是在本土以外的地方就没什么人知道了。

35 **本质** běnzhì *n.* essence, nature

事物的本质和我们看到的现象往往不一致。
这个人的本质并不坏，就是有点儿爱说大话。

36 **逼** bī *v.* force, compel

学钢琴有时候必须逼一下儿，不然是学不出来的。
我父母从来不逼着我学这学那，他们更关注我对什么真正感兴趣。

37 **笔试** bǐshì *v.* test in writing

这次考试的笔试部分很容易。
这次笔试的地点在一号教学楼。

38 **必将** bìjiāng *adv.* will certainly

青年必将成为未来世界的主人。
今天不努力，明天你必将为今天的行为感到后悔！

39 **必修** bìxiū *adj.* compulsory

大学里的课程一般分为必修和选修两种。
变老是人生的必修课。

40　闭　　bì　　v.　　close

所有人都对这件事情闭口不提。
小李闭上眼睛，试着不去想发生的一切。

◎ 速练　Quick practice

一、先根据词语写拼音，再将词语和正确的英文释义连起来
Write Pinyin according to the words, and then match the words with the correct English definitions.

1. 爆炸 _____　　　　A. compulsory

2. 悲惨 _____　　　　B. miserable

3. 被告 _____　　　　C. force, compel

4. 本质 _____　　　　D. vest

5. 笔试 _____　　　　E. defendant

6. 必修 _____　　　　F. test in writing

7. 背心 _____　　　　G. explode, blast

8. 逼 _____　　　　　H. essence, nature

二、选择合适的词语填空　Choose the right words and fill in the blanks.

（一）　A. 暴雨　　B. 背心　　C. 本地　　D. 逼　　E. 悲惨

1. 他身上这件毛____是女朋友给他织（zhī, weave）的，"温暖"牌的！

2. 没有人____我，这一切都是我自愿的。

3. 连日____使城市交通受到了严重影响。

4. 这个电视剧里人物的经历都太____了，我看不下去了。

5. 记者联系了____十几家宾馆，都说客满无房了。

（二）　A. 爆　　B. 背着　　C. 本期　　D. 笔试　　E. 本

1. ____读书会我们将和大家分享小说家一繁的最新作品。

2. 他通过了公司的____，但是面试成绩不太理想。

3. 他不知道____你说了你多少坏话呢！你还帮他？！

4. 我们老板说自己____是个普通农民，是大胆尝试给了他富起来的机会。

5. 昨天我的手机充电的时候，电池给充____了。

（三）　　A.爆发　　B.被告　　C.本身　　D.必将　　E.本质

1. 这门课____特别无聊，却因为有一个幽默的老师而变得有趣起来。

2. 听说____的律师是一名很有经验的大律师。

3. "善良"和"傻"是有____区别的。

4. 小夫妻俩冷战（lěngzhàn, cold war）了3天，今天终于____了，吵得楼下都听得清清楚楚。

5. 这里发生的一切____成为过去，有的会被写进历史，有的会被人们彻底忘记。

（四）　　A.爆炸　　B.奔跑　　C.本土　　D.必修　　E.闭

1. 你____嘴，不懂就不要乱讲话！

2. 我这儿有一条____性的新闻，你想不想听？

3. 我这学期有6门____课，会很忙。

4. 希望各位即将毕业的同学能在人生的道路上努力____。

5. 想要让更多的人学习说中文，就需要培养更多的____中文教师。

三、选择合适的词语完成句子　　Choose the right words to complete the sentences.

1. 这部小说描写了19世纪末至20世纪初农民的____生活。

　　A.悲伤　　　B.悲惨　　　C.难过　　　D.伤心

2. 他___老婆买了一辆车。

　　A.背着　　　B.偷偷　　　C.悄悄　　　D.秘密

3. 新事物代替旧事物是历史发展的____。

　　A.必然　　　B.目标　　　C.必将　　　D.肯定

4. ____你们俩认识啊，我还打算给你们互相介绍一下儿呢。

　　A.本　　　　B.本来　　　C.曾经　　　D.原来

5. 不论哪个国家，政府都会优先支持____企业的发展。

　　A.本地　　　B.本土　　　C.当地　　　D.地方

第3单元　Unit 3

◎ **目标词语**　Target words

41. 边缘	42. 编制	43. 扁	44. 变更	45. 变换
46. 变形	47. 便	48. 便是	49. 遍地	50. 表面上
51. 病房	52. 病情	53. 拨打	54. 波动	55. 波浪
56. 播	57. 不便	58. 不见	59. 不料	60. 不再

◎ **速记**　Quick memory

41　边缘　biānyuán　*n.*　margin, edge

城市的边缘
那张照片的边缘都破了，照片上的人也很模糊。
汽车行驶在山路（shānlù, mountain path）的边缘，感觉像是在飞一样。

42　编制　biānzhì　*v.*　weave; compile

编制竹器；编制程序
有的人爱好手工编制的日用品。
他的工作就是根据客户的需要编制各种电脑程序。

43　扁　biǎn　*adj.*　flat

这种动物的嘴又宽又扁，看起来像鸭子的嘴。
你帮我看看超市里有没有那种扁的面条儿，有的话买一斤。

44　变更　biàngēng　*v.*　change, modify, alter

变更计划
变更合同指的是对合同内容进行修改。
一旦确认后，就不能随意变更注册信息了。

45　变换　biànhuàn　*v.*　transform, change

变换位置；变换身份
这个节目的内容不错，要是能变换一下儿形式，效果可能会更好。
离婚后李丽想变换一下儿风格，她剪掉了长头发，换上了一身运动装。

46　变形　biàn//xíng　be out of shape

这张照片照得不好，把人都照变形了。
车门被撞得变了形，但还好人没事儿。

47　便　biàn

（1）*adv.*　just, soon afterwards
他见妻子不说话，便不再继续问了。
如果没有大家的帮助，我们的任务便无法完成。

（2）conj. even if
你便送来，我也不要了。
便是你们都不同意，我也要去做。

48 **便是** biàn shì is; even if

这位便是我跟你们说的新同学。
便是有再大的困难，我们也不能放弃。

49 **遍地** biàndì adv. everywhere

草原上遍地是牛羊。
冬去春来，遍地都是不知道名字的小花。

50 **表面上** biǎomiàn shang on the surface

他表面上很严肃，其实是个很幽默的人。
李明表面上接受了父母的意见，心里却不是这样想的。

51 **病房** bìngfáng n. ward (of a hospital)

这是个8人住的大病房，比较吵。
护士，请问316病房的病人去哪里了？

52 **病情** bìngqíng n. state of an illness, patient's condition

医生说母亲的病情比较特殊，还要观察一下儿。
奶奶的病情已经稳定下来了，过几天应该就可以出院了。

53 **拨打** bōdǎ v. dial, call

在中国，发生火灾要拨打119。
对不起，您拨打的用户已关机。

54 **波动** bōdòng v. undulate, fluctuate

价格波动；上下波动
这一消息引起学生思想上很大的波动。
今年有很多地方受灾，可是粮食价格却没有太大波动。

55 **波浪** bōlàng n. wave

我们的船推开波浪，向大海深处驶去。
她站在海边，波浪一次又一次地打在她的小腿上。

56 **播** bō v. broadcast; spread, sow

她在中央电视台播了10年的新闻。
春天是农民播种的季节。

57 **不便** búbiàn

（1）adj. inconvenient
奶奶腿脚不便，上下楼需要人扶着。
过去这里交通不便，有的孩子上学要走十几公里的山路。
（2）v. find it inconvenient/inappropriate (to do sth.)
他不愿意说，我也不便再问。

| 58 | 不见 | bújiàn | *v.* | not see; be lost |

好久不见，你去哪儿了？
我的钱包不见了！

| 59 | 不料 | búliào | *conj.* | unexpectedly |

我正要和他讲道理，不料他竟然要打我！
本来计划今天开运动会，不料下起雨来了。

| 60 | 不再 | búzài | *v.* | no longer |

经过老师的批评教育，他不再迟到了。
那件事情发生之后，我们就不再是朋友了。

◎ **速练　Quick practice**

一、先根据词语写拼音，再将词语和正确的英文释义连起来
Write Pinyin according to the words, and then match the words with the correct English definitions.

1. 边缘 ＿＿＿＿＿＿＿　　A. broadcast; spread, sow

2. 扁 ＿＿＿＿＿＿＿　　B. be out of shape

3. 变形 ＿＿＿＿＿＿＿　　C. state of an illness, patient's condition

4. 表面上 ＿＿＿＿＿＿＿　　D. wave

5. 病情 ＿＿＿＿＿＿＿　　E. on the surface

6. 波浪 ＿＿＿＿＿＿＿　　F. inconvenient; find it inconvenient/
inappropriate (to do sth.)

7. 播 ＿＿＿＿＿＿＿　　G. margin, edge

8. 不便 ＿＿＿＿＿＿＿　　H. flat

二、选择合适的词语填空　Choose the right words and fill in the blanks.

（一）　A. 边缘　　B. 变形　　C. 病房　　D. 播　　E. 变换

1. 不知道老李在哪个＿＿＿＿，你打老李儿子的电话问一下儿吧。

2. 办公室的门锁有点儿＿＿＿＿，我花了好长时间才打开。

3. 昨天电视上＿＿＿＿了一条关于规范保健品市场的新闻。

4. 学校里的餐厅也不知道＿＿＿＿下儿菜单，每天都是这几个菜！

5. 森林的＿＿＿＿有一条公路，风景很好。

（二）　A. 编制　　B. 便　　C. 病情　　D. 不便　　E. 表面上

1. 在他家他老婆说了算，老婆让他往东他＿＿＿＿不敢往西。

11

2. 这次出国学习她没赶上，她____说不在乎，其实心里很难过。

3. 这是人家夫妻之间的事，我也____多说什么。

4. 这本词典是由多位著名学者共同____而成的。

5. 陈医生，这是35床病人张建国的家属，他想了解一下儿张建国的____。

（三）　　A.扁　　　B.便是　　　C.拨打　　　D.不见　　　E.不再

1. 既然你已经决定了，我也____劝你了，祝你一切顺利！

2. 他来干什么？你就跟他说我没空儿，____！

3. 过了这座桥____上海了。

4. 这种____鼓主要流行于中国北方地区，有很长的历史了。

5. 您如果对我们的产品不满意，可以____我们的客户服务电话。

（四）　　A.变更　　　B.遍地　　　C.波动　　　D.不料　　　E.波浪

1. 他去上海以前，觉得那个地方____都是机会，只要肯努力就能成功。

2. ____不断向小船打来，弄得船就要翻了。

3. 受国际石油价格____的影响，国内汽油价格快速上涨。

4. 孙立觉得有点儿饿，想出门吃点儿东西，____街上的饭馆都已经关门了。

5. 由于暴风雨，飞机起飞的时间再次____了。

三、选择合适的词语完成句子　　Choose the right words to complete the sentences.

1. 这张钱因为____缺了一块儿，所以花不出去，您可以去银行换一张新的。
　　A.旁　　　　　B.边缘　　　　C.附近　　　　D.周围

2. 这个故事我以前读过，这次不过是____了一下儿时间、地点，还有人物的名字。
　　A.变更　　　　B.变为　　　　C.变形　　　　D.变成

3. 经过两年的治理，这个老城区彻底改变了以前垃圾____、污水横流的旧面貌。
　　A.到处　　　　B.遍地　　　　C.随地　　　　D.四处

4. 真____他就是你的男朋友！
　　A.不料　　　　B.竟然　　　　C.没想到　　　　D.吃惊

5. 他____装得很努力、很认真地在学习，其实在偷偷地玩儿游戏！
　　A.表面上　　　B.看样子　　　C.显得　　　　D.似乎

第4单元　Unit 4

◎ 目标词语　Target words

61. 不至于	62. 补考	63. 补课	64. 补习	65. 补助
66. 捕	67. 不成	68. 不禁	69. 不仅仅	70. 不通
71. 不怎么	72. 不怎么样	73. 不值	74. 布满	75. 部队
76. 采纳	77. 踩	78. 参赛	79. 参展	80. 餐

◎ 速记　Quick memory

61　**不至于**　búzhìyú　*v.*　cannot go so far, be unlikely

我想他不至于连这一点儿道理都不懂。
老板虽然不喜欢他，但也不至于故意为难他。

62　**补考**　bǔkǎo　*v.*　take a make-up exam

这次考试不及格的同学可以申请补考。
补考时间一般安排在每学期开学的第二周。

63　**补课**　bǔ//kè　make up a missed lesson

王老师放弃休息时间给学生补课。
我读中学的时候，从来没在学校外面补过课。
上周马丽生病没来上课，所以想请王老师周末给她补补课。

64　**补习**　bǔxí　*v.*　take lessons after school or work

我不上补习班，学校教的已经够学了。
我前面有几节课没上，这周末我得好好补习补习。

65　**补助**　bǔzhù

（1）*v.*　subsidize
李师傅家里经济困难，厂里每月补助他600块钱。
周云这个月出了三次差，公司按标准补助了她1000多块。
（2）*n.*　allowance, subsidy
政府每个月都给生活困难的老人发补助。
小李，这个月的补助怎么还没发啊？都过了两天了。

66　**捕**　bǔ　*v.*　catch

这条河禁止捕鱼。
小时候我们经常在山上捕虫子玩儿。

67　**不成**　bùchéng

（1）*v.*　not allowed, won't do
明晚恐怕不成，我约了同事吃饭。

要想有一个健康的身体，不锻炼可<u>不成</u>。
（2）*adj.*　no good
我在技术方面<u>不成</u>，我帮你问问别人。
跳舞这方面我是<u>不成</u>的，你还是和小李一起去吧。

68　**不禁**　bùjīn　*adv.*　can't help (doing sth.)

我<u>不禁</u>想起我们第一次见面时的情形。
读到精彩的地方，她<u>不禁</u>拍手叫好（jiào//hǎo, shout "Well done!"）。

69　**不仅仅**　bù jǐnjǐn　　not only

美<u>不仅仅</u>是眼睛看到的，更应是你的内心感受到的。
我希望我们<u>不仅仅</u>是同事关系，也能成为无话不谈的好朋友。

70　**不通**　bùtōng　*v.*　be impassable; can't (for abstract things); be illogical

他的电话<u>不通</u>，我找不到他。
他想来想去，怎么也想<u>不通</u>这件事情。
你的作文这里写得<u>不通</u>，再改改吧。

71　**不怎么**　bùzěnme　*adv.*　not very

他这个人做事<u>不怎么</u>替别人考虑。
这次考试<u>不怎么</u>难，我应该可以拿到90分以上。

72　**不怎么样**　bùzěnmeyàng　　ordinary, not very good

这个牌子的服装<u>不怎么样</u>，换一家看看吧。
我跟他的关系一直<u>不怎么样</u>，你还是找别人吧。

73　**不值**　bùzhí　*v.*　not worth

房子确实不错，但<u>不值</u>这个价钱。
为这样的老板工作了12年，我都替你感到<u>不值</u>。

74　**布满**　bùmǎn　　be full of

天空<u>布满</u>了乌云（wūyún, dark cloud），快要下雨了。
老奶奶的脸上<u>布满</u>了皱纹（zhòuwén, wrinkle），头发也都白了。

75　**部队**　bùduì　*n.*　troops

接到命令后，<u>部队</u>立即出发了。
那次战斗中，他因为受伤和大<u>部队</u>失去了联系。

76　**采纳**　cǎinà　*v.*　accept, adopt

政府<u>采纳</u>了专家的合理化建议。
这是大家的意见，希望你能<u>采纳</u>。

77　**踩**　cǎi　*v.*　step on

对不起，我是不是<u>踩</u>你脚了？
他气得把信扔在了地上，还<u>踩</u>了两脚。

78　**参赛**　cānsài　*v.*　take part in a competition

<u>参赛</u>资格；<u>参赛</u>选手

报名参赛是需要勇气的。
本次大赛共收到1236件参赛作品。

79 **参展** cānzhǎn v. participate in an exhibition, join an exhibition

这次参展的作品艺术水平都很高。
上周的北京科技展我们公司的产品也参展了。

80 **餐** cān m. *a measure word for meals*

都夜里11点多了,你这吃的是第几餐啊?
结婚以后,她每天想得最多的是怎么解决一家人的一日三餐。

◎ 速练　Quick practice

一、先根据词语写拼音,再将词语和正确的英文释义连起来
Write Pinyin according to the words, and then match the words with the correct English definitions.

1. 不至于 ＿＿＿＿＿＿＿＿　　A. be full of

2. 补助 ＿＿＿＿＿＿＿＿　　B. catch

3. 捕 ＿＿＿＿＿＿＿＿　　C. troops

4. 不禁 ＿＿＿＿＿＿＿＿　　D. accept, adopt

5. 部队 ＿＿＿＿＿＿＿＿　　E. step on

6. 布满 ＿＿＿＿＿＿＿＿　　F. subsidize; allowance, subsidy

7. 采纳 ＿＿＿＿＿＿＿＿　　G. cannot go so far, be unlikely

8. 踩 ＿＿＿＿＿＿＿＿　　H. can't help (doing sth.)

二、选择合适的词语填空　Choose the right words and fill in the blanks.

（一）　A. 捕　　B. 不怎么　　C. 采纳　　D. 补助　　E. 不怎么样

1. 夏天的时候,公司会给工人发高温＿＿＿＿。

2. 现在近海很难＿＿＿＿到鱼了。

3. 他们店的生意＿＿＿＿,一天都没看见几个客人进去。

4. 看他的样子,好像＿＿＿＿愿意啊。

5. 听说他的意见不但没有被领导＿＿＿＿,还被领导点名批评了。

（二）　A. 补考　　B. 不成　　C. 踩　　D. 不通　　E. 不至于

1. 我的眼镜掉地上了,别＿＿＿＿了!

2. 你这么办事可＿＿＿＿,会被同事骂的。

15

3. 为这么点儿小事就闹离婚，____吧？

4. 我按地图走的，结果都快到了，路口那儿立了个牌子："此路____！"

5. 他 1000 米跑没及格，老师说下次课给他一次____的机会。

（三） A. 补课　　B. 不禁　　C. 不值　　D. 部队　　E. 参赛

1. 听了他的故事，人们____流下了眼泪。

2. 老奶奶说，她刚结婚时丈夫就跟着____走了，后来再也没有回来。

3. 这个月要举行新生足球赛，二班的同学问我们要不要一起报名____。

4. 为了青少年的健康成长，国家规定不得在假期给中小学生____。

5. 这些旧家具加起来也____500 块。

（四） A. 补习　　B. 布满　　C. 参展　　D. 餐　　E. 不仅仅

1. 你帮我这么大的忙，只吃我一____饭可不行！

2. 小李，我儿子 6 月就高考了，我想请你给他____下儿数学，行吗？

3. 这次食品博览会的____单位达到了 500 多家。

4. 虽然人活着需要吃饭，但人活着可____是为了吃饭。

5. 7 岁时他从山上摔了下来，村里人找到他的时候，他全身____了大大小小的伤口（shāngkǒu，wound）。

三、选择合适的词语完成句子　Choose the right words to complete the sentences.

1. 以前我觉得家里的饭菜____好吃，现在才发现，哪里的饭菜都不如妈妈做的香。

　　A. 不怎么　　B. 不怎么样　　C. 怎么　　D. 一般

2. 最近我跟一位老师在____英文，为明年的雅思（yǎsī，IELTS）考试做准备。

　　A. 补习　　B. 补考　　C. 补课　　D. 补助

3. 我们只要 40 岁以下的，他看上去可____40 岁啊。

　　A. 不仅　　B. 不但　　C. 不论　　D. 不止

4. 你应该主动跟客户道歉（dào//qiàn，apologize），难道还要让客户跟你说对不起____？

　　A. 不行　　B. 不好　　C. 不成　　D. 不值

5. 此刻，他对未来____了信心！

　　A. 充满　　B. 填满　　C. 装满　　D. 布满

第 5 单元　Unit 5

◎ **目标词语　Target words**

81. 残疾	82. 残疾人	83. 残酷	84. 惨	85. 仓库
86. 藏	87. 操纵	88. 厕所	89. 侧	90. 测定
91. 策划	92. 策略	93. 层面	94. 差异	95. 查出
96. 查看	97. 拆迁	98. 产量	99. 昌盛	100. 长短

◎ **速记　Quick memory**

81　残疾　cán·jí　*n.*　disability

她是一位听力有残疾的画家。
虽然身体残疾，但他始终没有放弃自己的理想。

82　残疾人　cán·jírén　*n.*　disabled person, the handicapped

残疾人是社会的一员，有受教育的权利。
中国从1984年开始正式举办残疾人运动会。

83　残酷　cánkù　*adj.*　cruel

孩子的死对他们来说是一个残酷的打击。
没想到现实这么残酷，他刚毕业就失业了。

84　惨　cǎn　*adj.*　great in degree; miserable

他今天从自行车上摔下来了，摔得很惨。
上午被老板骂，晚上又被女朋友骂了，你怎么这么惨?!

85　仓库　cāngkù　*n.*　warehouse

其他仓库都是满的，只剩这一个空的了。
由于管理上的漏洞，仓库发生了火灾却没有得到及时控制，给公司带来了巨大的损失。

86　藏　cáng　*v.*　hide; store

小明藏在了床底下，小朋友们都没有找到他。
他的私人藏书达到了两万多册。

87　操纵　cāozòng　*v.*　operate; manipulate

操纵机器
随着现代技术的发展，远距离操纵无人机已经不是什么新鲜事了。
他父亲才是公司里实际上操纵一切的人。

88　厕所　cèsuǒ　*n.*　toilet, restroom

呀，你怎么跑到男厕所里去了！
小张说他肚子疼，上厕所去了。

89 侧 cè

（1）*n.* side, lateral
我跟着导演来到了舞台侧边的演员休息区。
你面对学校的大门，大门左侧就是中国银行。
（2）*v.* turn to one side
侧身；侧耳；侧头
小丽，你的头稍微往左侧一点儿。
小偷儿侧身从超市后门快步跑了出去。

90 测定 cèdìng *v.* measure

测定温度
你们知道怎么测定太阳的高度角吗？
现在用手机就可以测定自己移动的速度和方向。

91 策划 cèhuà *v.* plan, plot

策划方案
儿童公园正在策划新的主题活动。
别看他这么年轻，他可是这次活动的主要策划人之一。

92 策略 cèlüè *n.* strategy, tactics

外交策略；行动策略
你们在谈判的策略上存在严重的问题。
吵架也要讲究策略，你不能同时跟你爸你妈吵，至少得拉其中一个人过来帮你。

93 层面 céngmiàn *n.* level, aspect

我们不可能只想着技术层面的问题，还得考虑成本和收益。
如果单纯从文学层面来评价这部作品，它无疑是非常成功的。

94 差异 chāyì *n.* difference

差异明显；有差异
这两家产品包装和功能上的差异非常小。
由于文化背景不同，人们在思想上存在差异是很正常的事。

95 查出 cháchū find out

不查出问题在哪里，就没办法修好。
上个月他被查出有经济问题，现在正在接受全面调查。

96 查看 chákàn *v.* see, examine

他养成了每天早上查看工作邮箱的习惯。
听到有奇怪的声音，服务员就进房间去查看了一下儿。

97 拆迁 chāiqiān *v.* pull down old houses and resettle the inhabitants

拆迁范围
他们家老房子的拆迁费差不多够买两套新房了。
学校快要拆迁到新的地方了，我们几个老同学约着一起回去看了看。

98 **产量** chǎnliàng *n.* output, quantity of production

我们厂7月份的产量比6月份提高了1个百分点。
2022年中国粮食总产量13 731亿斤，创造了历史新高。

99 **昌盛** chāngshèng *adj.* prosperous

事业昌盛
那是中国历史上文化最昌盛的时代之一。
新的一年即将到来，让我们共同祝福我们的国家永远繁荣昌盛。

100 **长短** chángduǎn *n.* length; right and wrong; accident

这条裤子长短合适，就是颜色浅了一点儿。
老李这个人从来不在背后议论人家的长短。
你千万注意安全，要是你有什么长短，我没办法跟你父母交代。

◎ 速练　Quick practice

一、先根据词语写拼音，再将词语和正确的英文释义连起来
Write Pinyin according to the words, and then match the words with the correct English definitions.

1. 残疾 ＿＿＿＿＿＿＿　　　　　　A. plan, plot

2. 仓库 ＿＿＿＿＿＿＿　　　　　　B. level, aspect

3. 藏 ＿＿＿＿＿＿＿　　　　　　　C. difference

4. 操纵 ＿＿＿＿＿＿＿　　　　　　D. warehouse

5. 策划 ＿＿＿＿＿＿＿　　　　　　E. operate; manipulate

6. 层面 ＿＿＿＿＿＿＿　　　　　　F. prosperous

7. 差异 ＿＿＿＿＿＿＿　　　　　　G. disability

8. 昌盛 ＿＿＿＿＿＿＿　　　　　　H. hide; store

二、选择合适的词语填空　Choose the right words and fill in the blanks.

（一）　A. 残疾　　B. 藏　　C. 策划　　D. 查看　　E. 仓库

1. 今年公司租用＿＿＿的费用比去年翻了一倍。

2. 这个方案我们组＿＿＿了半年，今天终于获得了专家的肯定。

3. 妈妈，你猜我把自行车＿＿＿哪儿了。

4. 他虽然身体＿＿＿，却能始终保持积极向上的心态。

5. 警察反复＿＿＿现场视频，终于发现了重大线索。

（二）　A. 残疾人　　B. 操纵　　C. 策略　　D. 拆迁　　E. 测定

1. 聪明的父母教育孩子时特别注重方法和＿＿＿。

2. 他在这个电影中的角色不但拥有财富和地位，而且还拥有能随意____人心的可怕力量。

3. "残联"的全称是"中国____联合会"，于1988年3月11日在北京正式成立。

4. 小陈他们家搬到江北去了，说是原来住的房子要____。

5. 没有专门的设备，光凭眼睛看是无法准确____车辆行驶的具体速度的。

（三）　A. 残酷　　B. 厕所　　C. 层面　　D. 产量　　E. 查出

1. 东西要是卖不出去，____越高越亏钱。

2. 医生怎么说？____是什么病了吗？

3. 这个问题涉及（shèjí, involve）的____太广、太复杂，短期内无法解决。

4. 出发前去下儿____吧，路上两个多小时呢。

5. 这么小的孩子就失去了父母，战争真是太____了！

（四）　A. 惨　　B. 侧　　C. 差异　　D. 昌盛　　E. 长短

1. 每个人都希望自己的事业____、家庭生活幸福。

2. ____了，我昨天忘记做数学作业了，怎么办啊？

3. 在外面要注意安全，你要是有什么____，你老婆孩子怎么办？

4. 照片上这个人真是你吗？怎么跟真人____这么大？！

5. 她一听我说因为玩儿游戏忘了约会的时间，就____过脸去不理我了。

三、选择合适的词语完成句子　Choose the right words to complete the sentences.

1. 人生如果没有____，就会像脚踩西瓜皮，滑到哪里算哪里。
   A. 设计　　　　B. 策划　　　　C. 估计　　　　D. 规划

2. 建议你使用前先认真阅读一下儿____说明。
   A. 操作　　　　B. 掌握　　　　C. 操纵　　　　D. 控制

3. 她跟我们____，她17岁就大学毕业了，30岁就成了教授。
   A. 差异　　　　B. 不同　　　　C. 区别　　　　D. 差别

4. 市场竞争要遵守规则，不能采取不正当（zhèngdàng, proper）____。
   A. 策略　　　　B. 手段　　　　C. 技巧　　　　D. 办法

5. 上飞机前，乘客和行李都必须通过安全____。
   A. 测试　　　　B. 考试　　　　C. 测定　　　　D. 检查

第 6 单元　Unit 6

◎ 目标词语　Target words

101. 长假	102. 长久	103. 长跑	104. 长远	105. 常规
106. 常年	107. 厂商	108. 场地	109. 场馆	110. 场景
111. 畅通	112. 超	113. 超出	114. 炒	115. 炒股
116. 炒作	117. 车号	118. 车牌	119. 车展	120. 撤离

◎ 速记　Quick memory

101　长假　chángjià　*n.*　long holiday, long leave

忙完这段时间，真应该放个长假好好休息休息。
国庆和春节长假期间，有些汽车上高速公路是免费的。

102　长久　chángjiǔ　*adj.*　prolonged, protracted, lasting

长久的努力；无法长久；长久以来
经过长久的观察，我觉得小张是这批新来的大学生里最优秀的一个。
听说我要跟比自己小10岁的男人谈恋爱，朋友们都觉得我的这段感情是不可能长久的。

103　长跑　chángpǎo　*n.*　long-distance running

长跑冠军
一场婚礼结束了他们俩8年的爱情长跑。
这个城市已经举办过五届马拉松（mǎlāsōng，marathon）长跑比赛了。

104　长远　chángyuǎn　*adj.*　long-term

长远目标
真正爱孩子的父母一定会为孩子考虑得更长远。
不论是学习还是工作，都应该有一个长远的规划。

105　常规　chángguī

（1）*n.*　routine, convention
按照常规，这个周末该你打扫屋子了。
世界在不断发展变化，有时人们需要打破常规，根据新情况制定新办法。
（2）*adj.*　regular, common
常规做法；常规操作
遇到这种问题，常规的处理方法是尽快联系学生家长。
常规体检就是为了让自己掌握自身健康状况而进行的定期健康检查。

106　常年　chángnián

（1）*adv.*　throughout the year
他常年都要靠吃药控制病情。

他常年在外边跑生意，很少关心家里的事。
（2）n. average year
希望今年的收入能比常年增加一些。
今年春季雨水少，还不到常年的一半。

107 **厂商** chǎngshāng n. manufacturer, factories and shops

国内外厂商
广大消费者希望生产厂商对产品质量问题做出解释。
这里良好的商业环境吸引了众多外国厂商来投资建厂。

108 **场地** chǎngdì n. space, site

运动场地；演出场地
这项运动不受场地限制，在任何地方都可以进行。
由于天气原因，我们的活动场地转移到了体育馆内。

109 **场馆** chǎngguǎn n. venue

运动场馆；比赛场馆；演出场馆
这是我们学校新修建的体育场馆。
媒体今早公布了那个明星这次演唱会的时间和场馆安排。

110 **场景** chǎngjǐng n. scene

舞台场景；当时的场景
这部电影里有很多有意思的场景。
他怎么也忘不了事故发生时的场景。

111 **畅通** chàngtōng adj. unblocked, unimpeded

道路畅通；畅通无阻
明天的视频面试需要确保网络畅通。
经过一年的治理，市内交通比以前畅通多了。

112 **超** chāo

（1）v. exceed, surpass
超车；超速
东风汽车公司昨天宣布已经超计划完成了今年的销售任务。
800元一晚？！我出差住酒店的标准是280元，你们店的价格超了太多了。
（1）adv. super, very
超难；超好看
你尝尝，这个苹果超甜！
你相信我，我看人超准，他会是个非常好的合作伙伴。

113 **超出** chāochū v. exceed, go beyond

他的比赛成绩好得超出了所有人的想象。
对不起，这件事已经超出了我的能力范围。

114 **炒** chǎo v. fry

炒鸡蛋
服务员，这饭没炒好，请重新炒一份。

晚上炒两个菜，我们一起喝一杯，怎么样？

115 炒股　　chǎo//gǔ　　　　speculate in stocks

他为了专心炒股，把工作都辞了。
这几年他炒过股、打过工，但都没挣到什么钱。

116 炒作　　chǎozuò　　v.　sensationalize

商业炒作
很多娱乐新闻都是炒作，不能太相信。
这种产品经过媒体的一再炒作，价格已经翻了三倍。

117 车号　　chēhào　　n.　license number

这车号看起来挺熟，好像是小李的。
现在的停车场一般都能自动记录车号和车辆进出的时间。

118 车牌　　chēpái　　n.　license plate

这辆车是北京的车牌。
刚买的新车上路行驶时可以使用临时车牌。

119 车展　　chēzhǎn　　n.　auto show

随着汽车的普及，全国各大城市经常举办大型车展。
这次车展的主题是新能源（néngyuán, energy）汽车。

120 撤离　　chèlí　　v.　evacuate, withdraw from

在消防员的指挥下，所有人员都及时从火灾现场安全撤离了。
洪水（hóngshuǐ, flood）就要来了，我们正在组织群众撤离。

◎ 速练　Quick practice

一、先根据词语写拼音，再将词语和正确的英文释义连起来
Write Pinyin according to the words, and then match the words with the correct English definitions.

1. 长假 ＿＿＿＿＿＿＿　　A. scene

2. 常规 ＿＿＿＿＿＿＿　　B. speculate in stocks

3. 厂商 ＿＿＿＿＿＿＿　　C. license plate

4. 场景 ＿＿＿＿＿＿＿　　D. evacuate, withdraw from

5. 畅通 ＿＿＿＿＿＿＿　　E. unblocked, unimpeded

6. 炒股 ＿＿＿＿＿＿＿　　F. manufacturer, factories and shops

7. 车牌 ＿＿＿＿＿＿＿　　G. routine, convention; regular, common

8. 撤离 ＿＿＿＿＿＿＿　　H. long holiday, long leave

二、选择合适的词语填空　Choose the right words and fill in the blanks.

（一）　　A. 长假　　　B. 常年　　　C. 畅通　　　D. 炒作　　　E. 场景

1. 有些明星为了出名（chū//míng, famous, well-known），甚至会拿自己的个人感情来进行____。
2. 为了保证交通____，请各位司机朋友规范驾驶。
3. 过去这么多年了，当时的____我已经有点儿记不清了。
4. 他们夫妻俩____不在一起生活，只是因为孩子才没有去办理离婚手续。
5. ____即将结束，孩子们就要回到那个安静了两个月的校园了。

（二）　　A. 长久　　　B. 厂商　　　C. 超　　　D. 车号　　　E. 常规

1. 经理，上午有几个____打电话过来找你。
2. 这车怎么撞了人就跑了？！____记下来没有？
3. 这里的景色____美，我都不想走了。
4. 你这样两个城市来回跑不是____的办法，时间长了，夫妻感情一定会受影响。
5. 这只是一次____会议，不是为了处分谁。

（三）　　A. 长跑　　　B. 场地　　　C. 超出　　　D. 车牌　　　E. 炒股

1. 他的高考成绩____录取分数线30多分。
2. 老李买了辆新车，要我陪他去上____，上午可能晚点儿来公司。
3. 肯尼亚（Kěnníyà, Kenya）运动员获得了本次马拉松____比赛的冠军。
4. 他去年____挣了一大笔钱，但是今年又都赔进去了。
5. 请与比赛无关的人员立刻离开比赛____！

（四）　　A. 长远　　　B. 场馆　　　C. 炒　　　D. 车展　　　E. 撤离

1. 北京国际展览中心有多个____，今年我们的展位在E馆。
2. 最近我去看了好几个____，但是都没有看到自己特别满意的车。
3. 地震了，我们必须马上从这座大楼____！
4. 晚上去我那儿____几个菜、喝两杯，怎么样？
5. 他对公司的发展有一个比较____的规划。

三、选择合适的词语完成句子　Choose the right words to complete the sentences.

1. 年轻人眼光要放____一点儿，不要只看眼前。
　　A. 长远　　　　B. 长期　　　　C. 长久　　　　D. 常年

2. 公共____禁止吸烟。

　　A. 场馆　　　　　B. 场地　　　　　C. 场景　　　　　D. 场所

3. 这家餐厅的服务很____，不知道网上评价怎么那么好。

　　A. 常规　　　　　B. 一般　　　　　C. 通常　　　　　D. 规定

4. 我有个朋友最爱吃这家的"金牌蛋____饭"。

　　A. 烧　　　　　　B. 炒　　　　　　C. 爆　　　　　　D. 烤

5. 由于受到了不公正待遇，我们公司决定立刻____谈判。

　　A. 后退　　　　　B. 退出　　　　　C. 离开　　　　　D. 撤离

第 7 单元　Unit 7

◎ **目标词语　Target words**

121. 撤销	122. 撑	123. 成	124. 成分	125. 成品
126. 承诺	127. 城区	128. 城乡	129. 城镇	130. 持有
131. 冲击	132. 重建	133. 重组	134. 崇拜	135. 宠物
136. 冲	137. 出场	138. 出动	139. 出访	140. 出路

◎ **速记　Quick memory**

121　撤销　chèxiāo　v.　revoke

撤销决定；撤销命令
这个部门早就撤销了。
他被撤销了参赛资格。

122　撑　chēng　v.　support; keep up; push or move with a pole; open; fill to the point of bursting

就在她快要摔倒的时候，一只手从后面撑住了她。
说得他自己也撑不住，笑了。
我们几个人撑船到了对岸。
他撑开一把伞递给我。
少吃点儿吧，别撑着了。

123　成　chéng　m.　one tenth

合同里说好了，挣的钱你三成，我七成。
今年的粮食产量比去年提高了一成左右。

124　成分　chéngfèn　n.　composition, ingredient

基本成分；成分表
研究表明，泪水和汗水的成分相似。
水果和蔬菜中含有非常丰富的营养成分。

125　成品　chéngpǐn　n.　finished product

成品检验；成品质量
经过检验，这批成品里有很多都不合格。
现在的超市里可以买到半成品菜，买回家简单加工一下儿就可以吃了。

126　承诺　chéngnuò　v.　promise

遵守承诺
老板承诺下周五一定发工资。
对不一定能做到的事情不要轻易做出承诺。

26

第7单元

127 城区 chéngqū *n.* city proper

新城区
我家在老城区那边，交通不是很方便。
中心城区的房价要比远城区的贵一到两倍。

128 城乡 chéng xiāng town and country, urban and rural areas

随着经济发展，中国的城乡差距在逐步缩小。
现在我们工作的重点是如何更好地提升城乡居民的生活水平。

129 城镇 chéngzhèn *n.* cities and towns

城镇居民；重要城镇；城镇建设
我的家乡是海边的一个小城镇，没有什么大型的工业。
那个记忆中的小城镇如今已经发展成为这个地区最大的出口产品生产基地。

130 持有 chíyǒu *v.* hold, have

持有证明
大部分专家对他的观点持有不同看法。
我们现在持有的现金已经足够买这套房了。

131 冲击 chōngjī

（1）*v.* lash, pound; charge
连续下了好多天暴雨，河水不断冲击着河的两岸，十分危险。
他的实力是可以冲击金牌的。
（2）*n.* impact, challenge
在目前的环境下，外部市场将对我们的产品形成强烈的冲击。

132 重建 chóngjiàn *v.* reconstruct

灾后重建
这座大楼经过重建后更加坚固了。
受灾地区的人们正在积极开展重建工作。

133 重组 chóngzǔ *v.* reshuffle, reorganize

全球经济正在重组，这既是挑战，也是机遇。
公司领导层刚刚经历重组，员工们对公司未来的发展方向并不是很清楚。

134 崇拜 chóngbài *v.* worship

受到崇拜
小明很崇拜自己当警察的父亲。
今天我们来聊聊你心中最崇拜的偶像。

135 宠物 chǒngwù *n.* pet

你养过什么宠物吗？
随着养宠物的人越来越多，很多地方都开了宠物医院。

136 冲 chòng

（1）*prep.* toward; on the basis of, because
你认识那个男的吗？他好像在冲你笑。

冲你这句话，这个忙我一定帮。
（2）v. face
他卧室的门冲着窗户。
我们学校的大门正冲着银行。

137 出场　chū//chǎng　　appear on the scene, enter the arena

那个演员的出场费非常高。
在这个电视剧里他不是主要演员，到后面才会出场。

138 出动　chūdòng　v.　dispatch; go into action

为了帮助受灾群众，国家出动了20架飞机。
周五上午，我们公司的员工全体出动，上街宣传公司的新产品。

139 出访　chūfǎng　v.　visit (a foreign country)

总理正出访其他国家，月底才能回国。
我们国家的一个商务代表团即将出访美国。

140 出路　chūlù　n.　way out

寻找出路
要从这里出去只有这一条出路。
除了改革，我们厂再没有其他的出路了。

◎ 速练　Quick practice

一、先根据词语写拼音，再将词语和正确的英文释义连起来
Write Pinyin according to the words, and then match the words with the correct English definitions.

1. 撤销 _____　　A. promise

2. 成品 _____　　B. worship

3. 承诺 _____　　C. toward; on the basis of, because; face

4. 城镇 _____　　D. finished product

5. 冲击 _____　　E. dispatch; go into action

6. 崇拜 _____　　F. revoke

7. 出动 _____　　G. lash, pound; charge; impact, challenge

8. 冲 _____　　H. cities and towns

二、选择合适的词语填空　Choose the right words and fill in the blanks.

（一）　A. 撤销　　B. 承诺　　C. 冲击　　D. 出场　　E. 宠物

1. 只要____了，就应该努力做到。

2. 我很想养只____，但是又怕麻烦。

3. 下一个就到你____了，赶紧做好准备啊！
4. 由于她近一段时间表现良好，学校____了对她的警告处分。
5. 随着网上购物的迅速普及，很多大型商场和超市的经营都受到了巨大____。

（二） A.撑　　B.城区　　C.重建　　D.冲　　E.出路

1. 旧____改造正在进行中，一部分居民已经搬到了新建的小区。
2. 许多家长认为，考上好的大学是他们孩子唯一的____。
3. 今晚吃得太饱了，我觉得我的肚子都要____破了！
4. ____着你说的这些话，我愿意相信你。
5. 洪水退去了，政府正在组织群众进行灾后____工作。

（三） A.成　　B.城乡　　C.重组　　D.出动　　E.成品

1. 这些竹器从竹子到____，要经过十几道程序。
2. 公司在去年____后，经营状况出现了转机（zhuǎnjī, a favourable turn）。
3. 今天天气好，我们全家____，一起去森林公园野餐（yěcān, picnic）。
4. 我们现在行动的话，成功的可能只有三____。
5. 中国农村网民规模达 3.09 亿，基本实现____"同网同速"。

（四） A.成分　　B.城镇　　C.崇拜　　D.出访　　E.持有

1. 要想成为一名国家承认的教师，必须____教师资格证。
2. 一年一度的美食节吸引着游客从四面八方来到这个小____。
3. 这种饮料中含有一定的酒精（jiǔjīng, alcohol）____，不能给孩子喝。
4. 小时候我最____的人是我的爸爸。
5. 2018 年 1 月，法国总统____中国时用中文说了一句："让地球再次伟大！"

三、选择合适的词语完成句子　Choose the right words to complete the sentences.

1. 不用送了，我住新____，跟你不是一个方向，我坐地铁也挺快的。
   A. 城乡　　　　B. 城市　　　　C. 城区　　　　D. 城镇

2. 办理出国手续，首先你必须____护照。
   A. 保持　　　　B. 持有　　　　C. 拥有　　　　D. 含有

3. 我今天的报告分为 3 个____，大概需要 40 分钟。
   A. 成分　　　　B. 部分　　　　C. 内容　　　　D. 含量

4. 经常有外宾到我们学校参观____。

   A. 出访   B. 访问   C. 看望   D. 拜访

5. 不好意思，我说那些话不是____你去的，你别往心里去啊。

   A. 对   B. 朝   C. 冲   D. 向

第 8 单元　Unit 8

◎ **目标词语**　Target words

141. 出面	142. 出名	143. 出入	144. 出事	145. 出台
146. 出行	147. 初等	148. 除	149. 厨师	150. 储存
151. 处处	152. 处长	153. 传出	154. 传媒	155. 传输
156. 传言	157. 船员	158. 船长	159. 船只	160. 串

◎ **速记**　Quick memory

141　**出面**　chū//miàn　appear personally

出面组织；出面处理
这次的情况非常特殊，您不出面很难解决。
这件事应该由孩子的家长出面去沟通，而不是孩子自己去。

142　**出名**　chū//míng　famous

王教授在我们学校可出名了，大家都很喜欢上他的课。
她是我们厂出了名的劳动模范。

143　**出入**　chūrù

（1）v.　come in and go out
自由出入
他下班后经常出入酒吧。
教室里开空调了，请大家出入教室时随手关门。
（2）n.　discrepancy
这本书上的内容和历史事实有出入。
你掌握的情况和我听到的出入很大。

144　**出事**　chū//shì　have an accident

出事时间；出事地点
喝这么多酒可千万不能开车，会出事的。
他只是出去买个菜，能出什么事？

145　**出台**　chū//tái　make public, implement

正式出台
等新的规定出台了，想请假就没有现在这么容易了。
听说政府马上要出台一些新的环保政策（zhèngcè，policy）。

146　**出行**　chūxíng　v.　go out, travel

出行计划
下雪给我们的出行带来了很多不便。
现代交通越来越便利，给人们提供了更多出行方式。

31

| 147 | 初等 | chūděng | adj. | primary |

他的中文只达到了初等水平。
中国已经基本普及了初等义务教育。

| 148 | 除 | chú | | |

（1）prep. except, besides
除你以外，大家都完成了自己的工作。
除一人因病请假外，全体代表都已报到。
（2）v. get rid of, remove
除虫
厕所里需要除臭。
下午没事儿，我跟爸爸在花园里除草。

| 149 | 厨师 | chúshī | n. | cook |

好的厨师刀很贵。
他是一位西餐厨师，但是也会做点儿中餐。

| 150 | 储存 | chǔcún | v. | store up |

储存粮食
这种食品不适合长时间储存。
我的电脑里储存了一些重要的文件和数据。

| 151 | 处处 | chùchù | adv. | everywhere |

春天来了，花园处处开满了鲜花。
父母处处为孩子考虑，孩子有时却并不理解。

| 152 | 处长 | chùzhǎng | n. | head of a department, division chief |

小李，处长让你去一下儿他的办公室。
马处长新调到我们单位不久，有些工作还不是很熟悉。

| 153 | 传出 | chuánchū | | pass on, spread |

教室里传出了说话的声音。
老李从会议现场传出话来，让我们现在马上过去。

| 154 | 传媒 | chuánméi | n. | media |

他在一家文化传媒公司工作。
她从事新闻传媒工作30年了。

| 155 | 传输 | chuánshū | v. | transmit (energy, information, etc.) |

传输装置
通过这个装置，可以把信号传输到地面。
随着科技的进步，远距离传输数据已经不是问题了。

| 156 | 传言 | chuányán | | |

（1）n. rumor
不要轻易相信传言。
有传言说公司的领导要换人。

（2）*v.* deliver a message
他在两边传言送话。
因为有他在中间传言递信，我们的谈判进行得很顺利。

157 船员 chuányuán *n.* crew

这条船上有100多名船员。
这些船员一年只能回两次家。

158 船长 chuánzhǎng *n.* captain

他是那条船的船长。
船长40多岁，经验很丰富。

159 船只 chuánzhī *n.* ships

这条江上的船只很多。
运输船只统一停靠在江的右岸。

160 串 chuàn

（1）*m.* bunch, cluster
一串珍珠
我在水果店买了两串葡萄。
老板，给我来十串羊肉，别太辣。

（2）*v.* connect incorrectly; go from place to place; two different things mixed up together to change the original characteristics
对不起，我看串行了。
他这两天到处乱串，没在家待一天。
冰箱里的食物应该按类分开放，防止串味儿。

◎ 速练　Quick practice

一、先根据词语写拼音，再将词语和正确的英文释义连起来
Write Pinyin according to the words, and then match the words with the correct English definitions.

1. 出面 _____　　A. have an accident

2. 初等 _____　　B. appear personally

3. 出事 _____　　C. crew

4. 储存 _____　　D. primary

5. 传媒 _____　　E. store up

6. 船员 _____　　F. transmit (energy, information, etc.)

7. 传言 _____　　G. media

8. 传输 _____　　H. rumor; deliver a message

二、选择合适的词语填空　Choose the right words and fill in the blanks.

（一）　　A. 出面　　　B. 出行　　　C. 处处　　　D. 传言　　　E. 串

1. 她____替别人考虑，和同事的关系很好。
2. 我还想吃两____肉，你要不要？
3. 这件事领导会____解决的，你就不要管了。
4. ____不可信！
5. 上下班时____的人最多，很难打到车。

（二）　　A. 出名　　　B. 初等　　　C. 处长　　　D. 船员　　　E. 出台

1. ____们在海上漂（piāo，float）了一个多月，终于可以上岸了。
2. 这些是____数学的内容，不难。
3. 李____今天不在，您明天再来吧。
4. 这个规定____很久了，你刚来公司，可能不知道。
5. 她在我们单位可____了！

（三）　　A. 出入　　　B. 除　　　C. 传出　　　D. 船长　　　E. 储存

1. 你说的跟我所了解的情况____比较大，我需要再找人调查调查。
2. 这间屋子里____着一些食物和日用品。
3. ____星期天外，他每天都工作到很晚。
4. 今天公司____消息，从下个月开始每个周末都要加班。
5. 我是____，您有什么问题可以跟我说。

（四）　　A. 出事　　　B. 厨师　　　C. 传媒　　　D. 船只　　　E. 传输

1. 因为天气原因，所有____今天都不能出海。
2. 欢迎各位____行业的朋友参加我们今天的发布会！
3. 你知道卫星是通过什么____信号的吗？
4. 小李今天请假了，听说她家里____了。
5. 我爸是一家中餐馆的____。

三、选择合适的词语完成句子　Choose the right words to complete the sentences.

1. 新来的经理不知道为什么，总是____为难我！
　　A. 处处　　　　B. 到处　　　　C. 随处　　　　D. 各地

2. 今天____会议的领导很多，要好好准备。

  A. 见面   B. 出台   C. 出席   D. 出面

3. 这些数据都是经过电脑处理后再____回来的。

  A. 传递   B. 传出   C. 传播   D. 传输

4. 有____说，今年的考题会比去年的难。

  A. 传统   B. 传真   C. 传说   D. 传言

5. 听说他爸的公司____了，上午连警察都去了。

  A. 出事   B. 去世   C. 意外   D. 事故

第 9 单元　Unit 9

◎ 目标词语　Target words

161. 窗口	162. 创办	163. 创建	164. 创意	165. 此处
166. 此次	167. 此前	168. 此事	169. 此致	170. 次数
171. 从不	172. 从没	173. 醋	174. 村庄	175. 错过
176. 搭	177. 搭档	178. 搭配	179. 打动	180. 打断

◎ 速记　Quick memory

161　窗口　chuāngkǒu　n.　window

交费窗口；办事窗口
窗口风大，别吹感冒了。
您先到1号窗口去办住院手续。

162　创办　chuàngbàn　v.　establish, set up

创办报纸
这家工厂是1996年创办的。
回国以后，他在家乡创办了一所中文学校。

163　创建　chuàngjiàn　v.　establish

创建学校；创建工厂
让我们共同努力，一起创建文明城市。
这家医院最早是由一位外国医生创建的。

164　创意　chuàngyì

（1）n.　creative idea
我不想复制别人的创意。
这件作品非常有创意，我很喜欢。
（2）v.　create a new concept (of art, design, etc.)
这次活动是由他创意并策划的。
这次采购的方案是由我们部门创意的。

165　此处　cǐ chù　here

此处禁止吸烟！
他家就在离此处不远的一个小区（xiǎoqū, housing estate）里。

166　此次　cǐ cì　this time

此次行动不方便公开，请大家注意保密。
经过此次会议讨论，公司决定发展国外业务。

167　此前　cǐqián　n.　before, previously

此前我们并没有收到任何通知。

此前对方已经多次表示，希望能尽快解决问题。

168 **此事** cǐshì *n.* this matter

此事如果没有领导的指示，我们不敢自己做决定。
此事关系到公司每个员工的利益，必须让大家都参与讨论。

169 **此致** cǐzhì *v.* used at the end of a letter, report, etc. to express cordial wishes or friendly greetings

此致节日的问候！
此致敬礼（jìng//lǐ，salute）！

170 **次数** cìshù *n.* number of times, frequency

大学毕业后，我们见面的次数越来越少。
总的来说，我们成功的次数比失败的次数多。

171 **从不** cóng bù never

他从不吸烟。
我喝咖啡从不放糖。

172 **从没** cóng méi never

我从没见过教得这么好的老师！
我的家乡在南方，从没下过雪。

173 **醋** cù *n.* vinegar; jealousy (especially in love affairs)

他吃饺子爱放点儿醋。
我女朋友爱吃醋，看见我跟别的女生聊天儿她就不高兴。

174 **村庄** cūnzhuāng *n.* village

那个村庄不大，只有十几户人家。
前边有个村庄，我们去那儿问问吧。

175 **错过** cuòguò *v.* miss, let slip

因为堵车，她错过了飞机。
我去学校门口接她，结果路上跟她错过了。

176 **搭** dā *v.* put up; lay or put over; take (a vehicle); throw in more (people, money, etc.)

爸爸用木头搭了一座房子。
他把手搭在我的肩上。
路远，我们搭车去吧。
即使你把所有的钱都搭进去也不够。

177 **搭档** dādàng

（1）*v.* cooperate, work together
这是他们俩第一次搭档，还不是很适应。
他经常跟马丽搭档，他们俩主持了很多节目。
（2）*n.* partner
我们俩是学习上的好搭档，常常互相帮助。

他俩是老搭档了，比赛时配合得很好。

178 **搭配** dāpèi *v.* assort or arrange in pairs or groups; collocate

肉和蔬菜要搭配着吃才健康。
夫妻二人搭配得十分好。

179 **打动** dǎdòng *v.* move, touch

孩子们的热情打动了我。
老师的话打动了我们每一个人。

180 **打断** dǎduàn *v.* interrupt, break

打断别人的谈话不太礼貌。
他突然推开门走了进来，打断了我的思考。

◎ 速练　Quick practice

一、先根据词语写拼音，再将词语和正确的英文释义连起来
Write Pinyin according to the words, and then match the words with the correct English definitions.

1. 窗口 _____　　A. number of times, frequency

2. 创意 _____　　B. window

3. 次数 _____　　C. assort or arrange in pairs or groups; collocate

4. 醋 _____　　D. move, touch

5. 村庄 _____　　E. vinegar; jealousy (especially in love affairs)

6. 错过 _____　　F. village

7. 搭配 _____　　G. miss, let slip

8. 打动 _____　　H. creative idea; create a new concept (of art, design, etc.)

二、选择合适的词语填空　Choose the right words and fill in the blanks.

（一）　A. 窗口　　B. 此次　　C. 从不　　D. 搭　　E. 打断

1. 我今天开车了，下班要____车吗？

2. 敲门声____了我们的谈话。

3. 春运（chūnyùn, Spring Festival travel rush）期间，各大车站都加开了售票（shòupiào, sell tickets）____。

4. 他下课后____和同学聊天儿，总是一个人在那儿看书。

5. ____比赛的结果让所有人都感到非常意外。

（二）　　A.创办　　B.此前　　C.从没　　D.搭档　　E.此处

1. 我的父母曾在____生活了7年。

2. 他和另外3个人共同____了这个基金。

3. 他____想过自己会成为一名医生。

4. ____，当地报纸曾经报道过类似的新闻。

5. 鸡蛋、牛奶和面包是早餐的好____。

（三）　　A.创建　　B.此事　　C.醋　　D.搭配　　E.次数

1. 这碗鸡蛋汤____放得太多了，很酸！

2. 他这个月迟到的____已经超过了3次。

3. 他在电脑里____了一个新的文件夹，专门放孩子的照片。

4. 帮我看看这条裙子____什么颜色的鞋子比较好看。

5. 我一提到____，他就显得很紧张。

（四）　　A.创意　　B.此致　　C.村庄　　D.打动　　E.错过

1. ____节日的祝福！

2. 这么优惠的价格____的话太可惜了。

3. 他熟悉这里的每一座____和每一个人。

4. 走进电影院的每一位观众都被她真实自然的表演____了。

5. 经理看了这份方案，觉得缺乏____，让我们拿回来重做。

三、选择合适的词语完成句子 Choose the right words to complete the sentences.

1. 我____问他公司的事，他也什么都没跟我说过。

　A.从不　　　B.从此　　　C.从来　　　D.从前

2. 我觉得这个项目不值得我们再往里____时间。

　A.放　　　B.挂　　　C.摆　　　D.搭

3. 为了这次活动，学校在五月花广场上____了一个临时舞台。

　A.搭　　　B.搭配　　　C.搭档　　　D.搭车

4. 这个广告的____特别好，让人一下儿就记住了产品。

　A.创造　　　B.创新　　　C.创意　　　D.主意

5. ____过去年年都会发生水灾。

　A.此处　　　B.此时　　　C.此次　　　D.此外

39

第 10 单元　Unit 10

◎ 目标词语　Target words

181. 打发	182. 打官司	183. 打牌	184. 打印机	185. 打造
186. 大道	187. 大街	188. 大力	189. 大米	190. 大批
191. 大赛	192. 大师	193. 大使	194. 待会儿	195. 担忧
196. 单打	197. 诞生	198. 党	199. 当	200. 当成

◎ 速记　Quick memory

181　打发　dǎfa　v.　send, dispatch; send away; kill time

他打发他弟弟去机场接人。
你欠了我这么多钱,别想两三句话就把我打发了!
奶奶没事儿的时候喜欢剪纸来打发时间。

182　打官司　dǎ guānsi　　go to court

我不怕打官司,我有理!
他的公司正跟别人打官司呢,没精力管这些小事。

183　打牌　dǎpái　v.　play cards

我对打牌没兴趣。
爸爸在邻居家打牌呢,你自己做点儿面条儿吃吧。

184　打印机　dǎyìnjī　n.　printer

借你的打印机用用,我的坏了。
公司新买了一台打印机,我还不太会用。

185　打造　dǎzào　v.　forge, make; create

打造产品;打造形象
他花了将近3个月才打造出这把刀。
他被媒体打造成了一位超级英雄(yīngxióng,hero)。

186　大道　dàdào　n.　main road, avenue

这条小路通向平安大道。
这条大道是去年刚修建好的。

187　大街　dàjiē　n.　main street

这条大街已经有200年的历史了。
大街上人来人往的,谁也没有注意到他。

188　大力　dàlì　adv.　energetically, vigorously

大力支持

我们要<u>大力</u>宣传这样的好人好事。
目前各大城市都在<u>大力</u>发展地铁事业。

189 **大米** dàmǐ *n.* rice

一袋<u>大米</u>
这种<u>大米</u>多少钱一斤？
刚做好的<u>大米</u>饭，特别香！

190 **大批** dàpī *adj.* large quantities of

<u>大批</u>粮食；<u>大批</u>学生
经过检测，有一<u>大批</u>产品质量不合格。
广场上聚集（jùjí, gather）了<u>大批</u>等待观看国庆典礼的群众。

191 **大赛** dàsài *n.* major contest

国际<u>大赛</u>
他每年都会去参加全国自行车<u>大赛</u>。
<u>大赛</u>前，运动员们都做好了充分的准备。

192 **大师** dàshī *n.* master

他是著名的钢琴<u>大师</u>。
这位工艺<u>大师</u>的作品每一件都非常独特。

193 **大使** dàshǐ *n.* ambassador

中国<u>大使</u>将接受记者采访。
他们国家的领导人会见（huìjiàn, have a meeting with）了我国<u>大使</u>。

194 **待会儿** dāihuìr stay for a while; later

你在这儿<u>待会儿</u>，我出去一下儿。
<u>待会儿</u>会有人来接你。

195 **担忧** dānyōu *v.* worry

感到<u>担忧</u>
你好好工作，别<u>担忧</u>家里。
你一个人跑那么远去留学，父母怎么会不为你<u>担忧</u>呢？

196 **单打** dāndǎ *n.* singles

他参加了羽毛球男子<u>单打</u>比赛。
她进入了网球女子<u>单打</u>的决赛。

197 **诞生** dànshēng *v.* be born

30年前，他<u>诞生</u>在一个农民家庭。
我们这本杂志的顺利<u>诞生</u>要多谢王教授的支持。

198 **党** dǎng *n.* party

入<u>党</u>
我们要举行一次<u>党</u>组织会议。
中国共产<u>党</u>的诞生纪念日（jìniànrì, commemoration day）是1921年7月1日。

199 当　dàng　v.　be equal to; regard as; think; pawn

在工作上，他一个人能当两个人用。
你们不要把我当客人看。
我还当你不知道这件事呢！
她当了自己的皮大衣，给丈夫买了块表。

200 当成　dàngchéng　v.　regard as

不好意思，我把你当成他的女朋友了。
她把关心学生的心理健康当成自己工作的很重要的一部分。

◎ 速练　Quick practice

一、先根据词语写拼音，再将词语和正确的英文释义连起来
Write Pinyin according to the words, and then match the words with the correct English definitions.

1. 打官司 ＿＿＿＿＿＿　　A. large quantities of

2. 打印机 ＿＿＿＿＿＿　　B. be born

3. 大米 ＿＿＿＿＿＿　　C. go to court

4. 大批 ＿＿＿＿＿＿　　D. printer

5. 大师 ＿＿＿＿＿＿　　E. singles

6. 担忧 ＿＿＿＿＿＿　　F. rice

7. 单打 ＿＿＿＿＿＿　　G. master

8. 诞生 ＿＿＿＿＿＿　　H. worry

二、选择合适的词语填空　Choose the right words and fill in the blanks.

（一）　A. 打发　　B. 大道　　C. 大赛　　D. 单打　　E. 打造

1. 他是一位优秀的羽毛球＿＿＿＿运动员。

2. 只要努力奋斗，就一定能＿＿＿＿出属于自己的美好未来。

3. 我妈＿＿＿＿我去下边超市买两斤鸡蛋。

4. 我们想去报名参加校园歌手＿＿＿＿。

5. ＿＿＿＿比小路好走。

（二）　A. 打官司　　B. 大街　　C. 大师　　D. 诞生　　E. 大批

1. 成龙是公认的动作电影表演＿＿＿＿。

2. 你快回家吧，你爸正满＿＿＿＿找你呢！

3. 经济的快速发展吸引了＿＿＿＿大学毕业生来到这个城市。

4. 这座博物馆的____要特别感谢著名学者王平先生。

5. 你会不会为了一块钱跟人____？

（三）　　A. 打牌　　　B. 大力　　　C. 大使　　　D. 党　　　E. 当成

1. 我把他____我最好的朋友。

2. ____先生，请问您对刚才记者的问题有什么看法？

3. 在中国共产____的领导下，中国人民正在为美好的明天而努力奋斗。

4. 我不太喜欢____，因为我总是输。

5. 正是因为大家对我们工作的____支持，我们才取得了今天的成绩。

（四）　　A. 打印机　　　B. 大米　　　C. 待会儿　　　D. 当　　　E. 担忧

1. 我____要去银行，半个小时就回来。

2. ____没纸了，我去加上。

3. 你要是不相信，就____我什么都没说。

4. 我们南方人就爱吃____饭。

5. 今年春季的雨水太少了，再这么下去真令人____。

三、选择合适的词语完成句子　Choose the right words to complete the sentences.

1. 今天过节，____上哪儿哪儿都是人。

　　A. 道路　　　　B. 大街　　　　C. 大路　　　　D. 大陆

2. 仓库里储存着____货物。

　　A. 大批　　　　B. 大群　　　　C. 大多　　　　D. 大型

3. 学校食堂鼓励大家珍惜____，拒绝浪费，吃多少就拿多少。

　　A. 大米　　　　B. 米饭　　　　C. 玉米　　　　D. 粮食

4. 这座百年老楼被____成了全新的现代购物中心。

　　A. 制造　　　　B. 创造　　　　C. 打造　　　　D. 改造

5. 我们应该____提倡这种互帮互助、团结友爱的精神。

　　A. 力气　　　　B. 大力　　　　C. 使劲　　　　D. 尽力

43

第 11 单元　Unit 11

◎ 目标词语　Target words

201. 当天	202. 当作	203. 档	204. 档案	205. 岛
206. 到期	207. 盗版	208. 道教	209. 道歉	210. 低头
211. 低温	212. 滴	213. 抵达	214. 抵抗	215. 地板
216. 地名	217. 地下室	218. 电车	219. 电动	220. 电力

◎ 速记　Quick memory

201　当天　dàngtiān　*n.*　the same day

当天来回
他们每次领了任务，基本上当天就能完成。
他母亲周一早上来的，当天晚上就坐车回去了。

202　当作　dàngzuò　*v.*　treat as

在我心里，一直把她当作自己的女儿。
这本书就当作我送给你的告别礼物吧。

203　档　dàng　*n.*　archive, file

这些文件很重要，用完要及时归档。
这个合同你自己拿一份，还有一份公司存档。

204　档案　dàng'àn　*n.*　files

保存档案；查询档案
你去过中国第一历史档案馆吗？
她每天的工作就是整理这些档案。

205　岛　dǎo　*n.*　island

群岛
这座海岛上生活着无数只鸟。
这个国家是由3000多个小岛组成的。

206　到期　dào//qī　expire

存款到期；贷款到期
这份合同还有两个月就到期了。
他存在银行的钱还有半年才到期。

207　盗版　dàobǎn　*n.*　pirated edition

这些盗版书的质量很差。
他因为卖盗版软件被罚款15万元。

208 **道教** Dàojiào n. Taoism

这是一本介绍中国道教的书。
他的诗歌创作和道教思想有着密切的联系。

209 **道歉** dào//qiàn apologize

爸爸向妈妈道歉，说他不应该这么晚回家。
他拒绝接受对方的道歉，一定要报警处理。

210 **低头** dī//tóu lower one's head

她正在低头整理文件，没有注意到我。
只要你低头承认错误，他就不会生气了。

211 **低温** dīwēn n. low temperature

这种药需要低温储存。
这两周一直是低温天气。

212 **滴** dī

（1）v. drip
雨水滴到了我的头上。
帮我滴一下儿眼药水，我自己不好弄。
（2）m. a measure word for dripping liquid
一滴水
从那以后，她再没有流过一滴眼泪。
这个检查不复杂，只需要一滴手指血就行了。

213 **抵达** dǐdá v. arrive

妈妈打电话来说她已经平安抵达上海了。
本次航班将在北京时间13点抵达北京大兴国际机场。

214 **抵抗** dǐkàng v. resist

坚决抵抗；停止抵抗
敌人已经放弃抵抗，我们就要胜利了！
我们抵抗住了对方的进攻（jìngōng, attack）。

215 **地板** dìbǎn n. floor

他家装的是实木地板。
看，地板上有只小虫子在爬。

216 **地名** dìmíng n. place name

这个地名我从来没听说过。
那个地方的地名我忘了，但是我能在地图上找到。

217 **地下室** dìxiàshì n. basement

这座楼底下有地下室，但已经租出去了。
工具都放在地下室了，你自己下去找找。

218　电车　　diànchē　　n.　tram, trolleybus

现在路上很少能看见电车了。
这条旅游电车线路（xiànlù，line）经过了本市的全部景点（jǐngdiǎn，scenic spot）。

219　电动　　diàndòng　　adj.　electric

电动汽车
去年我爸生日的时候，我送了他一把电动牙刷。
过去路上全是自行车，现在路上全是电动自行车。

220　电力　　diànlì　　n.　electric power

她的弟弟在电力公司上班。
为了保证电力尽快恢复供应，工作人员加班加点检修线路（xiànlù，circuit）。

◎ 速练　Quick practice

一、先根据词语写拼音，再将词语和正确的英文释义连起来
Write Pinyin according to the words, and then match the words with the correct English definitions.

1. 当天 _____　　A. files
2. 档案 _____　　B. Taoism
3. 盗版 _____　　C. the same day
4. 道教 _____　　D. resist
5. 滴 _____　　E. drip; *a measure word for dripping liquid*
6. 抵抗 _____　　F. electric
7. 电动 _____　　G. basement
8. 地下室 _____　　H. pirated edition

二、选择合适的词语填空　Choose the right words and fill in the blanks.

（一）　A. 当天　　B. 到期　　C. 低温　　D. 地名　　E. 电力

1. 我明天要去一趟（tàng，*a measure word for round trips*）银行，有一笔存款要_____了。
2. 我们家喝的大多是_____鲜奶，很少买常温（chángwēn，normal temperature）奶。
3. 这个手术对身体影响较小，手术完的_____就可以回家。
4. 政府想了很多办法解决_____供应的问题。
5. 这个国家的很多_____背后都有故事，仔细研究的话非常有意思。

（二）　　A.当作　　　B.盗版　　　C.滴　　　D.地下室　　　E.岛

1. 你电脑里安的不会是____软件吧？

2. 海南____是著名的旅游胜地。

3. 留学的那些年，他一直住在租来的____里。

4. 牛奶被他喝得一____都没剩。

5. 忘了他吧，以后再见面就把他____一个路人（lùrén, passer-by）！

（三）　　A.档　　　B.道教　　　C.抵达　　　D.电车　　　E.低头

1. 经过2个多小时的飞行，我们终于顺利____了上海。

2. 大家都站好了，别____。

3. 我最近在写论文，有些内容网上找不到，需要到档案馆查____。

4. ____主张"道法自然，天人合一"。

5. 从这里可以坐3路____去学校。

（四）　　A.档案　　　B.道歉　　　C.抵抗　　　D.电动　　　E.地板

1. ____汽车很环保。

2. 小心，____有点儿滑。

3. 你去查一下儿这个王东的____，看看他家里还有什么人。

4. 她最无法____的就是巧克力蛋糕。

5. 这又不是我的错，为什么我要给他____？

三、选择合适的词语完成句子　Choose the right words to complete the sentences.

1. 他无法____这个老人最后的请求。

　　A.拒绝　　　　B.抵抗　　　　C.战斗　　　　D.否认

2. 他经营这家快餐店的____就收回了全部投资。

　　A.当地　　　　B.当时　　　　C.当天　　　　D.当年

3. 台式电脑不能____使用。

　　A.电动　　　　B.电力　　　　C.电子　　　　D.充电

4. 今天买酸奶的时候没看生产____，回来一看还有三天就____了。

　　A.日期　　　　B.时期　　　　C.长期　　　　D.到期

5. 这件事是我不对，我应该向你____。

　　A.道歉　　　　B.对不起　　　　C.难过　　　　D.担忧

第 12 单元　Unit 12

◎ **目标词语　Target words**

221. 电器	222. 吊	223. 调研	224. 跌	225. 定价
226. 定时	227. 定位	228. 动画	229. 斗争	230. 都市
231. 毒品	232. 赌	233. 赌博	234. 渡	235. 端
236. 端午节	237. 短片	238. 队伍	239. 对抗	240. 对外

◎ **速记　Quick memory**

221　电器　diànqì　*n.*　electrical appliance

家用（jiāyòng, domestic）电器；电器维修
他总是免费为邻居们修理电器。
房子装修好了以后，还要购买一些电器，比如冰箱、空调、洗衣机等。

222　吊　diào　*v.*　hang; lift up or let down with a rope, etc.

客厅里吊着明亮的大灯。
因为没有电梯，我们只好把一些家具从阳台外面吊上来。

223　调研　diàoyán　*v.*　investigate and survey

市场调研
我们正在进行调研工作，能不能麻烦您回答几个问题？
我们已经在当地做了深入调研，接下来就是写报告了。

224　跌　diē　*v.*　fall down; fall in price

跌倒
妈妈下楼梯的时候不小心跌伤了。
电视、空调等电器的价格最近都跌了不少。

225　定价　dìngjià

（1）*n.*　fixed price
这个定价是根据市场调研的结果做出来的。
这种手机的定价非常高，很多人觉得不合理。
（2）*v.*　set a price
这是我们公司最新的产品，还没有定价。

226　定时　dìngshí

（1）*v.*　at a fixed time
医生告诉他每天一定要定时吃药。
睡眠对儿童的成长很重要，因此孩子晚上应该定时休息。
（2）*n.*　fixed time
一日三餐要有定时，这样比较健康。

A：你家的窗玻璃多长时间擦一次？
B：没有定时。

227 **定位** dìng//wèi locate, position

古时候人们是根据天空中的星星来定位的。
你首先应该给自己定个位，你是什么样的人，你想做什么。

228 **动画** dònghuà *n.* animation, cartoon

动画片
越来越多的动画电影受到大人们的喜爱。
随着技术的发展，现在的影视剧中经常会使用大量的电脑动画。

229 **斗争** dòuzhēng

（1）*v.* fight for, struggle
思想斗争
年轻人应该为了国家的繁荣昌盛而斗争。
为了保卫自己的国家，他们进行了勇敢的斗争。
（2）*n.* struggle
斗争的结果是工人获得了应得的权利。
现在他的心里觉得很矛盾，正在跟自己做斗争。

230 **都市** dūshì *n.* city, metropolis

大都市
上海是中国最大的都市之一。
人们越来越喜欢在节假日离开热闹的都市，去安静的乡村好好休息一下儿。

231 **毒品** dúpǐn *n.* narcotics, drugs

在中国，买卖毒品是违法的。
通过体检，警察确认了他吸食毒品的事实。

232 **赌** dǔ *v.* bet

赌钱；赌场；戒赌
今天北京队一定赢，我跟你赌10块钱。
他年轻的时候喜欢赌，把家里的钱都输光了，妻子也带着儿子离开了他。

233 **赌博** dǔbó *v.* gamble

国家严厉打击各种赌博行为。
他创业失败后，染上了赌博的毛病。

234 **渡** dù *v.* cross (a river, the sea, etc.)

从这个位置渡江，距离是最短的。
他们坐船横（héng, horizontal）渡大海来到了这个国家。

235 **端** duān *v.* hold sth. level with both hands

你去厨房帮妈妈把做好的菜端出来吧。
他手里端着一杯热咖啡，所以走得很慢。

49

236 端午节 Duānwǔ Jié *n.* Dragon Boat Festival

端午节是中国重要的传统节日之一。
你知道端午节的时候中国人会吃什么特别的食物吗？

237 短片 duǎnpiàn *n.* short film

这是一部非常好看的动画短片。
他拍了一部短片作为节日礼物送给妈妈。

238 队伍 duìwu *n.* team, ranks

这次比赛有来自全国的200多支队伍参加。
欢迎你加入警察队伍，以后你要为了保卫人民的生命财产安全而奋斗。

239 对抗 duìkàng *v.* oppose

只有健康的身体才能对抗病毒。
十三四岁的孩子常常会故意做一些不好的事情来跟父母和老师对抗。

240 对外 duìwài *v.* foreign; open to the outside world

对外贸易
通过不断的对外交流，我们与其他国家建立了友好的关系。
学校食堂是不对外开放的，只有自己学校的学生和老师才可以在这儿吃饭。

◎ **速练** Quick practice

一、先根据词语写拼音，再将词语和正确的英文释义连起来
Write Pinyin according to the words, and then match the words with the correct English definitions.

1. 电器 _____   A. gamble
2. 毒品 _____   B. narcotics, drugs
3. 端午节 _____   C. animation, cartoon
4. 赌博 _____   D. investigate and survey
5. 动画 _____   E. fight for, struggle; struggle
6. 斗争 _____   F. electrical appliance
7. 都市 _____   G. Dragon Boat Festival
8. 调研 _____   H. city, metropolis

二、选择合适的词语填空 Choose the right words and fill in the blanks.

（一） A. 电器   B. 吊   C. 调研   D. 跌   E. 定价

1. 这些____都很危险，不要让小孩子碰到。

2. 楼梯上有点儿滑，你慢点儿走，别____下去了。

3. 这些杯子的质量确实不错，但是____太高了。

4. 23楼的窗户外面____着一名工人，正在擦玻璃。

5. 不进行市场____，我们就没办法了解顾客的真实想法。

（二）　　A. 定时　　　B. 定位　　　C. 动画　　　D. 斗争　　　E. 都市

1. 《猫和老鼠》是非常有名的____片，很多孩子都喜欢看。

2. 这个古老的____吸引着来自世界各地的游客。

3. 学生宿舍每天晚上11点____关灯。

4. 这是两个公司之间的经济____。

5. 这个产品应该怎么____？到底是孩子的玩具，还是大人的工具呢？

（三）　　A. 赌　　　B. 短片　　　C. 渡　　　D. 端　　　E. 毒品

1. 我们大家集体坐船____江。

2. 我们看了一部令人特别感动的家庭生活____。

3. 那个人肯定不是中国人，你敢不敢跟我打这个____？

4. ____是千万不能碰的，它不仅会让你失去钱财（qiáncái, wealth），还会损害你的健康。

5. 你把这盘洗好的水果____去给大家吃吧。

（四）　　A. 端午节　　B. 赌博　　C. 队伍　　D. 对抗　　E. 对外

1. 有的人因为____失去了工作和家庭。

2. 在当前的国际环境下，合作比____更符合大多数国家的利益。

3. 这是一家专门做____贸易的公司。

4. 你觉得这次比赛哪支____会赢？

5. 中国朋友邀请我去他们家过____。

三、选择合适的词语完成句子　Choose the right words to complete the sentences.

1. 他每周____锻炼两次，已经坚持一年了。

　　A. 随时　　　　　B. 及时　　　　　C. 定时　　　　　D. 决定

2. 马上就要毕业了，同学们一起____了个短片送给老师做纪念。

　　A. 照　　　　　　B. 写　　　　　　C. 拍　　　　　　D. 画

3. 为了生产出受市场欢迎的产品，他花了半年时间在全国各地做____。

  A. 调研   B. 检查   C. 报告   D. 观察

4. 他不小心把杯子____破了。

  A. 跌   B. 摔   C. 拿   D. 倒

5. 小城市的生活压力比大____小多了。

  A. 农村   B. 首都   C. 郊区   D. 都市

第 13 单元　Unit 13

◎ **目标词语　Target words**

241. 蹲	242. 多半	243. 多方面	244. 多媒体	245. 夺
246. 夺取	247. 恩人	248. 儿科	249. 发病	250. 发电
251. 发放	252. 发怒	253. 发起	254. 发言人	255. 发炎
256. 法庭	257. 法语	258. 番	259. 番茄	260. 凡是

◎ **速记　Quick memory**

241　蹲　dūn　v.　squat; stay

你别一直蹲着，站起来走走，或者找个地方坐一下儿。
听说他正在到处找我，吓得我这几天一直蹲在家，不敢出门。

242　多半　duōbàn

（1）*nu.*　most
多半同学都已经回宿舍去休息了。
他的钱多半都花在了给父母看病上，这些年没剩下什么。
（2）*adv.*　most likely
今天是周末，他多半在家。
看这个天气，明天多半不会下雨。

243　多方面　duō fāngmiàn　multiple facets

这次比赛输了，原因是多方面的。
要解释这个问题，得对当时的政治、经济、人口等多方面条件进行分析。

244　多媒体　duōméitǐ　*n.*　multimedia

多媒体技术
这是一家主要制作游戏的多媒体公司。
这次会议的主题是"如何推广多媒体教学"。

245　夺　duó　v.　snatch; compete for

我把日记本从他手里夺了过来，生气地说："你怎么可以随便看别人的日记！"
这次比赛我们一定要夺得冠军。

246　夺取　duóqǔ　v.　capture, strive for

夺取冠军
为了夺取这次胜利，大家克服了很多困难。
要想夺取最终的胜利果实，大家还得继续坚持。

247　恩人　ēnrén　*n.*　benefactor

感谢您救了我的孩子，您是我们全家的恩人！
在我们最困难的时候，是你帮助了我们，你是我们的恩人。

| 248 | 儿科 | érkē | n. | (department of) paediatrics |

儿科是医院里最吵的地方，因为病人都是小孩子。
他是著名的儿科专家，每天来找他看病的人非常多。

| 249 | 发病 | fā//bìng | | (of a disease) come on, (of a person) fall ill |

坚持锻炼可以有效降低各种常见病的发病率。
他在家里突然发病，家人立刻把他送到了医院。

| 250 | 发电 | fā//diàn | | generate electricity |

发电厂
为了防止突然停电，很多大型商场都准备了发电机。
我们可以利用大自然中的河流（héliú, river）来进行水力发电。

| 251 | 发放 | fāfàng | v. | provide |

办理完手续以后，银行会在两周以内发放贷款。
虽然已经收到了我们的开业申请，但是他们还没有给我们发放经营许可。

| 252 | 发怒 | fā//nù | | get angry |

请您冷静，不要发怒，先听我解释。
因为害怕父亲发怒，我一直没有把这件事告诉他。

| 253 | 发起 | fāqǐ | v. | initiate |

发起挑战
他是这个读书会的发起人。
我们是一个爱好和平的国家，永远不会首先发起战争。

| 254 | 发言人 | fāyánrén | n. | spokesperson |

政府的新闻发言人正在进行电视讲话。
医院的发言人表示，他们会免费治疗这些病人。

| 255 | 发炎 | fāyán | v. | get inflamed |

用不干净的手摸眼睛，容易引起发炎。
我感冒了，嗓子（sǎngzi, throat）发炎，不能吃辣的。

| 256 | 法庭 | fǎtíng | n. | court |

被告在法庭上承认了自己的罪行（zuìxíng, crime）。
你们还是好好谈一下儿吧，这件事闹上法庭对你们都没有好处。

| 257 | 法语 | Fǎyǔ | n. | French (language) |

他的法语发音很标准。
法国的法语和加拿大（Jiānádà, Canada）的法语之间有一些区别。

| 258 | 番 | fān | m. | (used after the verb"翻") time, -fold; used often with the numeral "一 / 这 / 几" to refer to a process or an action that takes time and effort |

现在人们的收入已经翻了几番，起码是以前的四倍。
妈妈说的这番话让我流下了后悔的眼泪。

259 **番茄** fānqié *n.* tomato

很多留学生都喜欢吃番茄炒鸡蛋。
历史资料表明，番茄是明朝（Míngcháo，Ming Dynasty）时从别的国家传入中国的。

260 **凡是** fánshì *adv.* all

凡是不符合要求的作业，今天都要重新写一遍。
凡是3到12岁的儿童都可以免费报名参加这次活动。

◎ 速练　Quick practice

一、先根据词语写拼音，再将词语和正确的英文释义连起来
Write Pinyin according to the words, and then match the words with the correct English definitions.

1. 法语 ＿＿＿＿＿＿　　　　　A. (department of) paediatrics

2. 多媒体 ＿＿＿＿＿＿　　　　B. tomato

3. 法庭 ＿＿＿＿＿＿　　　　　C. French (language)

4. 儿科 ＿＿＿＿＿＿　　　　　D. get inflamed

5. 番茄 ＿＿＿＿＿＿　　　　　E. multimedia

6. 发炎 ＿＿＿＿＿＿　　　　　F. court

7. 恩人 ＿＿＿＿＿＿　　　　　G. capture, strive for

8. 夺取 ＿＿＿＿＿＿　　　　　H. benefactor

二、选择合适的词语填空　Choose the right words and fill in the blanks.

（一）　A. 蹲　　B. 多半　　C. 多方面　　D. 多媒体　　E. 夺

1. 我看见王叔叔一个人＿＿在门口看书呢。

2. 科技的发展对社会生活的影响是＿＿的。

3. 这起交通事故＿＿去了20人的生命。

4. A：李雪还没到公司吗？

   B：今天星期一，＿＿是路上堵车了。

5. 利用＿＿技术创造更好的语言学习环境，可以帮助学生快速提高中文的听说读写能力。

（二）　A. 夺取　　B. 恩人　　C. 儿科　　D. 发病　　E. 发电

1. 6楼是＿＿病房，住的都是小孩儿。

2. 他拉着＿＿的手说："谢谢你！如果没有你的帮助，我们就不会有今天的好

日子。"

3. 在刚刚结束的奥运会（Àoyùnhuì, Olympic Games）中，中国运动员一共____了38块金牌。

4. 政府计划建一个大的____厂来解决城市的用电问题。

5. 随着气温的降低，感冒的____人数每天都在增加。

（三）　　A. 发放　　B. 发怒　　C. 发起　　D. 发言人　　E. 发炎

1. 大家都在劝他不要____，先问清楚事情的原因。

2. 他作为公司的____，代表公司宣布了这个重要决定。

3. 虽然失败了，但他勇敢地____了第二次挑战。

4. 灾难发生以后，政府给受灾群众免费____了衣服和食物。

5. 由于没有及时去医院，他受伤的地方已经____了，现在情况很危险。

（四）　　A. 法庭　　B. 法语　　C. 番　　D. 番茄　　E. 凡是

1. 事情发生以后，老师对我们进行了一____批评教育。

2. 我在十三四岁的时候总是喜欢对抗父母，____他们不让我做的，我就一定要试试。

3. 我要把这些材料和证据都交给____，我相信正义一定会到来。

4. 刚来到中国的时候，____还不是食物，只是一种用来欣赏的植物。

5. 我对____很感兴趣，所以报了一个补习班，每天下班后去学习两个小时。

三、选择合适的词语完成句子　Choose the right words to complete the sentences.

1. 他今天身体不舒服，一直在床上____着，也没有吃饭。
　　A. 坐　　　　B. 躺　　　　C. 站　　　　D. 蹲

2. 我只有500块钱，____给你吧。
　　A. 凡是　　　B. 全部　　　C. 完全　　　D. 一切

3. 看到大家都不太明白的样子，老师停下来解释了一____。
　　A. 次　　　　B. 回　　　　C. 场　　　　D. 番

4. 这次服装设计大赛是由三家服装公司共同____的。
　　A. 发起　　　B. 引起　　　C. 提起　　　D. 想起

5. 母亲紧紧抱住孩子，哭着说："你们谁也别想____走我的孩子！"
　　A. 拿　　　　B. 端　　　　C. 取　　　　D. 夺

第14单元　Unit 14

◎ 目标词语　Target words

261. 繁殖	262. 反抗	263. 反问	264. 反响	265. 犯
266. 犯规	267. 犯罪	268. 防范	269. 防守	270. 房价
271. 仿佛	272. 飞船	273. 飞行员	274. 肺	275. 分工
276. 分裂	277. 愤怒	278. 风暴	279. 峰会	280. 奉献

◎ 速记　Quick memory

261　繁殖　fánzhí　v.　breed

人工繁殖
老鼠的繁殖速度非常快。
夏天的气温比较高,适合这种病毒大量繁殖。

262　反抗　fǎnkàng　v.　revolt

停止反抗；大胆地反抗
父母越给他压力,他就越要反抗。
对手的力气太大了,他根本没有办法反抗。

263　反问　fǎnwèn　v.　ask (a question) in reply

听了记者提出的问题,他反问:"那你觉得呢?"
我想了一会儿,反问他:"难道父母的决定就都是对的吗?"

264　反响　fǎnxiǎng　n.　response

听说要组织比赛,大家的反响很热烈,都在积极出主意。
这个问题在社会上引起了不同的反响,有人赞成,有人反对。

265　犯　fàn　v.　violate; have a recurrence of

犯错误
很多人不懂法律,所以有时候犯法了自己还不知道。
他的胃病犯了,昨天疼了一晚上,今天早上才好了一点儿。

266　犯规　fàn//guī　　foul

在足球比赛中,如果手碰到了球,就是犯规了。
这场比赛刚开始十分钟,他就已经犯了四次规。

267　犯罪　fàn//zuì　　commit a crime

犯罪行为；承认犯罪；故意犯罪
他一步步走上了犯罪的道路。
随着网络技术的发展,网络犯罪问题也越来越突出。

268 **防范** fángfàn v. keep a lookout for, be on guard against

防范措施
网络犯罪越来越严重,大家要注意防范。
秋冬季节容易生病,多洗手可以有效地防范病毒。

269 **防守** fángshǒu v. defend

教练提醒大家注意防守。
这场球赛北京队防守得很好,上海队只进了一个球。

270 **房价** fángjià n. housing price

不同地区的房价差别很大。
现在有的城市的房价实在是太高了。

271 **仿佛** fǎngfú adv. as if

时间过得真快,十年前的事情仿佛就发生在昨天。
我们都没有说话,虽然他就坐在我的旁边,却仿佛离我很远很远。

272 **飞船** fēichuán n. spaceship

昨晚我梦见我开着飞船去太空旅行了。
中国在1999年成功发射了第一艘(sōu, *a measure word for ships*)无人飞船。

273 **飞行员** fēixíngyuán n. aviator, pilot

这家航空公司有两百多名优秀的飞行员。
培养一名合格的飞行员需要大量的时间。

274 **肺** fèi n. lung

"肺炎"的意思就是肺部发炎。
经常锻炼身体可以提高我们的心肺功能。

275 **分工** fēn//gōng divide the work

只要我们分工合作、共同努力,就一定能完成任务。
每个人的专业不同,能力也不同,所以会有不同的分工,但是每个人的工作都很重要。

276 **分裂** fēnliè v. split

我们的队伍要合作、不要分裂,要坚持、不要放弃。
他心里有一个声音说这样做是错的,又有一个声音说这样做是对的,他感到很矛盾,觉得自己快要精神分裂了。

277 **愤怒** fènnù adj. angry

感到愤怒;强烈的愤怒
因为发现被骗了,愤怒的人们都来找他。
看着他脸上愤怒的表情,大家一句话也不敢说。

278 **风暴** fēngbào n. storm

形成风暴
天气预报说今晚将有一场大风暴,你们要关好门和窗户。

气象部门准确预报了这次风暴，人们提前做好了准备，让影响降到了最低。

279 **峰会** fēnghuì *n.* summit meeting

这次经济峰会将在北京举行。
一共有十个国家的领导人参加了这次国际峰会。

280 **奉献** fèngxiàn *v.* offer as a tribute, devote

奉献精神
她把青春都奉献给了她的事业。
一个为国家奉献了四十年的人，值得大家尊敬。

◎ 速练　Quick practice

一、先根据词语写拼音，再将词语和正确的英文释义连起来
Write Pinyin according to the words, and then match the words with the correct English definitions.

1. 肺 _____　　A. spaceship
2. 飞船 _____　　B. as if
3. 反响 _____　　C. storm
4. 犯规 _____　　D. angry
5. 仿佛 _____　　E. response
6. 飞行员 _____　　F. aviator, pilot
7. 愤怒 _____　　G. lung
8. 风暴 _____　　H. foul

二、选择合适的词语填空　Choose the right words and fill in the blanks.

（一）　A. 繁殖　　B. 反抗　　C. 反问　　D. 反响　　E. 犯

1. 遇到不公正待遇的时候，我们一定要勇敢地进行____。
2. 朋友问我为什么不炒股，我____他："你觉得我有那么多钱吗？"
3. 由于环境变化，一些动物已经停止了自然____，因此数量越来越少。
4. ____了错误没关系，及时改正就可以了。
5. A：大家对这次车展活动怎么看？
   B：____非常好！

（二）　A. 犯规　　B. 犯罪　　C. 防范　　D. 防守　　E. 房价

1. 青少年____问题越来越严重，家庭和学校对此都应该重视起来。
2. 大都市的____对很多年轻人来说，是非常沉重的负担。

3. 今晚有暴风雨，请大家做好____工作。

4. 对手实在是太强大了，我们一定要坚持____。

5. 他在比赛中____了____，因此被罚下来了。

（三）   A. 仿佛   B. 飞船   C. 飞行员   D. 肺   E. 分工

1. A：明明，你长大了想做什么？

    B：我要当____！

2. 大部分鱼跟人类不一样，它们不是用____呼吸的。

3. 看着儿子在操场上跑来跑去，我____看见了30年前的自己。

4. 我们先来____：两个人打扫房间，两个人做饭。

5. 坐____去月亮上看看已经不再是无法实现的梦想了，它正在变成现实。

（四）   A. 分裂   B. 愤怒   C. 风暴   D. 峰会   E. 奉献

1. 发生这样的事情实在是令人____。

2. 他看起来很平静，但其实心里已经起了____，别人说什么，他都听不见了。

3. 为了理想，他愿意____自己的生命。

4. 这次商业____将于（yú, in）下个月在上海举行。

5. 父母离婚、家庭____对孩子的心理伤害非常大。

三、选择合适的词语完成句子   Choose the right words to complete the sentences.

1. 大熊猫的自然____能力特别弱。

    A. 生产   B. 制造   C. 繁殖   D. 创造

2. 父母都____他当飞行员，但是他的态度很坚决。

    A. 反抗   B. 反对   C. 反问   D. 反应

3. 他在法庭上____自己犯了罪。

    A. 说明   B. 认为   C. 告诉   D. 承认

4. 我们之间____有分工，又有合作。

    A. 既   B. 还   C. 没   D. 只

5. 他的行为____人们十分愤怒。

    A. 给   B. 令   C. 为   D. 被

第15单元　Unit 15

◎ 目标词语　Target words

281. 佛	282. 佛教	283. 服	284. 浮	285. 父女
286. 父子	287. 负	288. 妇女	289. 复苏	290. 副¹ (*adj.*)
291. 副² (*m.*)	292. 富人	293. 富有	294. 改装	295. 干涉
296. 肝	297. 杆	298. 赶不上	299. 赶忙	300. 赶上

◎ 速记　Quick memory

281　佛　fó　*n.*　Buddha

他信佛，所以从来不吃肉。
这是一座著名的佛寺（sì, temple），每天都有很多人来参观。

282　佛教　Fójiào　*n.*　Buddhism

佛教已经有两千多年的历史了。
中国的佛教是从古印度（Yìndù, India）传来的。

283　服　fú　*v.*　take (medicine); submit (oneself) to

这种药一天服三次，每次两片。
如果你能赢，我们就服你。

284　浮　fú　*v.*　float

水上浮着一些树叶。
妈妈的脸上浮出微笑。

285　父女　fùnǚ　*n.*　father and daughter

我旁边坐着一对父女。
他们父女俩一起回来了。

286　父子　fùzǐ　*n.*　father and son

他们父子俩的感情非常好。
这对父子之间的关系就像朋友一样。

287　负　fù　*v.*　take up, shoulder; suffer

如果发生了事故，责任由谁负？
他在战争中负伤了。

288　妇女　fùnǚ　*n.*　woman

我旁边站着一个抱着小孩儿的妇女。
一个国家中妇女的地位反映了这个国家的文明程度。

289 复苏　　fùsū　　v.　　revive, recover

经济复苏后，人们有了更多的钱去消费。
春天到了，大自然慢慢复苏了。你看！那些树都绿了。

290 副[1]　　fù　　adj.　　deputy; subsidiary

副主席；副校长；副食品
他是我们公司的副经理。
塑料是石油生产的副产品。

291 副[2]　　fù　　m.　　pair; *used to indicate facial expression*

我刚买了一副新眼镜。
他的脸上永远是一副严肃的表情。

292 富人　　fùrén　　n.　　rich people

每个国家都有富人，也有穷人。
不是有钱就是富人，有爱心才是真正的富人。

293 富有　　fùyǒu

（1）adj.　　wealthy
他是一位特别富有的商人。
这个女孩儿出生在一个富有的家庭。
（2）v.　　be rich in
富有生命力；富有活力；富有正义感
他是富有经验的老教师。
这些服装富有中国特色。

294 改装　　gǎizhuāng　　v.　　refit

这辆车被改装过，所以跑得很快。
我们把这个房间改装成了一个小酒吧。

295 干涉　　gānshè　　v.　　intervene, interfere

谁也不可以干涉别人的自由。
这是他们夫妻之间的事情，你不应该干涉。

296 肝　　gān　　n.　　liver

肝炎
肝是人类身体的重要器官。
他的肝功能不正常，需要住院检查、治疗。

297 杆　　gǎn　　n.　　stalk, rod

他们手中握着枪杆。
这支笔的笔杆太短了，写字不太方便。

298 赶不上　　gǎnbushàng　　v.　　can't catch up with

你不走快点儿就赶不上火车了。
我们6点半下课，看7点的电影肯定赶不上。

299 赶忙　　gǎnmáng　　*adv.*　　in a hurry

看到孩子摔倒，他赶忙跑了过去。
他受伤以后，大家赶忙把他送到医院去了。

300 赶上　　gǎn//·shàng　　be in time for

我迟到了，没赶上他们的演出。
我们现在出发，能赶上12点的飞机吗？

◎ **速练**　Quick practice

一、先根据词语写拼音，再将词语和正确的英文释义连起来
Write Pinyin according to the words, and then match the words with the correct English definitions.

1. 佛教 ＿＿＿＿＿＿　　　　　　A. revive, recover

2. 妇女 ＿＿＿＿＿＿　　　　　　B. refit

3. 富人 ＿＿＿＿＿＿　　　　　　C. woman

4. 复苏 ＿＿＿＿＿＿　　　　　　D. Buddhism

5. 改装 ＿＿＿＿＿＿　　　　　　E. intervene, interfere

6. 干涉 ＿＿＿＿＿＿　　　　　　F. float

7. 肝 ＿＿＿＿＿＿　　　　　　　G. rich people

8. 浮 ＿＿＿＿＿＿　　　　　　　H. liver

二、选择合适的词语填空　Choose the right words and fill in the blanks.

（一）　A. 佛　　B. 复苏　　C. 服　　D. 浮　　E. 父女

1. 请记得按时＿＿药。

2. 不是每个人都能够进＿＿学院学习的。

3. 女儿长大以后，他们＿＿之间的交流就少多了。

4. 听到这个消息，他脸上＿＿出了痛苦的表情。

5. 经历了战争以后，国家需要很长的时间＿＿。

（二）　A. 父子　　B. 负　　C. 妇女　　D. 佛教　　E. 副

1. 每年的3月8日是国际劳动＿＿节。

2. 这些书都是＿＿经典。

3. ＿＿关系对男孩儿的成长有很大影响。

4. 他是负责学生管理的＿＿校长。

5. 爸爸____起了照顾孩子的责任。

（三）　　A. 副　　　B. 富人　　　C. 富有　　　D. 改装　　　E. 赶上

1. 他们是一群____活力的年轻人。

2. 你来得真巧，正好____我们吃饭，来一起吃吧。

3. 这____手套是谁的？

4. 在现在的年轻人中很流行____汽车。

5. 他穿着很普通的衣服，真看不出来是个____。

（四）　　A. 肝　　　B. 杆　　　C. 赶不上　　　D. 赶忙　　　E. 干涉

1. 老师突然说要考试，同学们____复习起来。

2. 现代人拿鼠标的多、握笔____的少，提笔忘字的现象经常发生。

3. 孩子已经长大了，你不要总是____他的决定。

4. 师傅，麻烦您开快点儿，我快____火车了。

5. 他得了____炎，医生说需要休息一段时间。

三、选择合适的词语完成句子　　Choose the right words to complete the sentences.

1. 把油倒进水里以后，它会____在水的上面。
    A. 流　　　　B. 睡　　　　C. 站　　　　D. 浮

2. 要说修车的技术，我最____我哥哥，没有他修不好的车。
    A. 爱　　　　B. 听　　　　C. 服　　　　D. 负

3. A：喂，妈妈，有什么事吗？
    B：小文，你____回来！你爸爸病了。
    A. 赶忙　　　B. 赶快　　　C. 赶上　　　D. 赶不上

4. 来中国以后，我的很多生活习惯都____了。
    A. 改变　　　B. 改装　　　C. 改革　　　D. 改进

5. 听说你上个月病了，现在身体____得怎么样了？
    A. 复苏　　　B. 回复　　　C. 修复　　　D. 恢复

第16单元　Unit 16

◎ 目标词语　Target words

301. 敢于	302. 感人	303. 刚好	304. 岗位	305. 港口
306. 高层	307. 高档	308. 高等	309. 高峰	310. 高考
311. 高科技	312. 高手	313. 稿子	314. 歌唱	315. 歌词
316. 歌星	317. 革新	318. 更是	319. 工商	320. 公

◎ 速记　Quick memory

301　**敢于**　gǎnyú　*v.*　dare

　　敢于斗争；敢于创新
　　年轻人应该具有敢于反抗的精神。
　　因为他们公司敢于改革，所以获得了很大的发展。

302　**感人**　gǎnrén　*adj.*　moving, touching

　　这部电影的情节十分感人。
　　他们拍到了一些很感人的照片。

303　**刚好**　gānghǎo　*adv.*　just, happen to

　　我刚好要去北京，我替你带给他吧。
　　我们到电影院的时候刚好赶上电影开始。

304　**岗位**　gǎngwèi　*n.*　post, job

　　领导岗位
　　他在自己的工作岗位上取得了巨大的成就。
　　这是一个非常重要的岗位，你一定要好好干。

305　**港口**　gǎngkǒu　*n.*　port

　　我们的船将从这个港口出发。
　　上海是中国最重要的港口城市之一。

306　**高层**　gāocéng

　　（1）*n.*　high level/floor; sb. in a high position
　　住在高层的人每天都需要乘坐电梯。
　　参加这次会议的都是我们公司的高层。
　　（2）*adj.*　high-rise; high-ranking
　　这几年，城市里的高层建筑多了不少。
　　公司的高层领导要来我们这儿检查工作。

307　**高档**　gāodàng　*adj.*　top-grade

　　高档商品；高档饭店

搬家以后他们买了很多高档家具。
他虽然很有钱，但从不买高档服装。

308 **高等** gāoděng *adj.* advanced

高等数学
他的中文已经达到了高等水平。
中国的大部分高等院校里都有留学生。

309 **高峰** gāofēng *n.* peak

达到高峰；高峰期
珠穆朗玛峰（Zhūmùlǎngmǎ Fēng，Mount Qomolangma）是世界第一高峰。
上下班的高峰时间路上经常堵车。

310 **高考** gāokǎo *n.* college entrance examination

今年我弟弟就要参加高考了。
中国的高考在每年的6月举行。

311 **高科技** gāokējì *n.* high technology

这是一家生产高科技产品的公司。
利用计算机实施违法活动是一种新型高科技犯罪。

312 **高手** gāoshǒu *n.* master, expert

篮球高手；运动高手
这位游戏高手夺取了这次游戏大赛的冠军。
他是一位电脑高手，我们的电脑有问题时都请他帮忙。

313 **稿子** gǎozi *n.* article, manuscript

这篇新闻稿子是哪位记者写的？
明天就要交稿子了，我还没修改好。

314 **歌唱** gēchàng *v.* sing

歌唱家
我听见窗户外边有小鸟在歌唱。
在这个特别的日子里，我们要大声歌唱我们美好的生活。

315 **歌词** gēcí *n.* lyric

这首歌的歌词写得特别好。
我会唱这首歌，但是不记得歌词了。

316 **歌星** gēxīng *n.* singing star

他是一位年轻人十分喜欢的歌星。
今晚的演出中将有著名歌星的演唱。

317 **革新** géxīn

（1）*v.* innovate
大胆革新
必须敢于革新，国家才会有发展。

他领导大家在工厂里进行了技术革新。
（2）n. innovation
革新成果；革新项目
这是一场技术方面的革新。
我们要学习他的革新精神。

318 **更是** gèng shì what is more

她是我们的老师，更是我们最好的朋友。
大家都来得很早，王经理更是没吃早饭就到了。

319 **工商** gōngshāng n. industry and commerce

工商管理
这座城市的工商业非常发达。
中国工商银行是中国最大的银行之一。

320 **公** gōng adj. public; (of an animal) male

这些书是学校的公物，我们不能拿回家。
这头牛是公的。

◎ 速练 Quick practice

一、先根据词语写拼音，再将词语和正确的英文释义连起来
Write Pinyin according to the words, and then match the words with the correct English definitions.

1. 港口 _____ A. article, manuscript

2. 岗位 _____ B. port

3. 高峰 _____ C. peak

4. 稿子 _____ D. moving, touching

5. 歌词 _____ E. high level/floor; sb. in a high position; high-rise; high-ranking

6. 革新 _____ F. innovate; innovation

7. 感人 _____ G. post, job

8. 高层 _____ H. lyric

二、选择合适的词语填空 Choose the right words and fill in the blanks.

（一） A. 敢于　　B. 感人　　C. 刚好　　D. 岗位　　E. 港口

1. 想成功就要____挑战，不怕失败。

2. 我们准备在下一个____下船。

3. 这条裤子我穿有点儿长，你穿____，送给你吧。

4. 这是一首很____的歌，不少人听着听着就哭了。

5. 工作时间不可以随便离开____。

(二) A. 高层 B. 高档 C. 高等 D. 高峰 E. 高考

1. 这家商场里卖的都是____商品。

2. 对很多中国人来说,____是人生中一件非常重要的事情。

3. 他才30岁,就已经是那家著名企业的____管理人员了。

4. 那一年他的事业达到了____,但他并没有停止奋斗。

5. 人类是____动物。

(三) A. 高科技 B. 高手 C. 稿子 D. 歌唱 E. 歌词

1. 我想学打篮球,听说你是个____,想请你来教教我。

2. 这篇____写得太好了,不仅事实清楚,分析得也很深入。

3. 这是一首法语歌曲,虽然我听不懂____,但还是觉得很好听。

4. 制造飞船使用的都是____材料。

5. 一个人站在那儿闭上眼睛,好像就能听见风在耳旁____。

(四) A. 歌星 B. 革新 C. 更是 D. 工商 E. 公

1. 现在是技术____的好时机,我们应该抓住这次机会。

2. 他是学____管理的,希望毕业后能进入大企业工作。

3. 很多年轻人喜欢唱歌,但不是每个人都能成为____。

4. 今天是中秋节,____我父母的结婚纪念日。

5. 父母从小就告诉我要爱护____物,注意保护环境。

三、选择合适的词语完成句子 Choose the right words to complete the sentences.

1. 这次成绩考得太差了,我不____告诉父母。

  A. 敢   B. 敢于   C. 怕   D. 害怕

2. A: 喂,小李吗?我是张丽,有件事我想问你。

  B: 张丽呀,我____也有件事想问你,你就打来电话了。

  A. 刚   B. 刚才   C. 刚好   D. 刚刚

3. 随着社会的发展,接受过____教育的人越来越多。

  A. 高档   B. 高层   C. 高等   D. 高级

4. 这所大学为国家培养了大量优秀的____。

　　A. 高手　　　　B. 人才　　　　C. 专业　　　　D. 天才

5. 老旧的思想会限制社会的发展，因此我们要不断____思想，积极推动社会的进步。

　　A. 变化　　　　B. 改变　　　　C. 革新　　　　D. 创造

第17单元　Unit 17

◎ 目标词语　Target words

321. 公安	322. 公鸡	323. 公众	324. 公主	325. 攻击
326. 供给	327. 宫	328. 巩固	329. 贡献	330. 构建
331. 孤独	332. 孤儿	333. 姑姑	334. 古典	335. 股
336. 股东	337. 股票	338. 故障	339. 顾	340. 刮

◎ 速记　Quick memory

321　公安　gōng'ān　*n.*　public security; public security officer

公安局
他爸爸当了三十年警察，已经是一位老公安了。
一些公安人员为了保护人民的生命财产安全，付出了自己的生命。

322　公鸡　gōngjī　*n.*　cock, rooster

我家养了两只公鸡。
你现在的样子就像一只生气的大公鸡。

323　公众　gōngzhòng　*n.*　the public

公众人物
在这个岗位工作就是要为公众服务的。
保护环境不是为了个人的利益，而是为了公众的利益。

324　公主　gōngzhǔ　*n.*　princess

故事中有一位美丽的公主。
她是家里的小公主，大家都很爱她。

325　攻击　gōngjī　*v.*　attack

攻击敌人；受到攻击
我们决定今晚对敌人发动攻击。
面对对手的攻击，教练让我们先防守，慢慢等待机会。

326　供给　gōngjǐ　*v.*　supply

供给食品；保证供给；增加供给
他们的书和本子都由学校免费供给。
在救灾时，对受灾群众食物和住所的供给是非常重要的。

327　宫　gōng　*n.*　palace; building for cultural activities and recreation

故宫是中国古代建筑艺术的宝贵遗产。
一到周末，就有很多父母带着孩子去少年宫学习唱歌、跳舞、书法等。

328 巩固 gǒnggù

（1）*adj.* consolidated
两个国家之间有着非常巩固和友好的关系。
国家的经济基础巩固，人民的生活才会幸福。
（2）*v.* consolidate
巩固关系；巩固成绩；大力巩固
每天复习是为了巩固旧知识。
我们要进一步巩固已经取得的成果，并争取创造新的成绩。

329 贡献 gòngxiàn

（1）*v.* contribute
贡献青春；主动贡献；积极贡献
他们愿意为国家发展贡献自己的全部力量。
那是一群为了理想可以贡献自己生命的人。
（2）*n.* contribution
突出贡献；伟大贡献；历史贡献
感谢你们为国家做出的巨大贡献！
他的主要贡献是促进了国家的统一。

330 构建 gòujiàn *v.* construct

构建公平的社会是人类的理想。
我们正在构建新的儿童教育模式。

331 孤独 gūdú *adj.* lonely

老人一个人生活，非常孤独。
每天和同学们在一起就不觉得孤独了。

332 孤儿 gū'ér *n.* orphan

孤儿院
因为那场地震，他失去父母，成了孤儿。
孤儿需要的不仅仅是经济帮助，他们更需要爱。

333 姑姑 gūgu *n.* aunt, father's sister

别人都说我长得像我姑姑。
她是我姑姑，比我爸爸小三岁。

334 古典 gǔdiǎn *adj.* classical

古典音乐；古典艺术；古典美
他非常喜欢中国古典文学。
这座城市里有很多古典风格的建筑。

335 股 gǔ *m.* a measure word for gas, smell, strength, etc.

一股力量
我一进门，就闻到一股饭菜的香味。
水很热，杯子里冒出来一股股热气。

336 **股东** gǔdōng *n.* shareholder

他是这家公司最大的股东。
明天下午要举行一次全体股东大会。

337 **股票** gǔpiào *n.* stock

他靠买卖股票挣了不少钱。
这只股票的价格已经翻了几番。

338 **故障** gùzhàng *n.* breakdown, fault

发生故障；严重故障
汽车在路上出故障了，所以我们来晚了。
维修人员来了以后，立即排除了电梯的故障。

339 **顾** gù *v.* take into account or consideration

小明只顾着看书，有人进来了都不知道。
为了救人，他不顾自己的安全，跳进了河里。

340 **刮** guā *v.* shave; blow

刮脸；刮干净
他正在非常小心地给爸爸刮胡子。
刚才天气还很好，怎么突然刮起风来了？

◎ 速练　Quick practice

一、先根据词语写拼音，再将词语和正确的英文释义连起来
Write Pinyin according to the words, and then match the words with the correct English definitions.

1. 股票 ＿＿＿＿＿＿　　A. lonely
2. 贡献 ＿＿＿＿＿＿　　B. shareholder
3. 孤独 ＿＿＿＿＿＿　　C. consolidated; consolidate
4. 故障 ＿＿＿＿＿＿　　D. supply
5. 供给 ＿＿＿＿＿＿　　E. contribute; contribution
6. 巩固 ＿＿＿＿＿＿　　F. breakdown, fault
7. 股东 ＿＿＿＿＿＿　　G. public security; public security officer
8. 公安 ＿＿＿＿＿＿　　H. stock

二、选择合适的词语填空　Choose the right words and fill in the blanks.

（一）　A. 公安　　B. 公鸡　　C. 公众　　D. 公主　　E. 攻击

1. 他读大学的时候是学法律的，现在是一名＿＿＿＿。

2. 教师、律师、医生都是受社会____尊敬的职业。

3. 我们停止了对敌人的____。

4. 家里的大____每天早上都会准时叫我们起床。

5.《白雪____》是著名的童话故事，几乎全世界的孩子都知道。

（二） A.供给 B.宫 C.巩固 D.贡献 E.构建

1. 明天的晚会在工人文化____举行。

2. 我的中文基础还需要继续____，很多以前学过的词语都忘记了。

3. 灾难发生以后，国家免费____了食品和药物。

4. 大家一起努力，共同____一座美好的城市！

5. 感谢你为公司发展所做的____！

（三） A.孤独 B.孤儿 C.姑姑 D.古典 E.股

1. ____是我爸爸唯一的妹妹。

2. 当我遇到困难的时候，心中总有一____力量支持着我。

3. 他很害怕____，休息的时候会邀请很多朋友来家里玩儿。

4. 我喜欢音乐，特别爱听____音乐。

5. 一场交通事故让他成了____。

（四） A.股东 B.股票 C.故障 D.顾 E.刮

1. 外面的风____得很大，你出门要小心。

2. 因为机器____，今天这座大楼停电一天。

3. ____们有权利了解公司的经营情况。

4. 你不要光____着工作，有时间也要多陪陪孩子。

5. 他认为那家公司一定会成功，所以一下子买了他们10万元的____。

三、选择合适的词语完成句子 Choose the right words to complete the sentences.

1. ____讨论别人家里的事情，是十分没有礼貌的。

   A. 公平 B. 公开 C. 公众 D. 公民

2. 这次失败对他的____很大，他现在对自己非常没有信心。

   A. 批评 B. 攻击 C. 打击 D. 斗争

3. 人们对蔬菜水果的需求量越来越大,因此我们应该____供给。

   A. 上升　　　　B. 下降　　　　C. 减少　　　　D. 增加

4. 一个幸福的家庭是由家人们____构建的。

   A. 公共　　　　B. 一共　　　　C. 相同　　　　D. 共同

5. 这次的故障十分____,我们没有办法,需要请专家来看看。

   A. 严格　　　　B. 严厉　　　　C. 严重　　　　D. 重要

第18单元　Unit 18

◎ 目标词语　Target words

341. 拐	342. 关爱	343. 关联	344. 观光	345. 官司
346. 管道	347. 光辉	348. 广阔	349. 轨道	350. 跪
351. 国产	352. 国歌	353. 国会	354. 国旗	355. 国王
356. 果酱	357. 果树	358. 过渡	359. 过后	360. 过时

◎ 速记　Quick memory

341　拐　guǎi　*v.*　turn; limp; abduct

你往前走，路口左拐就到了。
他昨天摔了一下儿，今天走路一拐一拐的。
他把公司的钱都拐跑了，警察正到处找他。

342　关爱　guān'ài　*v.*　concern and love

老人需要子女的关爱。
关爱孤儿是全社会的责任。

343　关联　guānlián　*v.*　relate

银行卡号是和身份证号码关联着的。
两个公司的利益是互相关联的，所以我们应该保持友好合作。

344　观光　guānguāng　*v.*　go sightseeing

观光客
欢迎大家来北京观光旅游。
来中国以后，每到放假他就到处观光。

345　官司　guānsi　*n.*　lawsuit

别担心，我们请了最好的律师替你打官司。
如果这场官司我们输了，就要赔他们很多钱。

346　管道　guǎndào　*n.*　pipeline

石油管道；煤气管道
一条污水管道破了，又臭又脏的水流了出来。
楼下的天然气管道正在维修，现在没办法做饭。

347　光辉　guānghuī

（1）*n.*　brilliance
失去光辉；时代的光辉；生命的光辉
太阳的光辉洒在身上，我们感觉温暖极了。
他是一个伟大的人，他的思想光辉一直引导着我们。

（2）*adj.* brilliant, glorious
光辉的形象；光辉的日子
我们应该记住那一段光辉的历史。
通过努力，他终于创造了光辉的事业。

348 **广阔** guǎngkuò *adj.* wide, broad

广阔的草原；广阔的土地；广阔的前途
车窗外是一片广阔的平原。
只要有时间他就会到处旅游，说要好好看看这个广阔的世界。

349 **轨道** guǐdào *n.* track

地球的轨道；工作轨道；脱离轨道；走上轨道
这条火车轨道一直通向北京。
开学调整了一周后，大家的生活、学习慢慢进入了正常轨道。

350 **跪** guì *v.* kneel

快起来，别跪着！
他一直跪在地上不起来。

351 **国产** guóchǎn *adj.* domestic, made in the country (especially China)

国产商品
这几年优秀的国产影片越来越多。
国产汽车价格便宜，质量也不错。

352 **国歌** guógē *n.* national anthem

我们都会唱自己国家的国歌。
每次听到国歌响起，我们都很激动。

353 **国会** guóhuì *n.* congress, parliament

该国国会今天将就环保问题做出讨论。
国会没有通过关于刺激经济复苏的最新方案。

354 **国旗** guóqí *n.* national flag

五星红旗是中国的国旗。
看着国旗慢慢升起来，我们心中充满了自豪。

355 **国王** guówáng *n.* king

他是这个国家未来的国王。
现在世界上仍然有一些国家有国王。

356 **果酱** guǒjiàng *n.* jam

他每天早上都吃果酱面包。
我奶奶每年都会自己制作新鲜的苹果果酱。

357 **果树** guǒshù *n.* fruit tree

楼下的院子里种着许多果树。
一到秋天，孩子们就爬上果树摘苹果。

358 过渡 guòdù *v.* transit

我们刚来这儿，先住酒店<u>过渡</u>一下儿，下周就能租好房子了。
上大学了，我们马上就要<u>过渡</u>到一个新的生活和学习阶段了。

359 过后 guòhòu *n.* afterwards

他们已经把爸爸送到医院去了，<u>过后</u>才来通知我。
先这样决定吧，如果有什么问题，<u>过后</u>我们再商量。

360 过时 guòshí *adj.* out-of-date

这些服装已经<u>过时</u>了。
经典的文学作品永远不会<u>过时</u>。

◎ **速练** Quick practice

一、先根据词语写拼音，再将词语和正确的英文释义连起来
Write Pinyin according to the words, and then match the words with the correct English definitions.

1. 果树 _____   A. transit

2. 管道 _____   B. congress, parliament

3. 国会 _____   C. domestic, made in the country (especially China)

4. 广阔 _____   D. wide, broad

5. 官司 _____   E. pipeline

6. 轨道 _____   F. fruit tree

7. 过渡 _____   G. lawsuit

8. 国产 _____   H. track

二、选择合适的词语填空　Choose the right words and fill in the blanks.

（一）　A. 拐　　B. 关爱　　C. 关联　　D. 观光　　E. 官司

1. 研究发现，儿童的体重跟他们的性格发展是有____的。

2. 这些年我一直受到你们的照顾与____，真的非常感谢！

3. 离婚的时候他们都想要孩子，一直谈不好，最后只好打____。

4. 这个地方禁止左____，你先往前开吧。

5. 我今年夏天参加了一个____团，去了好几个国家。

（二）　A. 管道　　B. 光辉　　C. 广阔　　D. 轨道　　E. 跪

1. 经过几个月的运行，公司的经营已经走上了____。

2. 我的家乡有____的草原，成群的牛羊在草原上吃草。

3. 这是文学历史上一部____的作品。

4. 有的孩子____在地上看书、玩儿游戏。

5. 这座楼的下面有煤气____，如果弄破了会非常危险。

（三）　　A.国产　　　B.国歌　　　C.国会　　　D.国旗　　　E.国王

1. 听到____响起，大家都自觉地跟着唱了起来。

2. 比赛胜利后，球迷们兴奋地举起了____。

3. 这位年轻的____将带领他的国家走向美好的未来。

4. 我家的电器差不多都是____的，质量一点儿也不比进口的差。

5. 针对这个问题，____展开了一场讨论。

（四）　　A.果酱　　　B.果树　　　C.过渡　　　D.过后　　　E.过时

1. A：你适应这里的生活了吗？

　　B：还没有，适应新环境需要一个____过程。

2. 那里有一大片____，果实马上就要成熟了。

3. 我把稿子放在桌子上，____忘了带走了。

4. 这种产品已经____了，工厂都不生产了。

5. 这种____又酸又甜，味道好极了。

三、选择合适的词语完成句子　　Choose the right words to complete the sentences.

1. 为了____赢这场官司，他找了很多人收集证据。

　　A.写　　　　　B.做　　　　　C.说　　　　　D.打

2. 他的建议得到了大家的____支持。

　　A.广播　　　　B.广泛　　　　C.广大　　　　D.广阔

3. 做任何事情都不要____，比如每天喝一点儿红酒对身体有好处，但是如果喝得太多可就有坏处了。

　　A.过渡　　　　B.过度　　　　C.改变　　　　D.变化

4. 因为感兴趣，所以他读了不少____中国历史的书。

　　A.关联　　　　B.关系　　　　C.联系　　　　D.关于

5. 她一定很幸福，因为她的双眼中仿佛有美丽的____。

　　A.明亮　　　　B.光辉　　　　C.光线　　　　D.光明

第19单元　Unit 19

◎ **目标词语　Target words**

361. 海报	362. 海底	363. 海军	364. 海浪	365. 海外
366. 海湾	367. 海洋	368. 好（不）容易	369. 好似	370. 好转
371. 好学	372. 合约	373. 和谐	374. 核心	375. 黑夜
376. 很难说	377. 狠	378. 横	379. 衡量	380. 宏大

◎ **速记　Quick memory**

361　**海报**　hǎibào　*n.*　poster

他房间的墙上贴了很多电影海报。
妈妈带回来一张商品打折的宣传海报。

362　**海底**　hǎidǐ　*n.*　seabed

有些鱼类已经在海底生活了几万年。
海底世界里还有很多我们不知道的秘密。

363　**海军**　hǎijūn　*n.*　navy

我们要建设一支强大的海军队伍。
他大学一毕业就参加了海军，成了一名海军战士。

364　**海浪**　hǎilàng　*n.*　sea waves

我住在海边，每天晚上睡觉时都能听到海浪的声音。
吹着海风，看着远处白色的海浪，心里感觉舒服极了。

365　**海外**　hǎiwài　*n.*　being overseas

海外华人
他3年前去海外留学了。
他们家有海外关系，他爸爸的一个弟弟在美国生活。

366　**海湾**　hǎiwān　*n.*　gulf

爬到山顶上就可以看到下面美丽的海湾。
那一片蓝色的海湾是这座城市最美的风景之一。

367　**海洋**　hǎiyáng　*n.*　ocean

海洋性气候
这两个国家之间隔着一片海洋。
海洋里生活着无数种动物和植物。

368　**好（不）容易**　hǎo(bù)róngyì　*adj.*　with great difficulty

我好容易才买到这本书，实在舍不得送给别人。

你好不容易来一次北京，就多玩儿几天再回去吧。

369 **好似** hǎosì *v.* seem, be like

穿上这条裙子她好似一位美丽的公主。
他哭得很伤心，好似找不到妈妈的孩子。

370 **好转** hǎozhuǎn *v.* take a turn for the better

情况好转；心情好转；逐渐好转；明显好转
大夫说他的病情已经好转了，下周就能出院。
天气看起来有些好转，虽然雨还在下，但小了很多。

371 **好学** hàoxué *v.* be fond of learning, be eager to learn

王明勤奋好学，老师们都很喜欢他。
他是个好学的人，一有不懂的地方就问同学、问老师。

372 **合约** héyuē *n.* contract

如果大家对合约中的内容有意见，请提出来。
我们已经签订了合约，所以必须9月以前完成任务。

373 **和谐** héxié *adj.* harmonious

气氛和谐；相处和谐
他们的家庭关系很和谐。
这幅画儿的颜色非常和谐。

374 **核心** héxīn *n.* core

核心力量；核心作用；核心精神；核心领导
这篇文章的核心部分写得非常精彩。
现在问题的核心是如何提高产品的质量。

375 **黑夜** hēiyè *n.* night

这里冬天的黑夜特别长。
猫喜欢在黑夜出门活动。

376 **很难说** hěn nánshuō it's hard to say

很难说这件事情到底是谁的错。
现在都很顺利，但以后就很难说了。

377 **狠** hěn *adj.* ruthless; resolute

他的心太狠了。
你应该狠狠批评他一顿。

378 **横** héng

（1）*v.* traverse
麻烦你把那张桌子横过来。
一辆自行车横在路中间，不让大家过去。
（2）*adj.* horizontal
人行横道

请把这幅画儿横挂在墙上。
这句话的下面画着一条横线。

379 衡量 héngliáng *v.* measure

人和人之间的感情是不能用钱来衡量的。
考试成绩不是衡量一个学生的唯一标准。

380 宏大 hóngdà *adj.* grand

场面宏大；工程宏大；宏大的目标；宏大的理想
这个宏大的计划目前还没有开始实施。
这次比赛的规模宏大，有3000多名运动员参加。

◎ **速练** Quick practice

一、先根据词语写拼音，再将词语和正确的英文释义连起来
Write Pinyin according to the words, and then match the words with the correct English definitions.

1. 海底 ＿＿＿＿＿＿＿   A. contract
2. 好似 ＿＿＿＿＿＿＿   B. core
3. 合约 ＿＿＿＿＿＿＿   C. measure
4. 和谐 ＿＿＿＿＿＿＿   D. seem, be like
5. 核心 ＿＿＿＿＿＿＿   E. grand
6. 衡量 ＿＿＿＿＿＿＿   F. gulf
7. 宏大 ＿＿＿＿＿＿＿   G. harmonious
8. 海湾 ＿＿＿＿＿＿＿   H. seabed

二、选择合适的词语填空　Choose the right words and fill in the blanks.

（一）　A. 海报　　B. 海底　　C. 海军　　D. 海浪　　E. 海外

1. 当我们收到他从＿＿寄来的信时，已经是他走了两个月以后了。

2. 在战争中，我的父亲和船一起沉到了＿＿，再也没有回来。

3. ＿＿一来，大家就笑着往回跑。

4. 这张＿＿上有那位足球明星的签名。

5. 你这么喜欢游泳，以后加入我们＿＿吧。

（二）　A. 海湾　　B. 海洋　　C. 好（不）容易　　D. 好似　　E. 好转

1. 他是专门研究＿＿动物的科学家。

2. 听到这个好消息，我的心情终于＿＿了一些。

81

3. 这里的中国人很少，我____遇到一个，觉得特别亲切。

4. 那个人看起来____在哪里见过，但是我想不起来了。

5. 我们乘坐的轮船即将进入____，会在这里停靠一天。

（三）　　A. 好学　　B. 合约　　C. 和谐　　D. 核心　　E. 黑夜

1. 这次谈判进行得很____，大家的态度都非常友好。

2. 这场讲座吸引来了不少____的青年工人。

3. 在比赛中，你应该发挥自己作为教练的____作用。

4. 无论白天还是____，他都在努力学习。

5. 由于情况发生了变化，所以我们对____的部分内容做了修改。

（四）　　A. 很难说　　B. 狠　　C. 横　　D. 衡量　　E. 宏大

1. 我们不能用今天的标准去____历史事件的对错。

2. A：您觉得今年游客的人数会继续上升吗？

　　B：目前还____。

3. 他为公司的未来发展设置了____的奋斗目标，并在为实现这个目标而不断努力。

4. 我们人多，拍照时要____着拍。

5. 因为工作需要，他不得不____心离开了妻子和孩子。

三、选择合适的词语完成句子　Choose the right words to complete the sentences.

1. 这次活动是由两家公司____举办的。
   A. 合约　　　B. 合作　　　C. 合同　　　D. 约会

2. 他的身体情况在____，你不要着急。
   A. 逐渐好转　B. 好转逐渐　C. 突然好转　D. 好转突然

3. 虽然这家企业有成为全国第一的____理想，却没有相应的实力。
   A. 宏大　　　B. 巨大　　　C. 广大　　　D. 大型

4. 为了宣传新产品，我们公司打算请明星来拍这个产品的电视____。
   A. 广告　　　B. 杂志　　　C. 报纸　　　D. 海报

5. 这一批受过高等教育的年轻人已经成为建设国家的____。
   A. 核心问题　B. 核心矛盾　C. 核心作用　D. 核心力量

第20单元　Unit 20

◎ 目标词语　Target words

381. 洪水	382. 忽略	383. 壶	384. 互动	385. 户外
386. 护	387. 花费	388. 花瓶	389. 花生	390. 化解
391. 幻想	392. 患者	393. 皇帝	394. 回应	395. 毁
396. 会见	397. 会长	398. 绘画	399. 昏	400. 混

◎ 速记　Quick memory

381　洪水　hóngshuǐ　*n.*　flood

暴雨停了以后，洪水也慢慢退去了。
今年夏季的洪水灾害对本市造成了很大的影响。

382　忽略　hūlüè　*v.*　neglect

容易忽略；故意忽略
父母千万不能忽略孩子的教育问题。
这些被我们忽略了的小问题最后可能会给我们带来大麻烦。

383　壶　hú

（1）*n.*　kettle
水壶
我送给爷爷一把茶壶当作生日礼物。
我闻了一下儿，那把酒壶里装的好像不是酒。
（2）*m.*　*a measure word for kettles, pots, etc.*
厨房里有一壶油，你去拿过来。
出门的时候，我带了一壶水在路上喝。

384　互动　hùdòng　*v.*　interact

许多作家喜欢跟自己的读者进行互动，他们认为这样可以促进自己的创作。
人类和自然之间是一种互动的关系，当人类改造自然的时候，自身也被改造了。

385　户外　hùwài　*n.*　outdoors

户外运动；户外场所；户外工作
你应该多去户外散散步，对你的身体有好处。
今天天气不好，不适合户外活动，我们还是在家看电影吧。

386　护　hù　*v.*　protect

护林；护航
运动的时候穿上这个可以护腿，不容易受伤。
爸爸总是护着妹妹，即便妹妹做错了，也不批评她。

387 花费　huāfèi　v.　spend

自己在家做一个蛋糕要花费多长时间？
他想开一家公司，但这要花费很大一笔钱。

388 花瓶　huāpíng　n.　vase

他不小心把妈妈最喜欢的花瓶摔碎了。
桌子中间摆着一个白色的花瓶，里面插着一束美丽的鲜花。

389 花生　huāshēng　n.　peanut

我妈妈常用花生油炒菜。
喝酒的时候可以来一盘炒花生，吃起来香极了！

390 化解　huàjiě　v.　defuse, resolve

化解误会；化解冲突
听了他的解释，我心中的疑问化解了。
我们的工作就是及时化解大家的矛盾，保持公司内部的团结稳定。

391 幻想　huànxiǎng

（1）v.　fancy
幻想将来
他们幻想着结婚以后的幸福生活。
他幻想自己有一天能开着飞船到月亮上旅行。
（2）n.　fantasy
充满幻想；存在幻想；打破幻想；美丽的幻想
中彩票只是一种幻想，还是应该努力工作。
看着大家难过的样子，我对胜利的幻想消失了。

392 患者　huànzhě　n.　patient

大夫，请问患者的情况有没有好转？
这些患者的年龄都不大，最小的只有3岁。

393 皇帝　huángdì　n.　emperor

他只当了30天的皇帝。
他是家里的"小皇帝"，想要什么父母就给他买什么。

394 回应　huíyìng　v.　respond

他敲了半天门，但是无人回应。
对于记者提出的问题，他们拒绝回应。

395 毁　huǐ　v.　destroy

毁坏；毁掉；毁约
你这样教育孩子会毁了他的。
许多房子在这场洪水中被冲毁了。

396 会见　huìjiàn　v.　meet (with)

你准备一下儿，下午会见新闻记者。
该国总理会见了前来访问的外国客人。

397　会长　　huìzhǎng　　*n.*　　president (of a society/an association)

他是我们大学学生会的会长。
大家都选他当同学会的会长。

398　绘画　　huìhuà　　*v.*　　draw, paint

善于绘画
他从小就学习绘画。
这是一幅还没有完成的绘画作品。

399　昏　　hūn　　*v.*　　lose consciousness

气昏；吓昏；累昏
有吃的吗？我快饿昏了。
他连续工作了48个小时，累得昏了过去。

400　混　　hùn

（1）*v.*　　mix; pass off as; muddle along
孩子把大米和花生混在了一起。
他没有买票，偷偷地混在人群中和大家一起进了电影院。
他每天来公司就是混日子，什么活儿都不干。

（2）*adv.*　　thoughtlessly
你不要听他混出主意。
你不清楚情况就不要混说。

◎ 速练　Quick practice

一、先根据词语写拼音，再将词语和正确的英文释义连起来
Write Pinyin according to the words, and then match the words with the correct English definitions.

1. 会长 _____　　A. peanut

2. 洪水 _____　　B. outdoors

3. 户外 _____　　C. president (of a society/an association)

4. 花瓶 _____　　D. patient

5. 花生 _____　　E. flood

6. 幻想 _____　　F. emperor

7. 患者 _____　　G. vase

8. 皇帝 _____　　H. fancy; fantasy

二、选择合适的词语填空　Choose the right words and fill in the blanks.

（一）　　A. 洪水　　B. 忽略　　C. 壶　　D. 互动　　E. 户外

1. 在提高产量的同时，也不能____了产品的质量。

2. 上口语课的时候，老师跟学生之间进行了很多____。

3. 大夫让他多到____呼吸新鲜空气。

4. 我们要在____到来之前做好准备工作，尽量减少损失。

5. 今天出门的时候，我带了一____水在路上喝。

（二） A. 护　　B. 花费　　C. 花瓶　　D. 花生　　E. 化解

1. 为了做好宣传工作，大家____了不少力气。

2. 奶奶在院子里种的____马上就要成熟了。

3. 多种一些树既可以____土，又可以让空气变得更好。

4. 他说的一番话终于____了大家的误会。

5. 这个____是我爷爷的宝贝，听说已经有300多年的历史了。

（三） A. 幻想　　B. 患者　　C. 皇帝　　D. 回应　　E. 毁

1. 她____着有一天能成为大明星。

2. 住院的大部分____病情都比较严重。

3. 听了我的话，她没说什么，只是笑笑当作____。

4. 父亲辛苦经营了一辈子的公司就这样被____了。

5. 他在这儿生活得像____一样，连衣服都有人帮他洗。

（四） A. 会见　　B. 会长　　C. 绘画　　D. 昏　　E. 混

1. 作为工商联合会的____，你有责任代表大家参加这次会议。

2. 这几个苹果不新鲜了，不要跟新鲜的____着放在一起。

3. 他爱好____、音乐、体育等。

4. 我有点儿紧张，今天要去____对方公司的老板，谈谈我们的合作。

5. 他疼得____过去了。

三、选择合适的词语完成句子　Choose the right words to complete the sentences.

1. 他和父母之间缺少____，所以父母总是不能理解他的想法。

　　A. 互动　　　B. 互相　　　C. 交流　　　D. 交际

2. A：你考虑得怎么样了？决定了吗？

　　B：我再想想，明天____你。

　　A. 反应　　　B. 回应　　　C. 回复　　　D. 答应

3. 米里面____了很多沙子，你知道怎么挑出来吗？

  A. 混   B. 躲   C. 装   D. 藏

4. 因为一直____顾客的意见，这家商场才会经营得这么好。

  A. 忽略   B. 忽视   C. 重视   D. 看不起

5. 虽然遇到了很多麻烦，但幸运的是最后都顺利____了。

  A. 分解   B. 误解   C. 调解   D. 化解

第 21 单元　Unit 21

◎ 目标词语　Target words

401. 混合	402. 混乱	403. 活跃	404. 火箭	405. 机动车
406. 机关	407. 机械	408. 基督教	409. 激情	410. 吉利
411. 吉祥	412. 极端	413. 急救	414. 疾病	415. 集
416. 给予	417. 加盟	418. 家电	419. 家园	420. 嘉宾

◎ 速记　Quick memory

401　混合　hùnhé　*v.*　blend

　　这座宿舍楼是本科生和研究生混合居住的。
　　把这两种果汁混合在一起后，味道变得很奇怪。

402　混乱　hùnluàn　*adj.*　chaotic

　　队伍混乱；管理混乱
　　前面发生的严重事故造成了交通混乱。
　　这次宣传活动组织得很混乱，所以效果不太好。

403　活跃　huóyuè

　　（1）*adj.*　active
　　思想活跃；活跃因素（yīnsù, factor）
　　大家在会上都积极活跃地发了言。
　　他的性格十分活跃，很受大家的喜爱。
　　（2）*v.*　enliven
　　这些体育活动活跃了孩子们的假期生活。
　　这位老演员已经80岁了，却仍然活跃在舞台上。

404　火箭　huǒjiàn　*n.*　rocket

　　电视台将现场直播火箭发射的全过程。
　　据说中国古代的万户是第一个想利用火箭上天的人。

405　机动车　jīdòngchē　*n.*　motor vehicle

　　机动车驾驶证的考试越来越严格。
　　酒后驾驶机动车是严重的违法行为。

406　机关　jīguān　*n.*　office, organ

　　上级机关；机关单位
　　他已经在公安机关工作30多年了。
　　从根本上说，政府机关的职能就是为人民服务。

407　机械　jīxiè　*n.*　machinery

　　工业机械；建筑机械；大型机械；维修机械

农业机械的使用大大提高了农业生产的效率。
现在戴机械手表的人越来越少了，大家都愿意买电子手表。

408 基督教 Jīdūjiào *n.* Christianity

基督教已经有2000多年的历史了。
基督教是世界三大宗教（zōngjiào, religion）之一。

409 激情 jīqíng *n.* passion

他是一个乐观的人，对生活充满了激情。
他失去了创作激情，再也写不出那么好的作品了。

410 吉利 jílì *adj.* propitious

过年了，人们互相说着祝福的吉利话。
有些外国人认为"13"是不吉利的数字，而有些中国人认为"4"是不吉利的数字。

411 吉祥 jíxiáng *adj.* auspicious

大熊猫是本次运动会的吉祥物。
在中国，红色代表吉祥，这就是在新年和结婚的时候人们喜欢用红色东西的原因。

412 极端 jíduān

（1）*n.* extreme
处理问题不要走极端，要冷静思考。
有些人特别聪明，有些人特别笨，但是大部分人处在这两个极端中间。
（3）*adj.* extreme
你的想法太极端了，结果不会那么糟糕的。
他是一个做事情很极端的人，如果不能得到他想要的东西，他就会把那个东西毁掉。

413 急救 jíjiù *v.* give first aid

急救车；急救箱；急救措施
掌握一些家庭急救的知识非常有必要。
他昏倒以后，大家马上对他进行了急救。

414 疾病 jíbìng *n.* disease

疾病传播
他是治疗儿科疾病的专家。
春天的时候，我们要特别注意疾病预防。

415 集 jí

（1）*n.* collection
诗集；文集
我买了这套书的全集。
这本小说集里都是著名作家的作品。
（2）*m.* a measure word for episodes, parts, serials, etc.
这个电视剧每天晚上播放一集。
这集动画片没什么意思，我不想看了。

416 **给予** jǐyǔ v. give

给予鼓励；给予慰问
感谢大家给予我的帮助。
对这些患者应该给予严格的饮食控制。

417 **加盟** jiāméng v. join in

加盟店
到目前为止，已经有130家公司加盟了这个项目。
由于这位著名足球运动员的加盟，他们队今年取得了很好的成绩。

418 **家电** jiādiàn n. household (electric) appliances

他开了一家维修家电的小公司。
我们家使用的家电产品都是国产的。

419 **家园** jiāyuán n. homeland

保护家园；共同的家园
网络空间是人们的精神家园。
军人就是要保护自己的国家，防止敌人进入自己的家园。

420 **嘉宾** jiābīn n. distinguished guest

我们邀请了一位明星作为我们的活动嘉宾。
今天将有一位神秘嘉宾来到我们的节目现场。

◎ 速练　Quick practice

一、先根据词语写拼音，再将词语和正确的英文释义连起来
Write Pinyin according to the words, and then match the words with the correct English definitions.

1. 家园 ＿＿＿＿＿＿＿　　　A. office, organ
2. 火箭 ＿＿＿＿＿＿＿　　　B. Christianity
3. 急救 ＿＿＿＿＿＿＿　　　C. propitious
4. 激情 ＿＿＿＿＿＿＿　　　D. homeland
5. 吉利 ＿＿＿＿＿＿＿　　　E. rocket
6. 机关 ＿＿＿＿＿＿＿　　　F. passion
7. 加盟 ＿＿＿＿＿＿＿　　　G. join in
8. 基督教 ＿＿＿＿＿＿＿　　H. give first aid

二、选择合适的词语填空　Choose the right words and fill in the blanks.

（一）　　A. 混合　　B. 混乱　　C. 活跃　　D. 火箭　　E. 机动车

1. 很难说清楚这是一种什么颜色，它更像是多种颜色的＿＿＿＿。

2. 那一段时间，他的创作变得非常____，一年就完成了三部作品。

3. 高速公路禁止非____和行人进入。

4. 听到枪声，人群中一片____，有些人害怕得哭了起来。

5. 大家都安静地看着那巨大的____快速升上天空。

（二）　　A.机关　　　B.机械　　　C.基督教　　　D.激情　　　E.吉利

1. 这种____技术是目前世界上最先进的。

2. 夫妻在日常生活中需要一点儿浪漫，也需要一点儿____。

3. 中国人喜欢数字"6、8、9"，人们觉得这些数字很____。

4. 西方文化受____影响很深。

5. 你作为一名____领导应该严格要求自己。

（三）　　A.吉祥　　　B.极端　　　C.急救　　　D.疾病　　　E.集

1. 他的情况现在非常危险，赶紧打____电话吧。

2. 我一来中国就买了一本中国地图____。

3. 新年快乐！祝大家幸福____！

4. 她是个追求完美的人，因此有时候处理问题比较____。

5. 心理____很容易被人们忽视。

（四）　　A.给予　　　B.加盟　　　C.家电　　　D.家园　　　E.嘉宾

1. 欢迎各位优秀的人才____我们公司！

2. 地球是我们共同的美丽____，我们要爱护它。

3. ____都已经到了，我们的会议可以开始了。

4. 我们对孩子应该多____鼓励和支持。

5. 有人专门做买卖旧____的生意。

三、选择合适的词语完成句子　Choose the right words to complete the sentences.

1. 这是一家专门从事儿童绘画教学的____。

　　A.机械　　　　　B.机器　　　　　C.机构　　　　　D.机关

2. 在这样的____天气里最好不要出门。

　　A.极其　　　　　B.极了　　　　　C.积极　　　　　D.极端

3. 晚上睡眠质量好，白天就会觉得身体充满了____。

  A. 活泼   B. 活跃   C. 活力   D. 快活

4. 听说了这个好消息，他____得说不出话来。

  A. 激情   B. 激动   C. 热情   D. 感情

5. 对于这种____目前还没有有效的治疗药物。

  A. 生病   B. 毛病   C. 疾病   D. 发病

第22单元　Unit 22

◎ **目标词语　Target words**

421. 假日	422. 尖	423. 监测	424. 监督	425. 捡
426. 简介	427. 剑	428. 鉴定	429. 箭	430. 将军
431. 讲课	432. 酱	433. 酱油	434. 骄傲	435. 焦点
436. 脚印	437. 觉	438. 教堂	439. 教育部	440. 接收

◎ **速记　Quick memory**

421　**假日**　jiàrì　*n.*　holiday

一到<u>假日</u>他就带家人出去玩儿。
今天不是<u>假日</u>，所以逛公园的人不多。

422　**尖**　jiān　*adj.*　pointed; (of a sound, voice, etc.) shrill; (of one's sight, hearing, etc.) sharp

这根针很<u>尖</u>。
小孩儿的声音一般比较<u>尖</u>。
你的耳朵真<u>尖</u>，我们这么小声说话你都能听到。

423　**监测**　jiāncè　*v.*　monitor

环境<u>监测</u>；<u>监测</u>污染
这是最先进的气象<u>监测</u>卫星。
高速公路旁设有车辆速度<u>监测</u>装置。

424　**监督**　jiāndū

（1）*v.*　supervise
欢迎广大群众<u>监督</u>我们的工作。
我们要严格管理和<u>监督</u>产品的生产过程。
（2）*n.*　supervision
她在市场中负责卫生<u>监督</u>工作。
这些规定可以对我们的工作起到很好的<u>监督</u>作用。

425　**捡**　jiǎn　*v.*　pick up

垃圾不要随便丢在地上，快<u>捡</u>起来。
我在路上<u>捡</u>到了一个钱包，已经交给警察了。

426　**简介**　jiǎnjiè

（1）*v.*　introduce briefly
这个部分对书的作者进行了<u>简介</u>。
校长首先<u>简介</u>了学校的基本情况。
（2）*n.*　brief introduction
人物<u>简介</u>；招生<u>简介</u>

宣传海报上有这次活动的简介。
这是我们的商品简介，您看看有没有您感兴趣的商品。

427 剑　　jiàn　　n.　　sword

他买了一把剑挂在墙上。
公园里有一些老人在舞剑锻炼身体。

428 鉴定　　jiàndìng

（1）v.　appraise
我们的工作表现到底应该由谁来鉴定呢？
专家鉴定出这把剑已经有1000多年的历史了。
（2）n.　appraisal
技术鉴定；鉴定方法
这份工作鉴定是谁写的？
没有质量鉴定的商品最好不要购买。

429 箭　　jiàn　　n.　　arrow

他不但会射箭，而且射得很准。
古代的箭和现代的箭是由不同的材料制造的。

430 将军　　jiāngjūn　　n.　　general

他是一位受人尊敬的老将军。
这位将军在战争中表现得很勇敢。

431 讲课　　jiǎng//kè　　give a lesson

大家都爱听这位老师讲课。
他今天下午讲了四节课，非常辛苦。

432 酱　　jiàng　　n.　　sauce

苹果酱
他对花生过敏，不能吃花生酱。
我儿子非常喜欢吃又酸又甜的番茄酱。

433 酱油　　jiàngyóu　　n.　　soy sauce

这种酱油的味道比较淡。
做大部分中国菜都需要使用酱油。

434 骄傲　　jiāo'ào

（1）adj.　arrogant
刚取得一点儿成绩他就变得骄傲了。
对方的态度很骄傲，这让我们感觉很不舒服。
（2）n.　pride
长城是中国人民的骄傲。
他是一个优秀的孩子，是他父母的骄傲。

435 焦点　　jiāodiǎn　　n.　　focus

问题的焦点

她一出现就成了全场观众的焦点。
这次事故到底是谁的责任成了大家争论的焦点。

436 脚印   jiǎoyìn   *n.*   footprint

这串脚印一看就不是人类的，而是某种动物的。
昨晚下了很大的雪，现在走在雪地上，走一步就会留下一个脚印。

437 觉   jiào   *n.*   sleep

午觉
我一觉醒来，已经是中午12点了。
觉睡得不好，早上起来人就没有精神。

438 教堂   jiàotáng   *n.*   church

这是一座基督教教堂。
他们俩决定在教堂举行婚礼。

439 教育部   jiàoyùbù   *n.*   Ministry of Education

这是由教育部组织实施的考试。
教育部发布通知，明确了今年研究生考试的时间。

440 接收   jiēshōu   *v.*   receive, accept; admit, recruit

接收文件；接收病人；接收留学生
目前，基本上所有的农村地区都可以接收到网络信号。
每年开学的时候，学校艺术团都会接收新成员。

◎ **速练** Quick practice

一、先根据词语写拼音，再将词语和正确的英文释义连起来
Write Pinyin according to the words, and then match the words with the correct English definitions.

1. 假日 _____   A. pick up

2. 尖 _____   B. sword

3. 剑 _____   C. general

4. 骄傲 _____   D. soy sauce

5. 脚印 _____   E. pointed; (of a sound, voice, etc.) shrill; (of one's sight, hearing, etc.) sharp

6. 将军 _____   F. arrogant; pride

7. 捡 _____   G. footprint

8. 酱油 _____   H. holiday

二、选择合适的词语填空　Choose the right words and fill in the blanks.

（一）　　A. 假日　　　B. 尖　　　C. 监测　　　D. 监督　　　E. 捡

1. 根据____数据，"五一"期间共有近3亿人出行。

2. ____的时候，高速公路上常常堵车。

3. 这只小狗是他从外面____回来的。

4. 她的鼻子很____，还没进门就闻到了妈妈做的饭菜的香味。

5. 我们要加强对食堂卫生的____，保证学生的饮食安全。

（二）　　A. 简介　　B. 剑　　　C. 鉴定　　　D. 酱　　　E. 将军

1. 我看了那部电影的____以后非常感兴趣，打算去看看。

2. 这种____的味道有点儿辣。

3. 警察对他受伤的情况进行了医学____。

4. "不想当____的士兵不是好士兵。"这句话非常有名。

5. ____在古代是一种武器。

（三）　　A. 讲课　　B. 箭　　　C. 酱油　　　D. 骄傲　　　E. 焦点

1. 地上插着一支____，不知道是谁射过来的。

2. 他一出现，就成了晚会上的____，大家都被他吸引住了。

3. 一位优秀的老师应该在____的过程中一直注意学生的反应。

4. 老师为学生们取得的优秀成绩感到____。

5. 你去超市的时候帮我买一瓶____回来吧。

（四）　　A. 脚印　　B. 觉　　　C. 教堂　　　D. 教育部　　　E. 接收

1. 这个____一看就是小孩子的。

2. 这是一座美丽的白色小____。

3. ____禁止中小学在假期补课。

4. 他每天中午都要睡半个小时的午____。

5. 下载这个软件以后，你的手机也可以____电子邮件了。

三、选择合适的词语完成句子　Choose the right words to complete the sentences.

1. 这本书是我在教室里____的，明天问问是谁丢的。

　　A. 捡　　　　　B. 拿　　　　　C. 要　　　　　D. 取

2. 没有证据我们很难____你们俩谁说的是真话。

　　A. 决定　　　　B. 判断　　　　C. 否定　　　　D. 鉴定

3. 他是个不太自觉的孩子，做作业时总是偷偷玩儿，需要父母____一下儿。

　　A. 鉴定　　　　B. 检查　　　　C. 监督　　　　D. 要求

4. 在会议上，我们____到了一个新信号，市场可能会发生一定程度的变化。

　　A. 接收　　　　B. 接受　　　　C. 接到　　　　D. 接待

5. 在这次单位组织的____中，他被查出得了严重的胃病。

　　A. 检验　　　　B. 检查　　　　C. 检测　　　　D. 体检

第 23 单元　Unit 23

◎ 目标词语　Target words

441. 揭	442. 街头	443. 节	444. 节假日	445. 节能
446. 节奏	447. 杰出	448. 截止	449. 截至	450. 解
451. 解说	452. 界（*n.*）	453. 界（*suf.*）	454. 借鉴	455. 金额
456. 金钱	457. 金融	458. 尽	459. 进攻	460. 近日

◎ 速记　Quick memory

441　揭　　jiē　　v.　　tear/take off, remove

他小心地揭开了盖在画儿上的布。
你去把外面墙上贴的那张通知揭下来吧。

442　街头　　jiētóu　　n.　　street corner; street

街头的红绿灯坏了，造成了大堵车。
春节期间，人们纷纷走上街头，购物、娱乐（yúlè, entertainment）、消费。

443　节　　jié　　v.　　economize, save

为了减肥，她最近正在节食。
为了保护环境，我们应该节水节电。

444　节假日　　jiéjiàrì　　n.　　festivals and holidays

节假日的时候很多家庭会去外地旅游。
我在一家大商场工作，一到节假日就很忙。

445　节能　　jiénéng　　v.　　conserve energy

节能装置
越来越多的家庭开始使用节能灯。
为了保护环境，我们采取了很多节能措施。

446　节奏　　jiézòu　　n.　　rhythm

加快节奏；节奏感；节奏变化
现代人的生活节奏越来越快。
这首歌的节奏听起来让人很舒服。

447　杰出　　jiéchū　　adj.　　outstanding

杰出人才；杰出人物
他是历史上最杰出的作家之一。
他为人类的发展做出了杰出的贡献。

448 截止　jiézhǐ　*v.*　cut off, end

我们和他们公司的合作今年12月截止。
你来晚了，篮球比赛的报名已经截止了。

449 截至　jiézhì　*v.*　by

截至今天，我们已经收到了3000份申请。
截至上周末，我们已经售出了5万台笔记本电脑。

450 解　jiě　*v.*　untie; understand

会议刚结束，他就把领带解下来了，因为实在是太热了。
他的做法真是令人不解。

451 解说　jiěshuō　*v.*　commentate

解说员
他对这场足球比赛进行了精彩的解说。
经过导游的详细解说，我们对这个地方有了深入的了解。

452 界　jiè　*n.*　boundary

国界
他们的车还在我们省界内。
这个球已经出界了，不能得分。

453 界　jiè　*suf.*　walks of life, circles

体育界；医学界；工商界
她在文艺界工作了几十年。
这个问题目前在学术界仍然存在争议。

454 借鉴　jièjiàn　*v.*　use for reference

互相借鉴
我们可以在工作中借鉴别人的成功经验。
这位母亲的教育方法很好，值得我们借鉴。

455 金额　jīn'é　*n.*　amount of money

贸易金额
这个合同的金额很大，所以老板很重视。
我们今年销售的总金额比去年提高了5个百分点。

456 金钱　jīnqián　*n.*　money

我不想继续在这里浪费时间和金钱了。
这个世界上有很多东西是金钱无法买到的。

457 金融　jīnróng　*n.*　finance

金融界
这里是著名的金融街，有很多大公司。
金融业的健康发展对国家经济非常重要。

458 **尽** jìn

（1）v.　to the greatest extent/degree possible
用尽
我会尽自己的最大努力来帮助你。
为了解决这个问题，我们想尽了办法。
（2）adv.　all
包里没有书，尽是吃的东西。
孩子们的表演尽显青春活力。

459 **进攻** jìngōng　v.　attack

发起进攻；停止进攻；全面进攻
比赛中我们一直在进攻，对方一直在防守。
在这次大规模的进攻中，我们获得了全面的胜利。

460 **近日** jìnrì　n.　recently

我发现他近日常来我们这儿。
近日将在北京举行一场大型音乐会。

◎ **速练　Quick practice**

一、先根据词语写拼音，再将词语和正确的英文释义连起来
Write Pinyin according to the words, and then match the words with the correct English definitions.

1. 金钱 _____　　A. rhythm

2. 揭 _____　　B. amount of money

3. 节奏 _____　　C. use for reference

4. 截止 _____　　D. finance

5. 借鉴 _____　　E. money

6. 金额 _____　　F. attack

7. 金融 _____　　G. cut off, end

8. 进攻 _____　　H. tear/take off, remove

二、选择合适的词语填空　Choose the right words and fill in the blanks.

（一）　　A.揭　　B.街头　　C.节　　D.节假日　　E.节能

1. 午夜的____非常安静，只有偶尔开过的车发出一点儿声音。

2. 很多商场在____期间会推迟关门的时间。

3. 新买的空调是____型的，所以这个月的电费比以前少多了。

4. 他小心地把信封上贴的邮票____了下来。

5. 在农业生产过程中，需要注意____水管理。

（二）　　A. 节奏　　B. 杰出　　C. 界　　D. 截至　　E. 解

1. 这篇论文发表以后，在科学____引起了巨大的反响。

2. 不少年轻人喜欢听这种快____的音乐。

3. 塑料袋系得太紧了，我____不开。

4. ____目前，我们都还没有收到通知，请大家继续耐心等待。

5. 他是青年画家的____代表。

（三）　　A. 解说　　B. 界　　C. 截止　　D. 借鉴　　E. 金额

1. 看这个展览的时候最好找一个懂历史的人给你____一下儿。

2. 中西方文明各有优点，应该互相____，从而促进人类文明的发展。

3. 这是发生在我们国____内的事情，应该由我们自己处理。

4. A：您好，一共是236块。请问怎么支付？

　B：我觉得____不对，麻烦您再算一遍。

5. 我是在报名____前一天才知道这个比赛消息的。

（四）　　A. 金钱　　B. 金融　　C. 尽　　D. 进攻　　E. 近日

1. 我是学经济学专业的，以后想从事____方面的工作。

2. 在这次比赛中，两个队都展开了主动的____。

3. 大家都在____力地帮助我，我非常感动。

4. 两家公司将在____签订合作协议。

5. 他这么努力地工作也不都是为了____，他是真的热爱这份工作。

三、选择合适的词语完成句子　Choose the right words to complete the sentences.

1. 请同学们把书____到第63页。

　A. 翻　　　　B. 推　　　　C. 揭　　　　D. 打

2. 我在____的咖啡馆等你，你办完事就过来找我吧。

　A. 街　　　　B. 大街　　　C. 街道　　　D. 街头

3. 利用这些机械设备可以大大提高生产效率，同时____工人们的体力。

　A. 节省　　　B. 节能　　　C. 调节　　　D. 调整

4. 当时出现了一大批优秀的作家，他是其中最杰出的____。
   A. 代替　　　　B. 代表　　　　C. 表现　　　　D. 代理

5. 朋友找我借钱，但是____太大了，我拿不出来。
   A. 金牌　　　　B. 金钱　　　　C. 金额　　　　D. 金融

第24单元　Unit 24

◎ **目标词语　Target words**

461. 近视	462. 惊人	463. 惊喜	464. 精	465. 精美
466. 精品	467. 井	468. 景	469. 景点	470. 净
471. 纠纷	472. 纠正	473. 酒水	474. 救命	475. 救援
476. 救助	477. 就是说	478. 就算	479. 局	480. 剧

◎ **速记　Quick memory**

461　近视　jìnshì　*adj.*　myopic; short-sighted

近视眼
我的眼睛有点儿近视，看不清楚黑板上的字。
做人不能近视，不能只看眼前的利益，得多想想以后。

462　惊人　jīngrén　*adj.*　amazing, surprising

变化惊人；大得惊人；惊人的发现
他跑步的速度真是惊人。
今天我听到了一个惊人的消息。

463　惊喜　jīngxǐ

（1）*adj.*　pleasantly surprised
听到这个好消息，大家都十分惊喜。
姐姐突然从外地回来了，我们感到很惊喜。
（2）*n.*　pleasant surprise
你们送我的这个礼物真是一个大惊喜！
今天是妈妈的生日，我们打算给她一个惊喜。

464　精　jīng　*adj.*　refined; smart; proficient

别看他吃得不多，但是少而精，都是有营养的食品。
他这个人精得很，从来不做对自己没有好处的事。
唱歌、跳舞、弹钢琴，她都会一点儿，但是都不精。

465　精美　jīngměi　*adj.*　exquisite

设计精美；精美的图案
这些商品的包装都非常精美。
他家里摆放着很多精美的工艺品。

466　精品　jīngpǐn　*n.*　work created with painstaking effort, top-quality product

精品书；精品服务
我们在这次展览中看到了不少艺术精品。
这本书中收集了大量古代文学的精品，值得一读。

467 井　　jǐng　　n.　well

水井；油井；打井
他们家院子里有一口井。
这口井解决了附近十几户人家吃水的问题。

468 景　　jǐng　　n.　scene; circumstance

街景；内景；外景；前景
下雪了！你看这雪景多美啊！
虽然这位老人年轻时吃了很多苦，但是晚景还不错，现在生活得很好。

469 景点　　jǐngdiǎn　　n.　scenic spot

我们今天去参观了一些著名的景点。
一到放假的时候，旅游景点的人就会非常多。

470 净　　jìng

（1）adj.　clean; nothing left
这些是净水，可以喝。
他杯子里的酒没喝净，剩了很多。
（2）adv.　entirely
你净说一些没用的话。
这孩子净给我们找麻烦。

471 纠纷　　jiūfēn　　n.　dispute

解决纠纷
他们之间发生了严重的经济纠纷。
他常常帮助调解同学们之间的纠纷。

472 纠正　　jiūzhèng　　v.　correct

纠正缺点；努力纠正
父母要帮助孩子纠正坏习惯。
工作中发现了错误应该及时纠正。

473 酒水　　jiǔshuǐ　　n.　wine and other beverages

这里的酒水都是免费的，大家可以随便喝。
不包括酒水，这顿饭我们一共花了五百块钱。

474 救命　　jiù//mìng　　save one's life

这小小的一颗药关键时候却是可以救命的。
"救命啊！救命啊！"远处传来一个女人的哭喊声。

475 救援　　jiùyuán　　v.　rescue

提供救援；等待救援
你赶紧打电话请求救援。
如果不是救援人员及时赶到，他们恐怕已经停止呼吸了。

476 救助　　jiùzhù　　v.　help sb. in trouble

提供救助；等待救助

对受灾群众开展救助是国家和社会的责任。
还有很多失去父母的孤儿需要社会的救助。

477　就是说　jiùshìshuō　　that is to say

他请你去他家玩儿，就是说他已经不生你的气了。
对方公司的人已经离开了，就是说他们不会再跟我们合作了。

478　就算　jiùsuàn　　*conj.*　　even if, granted that

就算你不想去，也还是会有别人去的。
就算我想帮你们，我也拿不出那么多钱。

479　局　jú　　*m.*　　game, set, inning

一局比赛
打完这局牌我们就去吃饭吧。
我刚玩儿了两局游戏，都赢了。

480　剧　jù　　*n.*　　drama

电视剧；歌舞剧；剧场；剧院
他们俩今晚要去看音乐剧。
我们都没想到他能成为一名剧作家。

◎ 速练　Quick practice

一、先根据词语写拼音，再将词语和正确的英文释义连起来
Write Pinyin according to the words, and then match the words with the correct English definitions.

1. 剧 ＿＿＿＿＿＿　　A. scenic spot

2. 近视 ＿＿＿＿＿　　B. rescue

3. 惊喜 ＿＿＿＿＿　　C. myopic; short-sighted

4. 精品 ＿＿＿＿＿　　D. work created with painstaking effort, top-quality product

5. 井 ＿＿＿＿＿＿　　E. dispute

6. 景点 ＿＿＿＿＿　　F. drama

7. 纠纷 ＿＿＿＿＿　　G. pleasantly surprised; pleasant surprise

8. 救援 ＿＿＿＿＿　　H. well

二、选择合适的词语填空　Choose the right words and fill in the blanks.

（一）　A. 近视　　B. 惊人　　C. 惊喜　　D. 精　　E. 精美

1. 我告诉你一个消息，一定会让你＿＿＿的。

2. 这孩子的眼睛＿＿＿得厉害，需要配眼镜了。

3. 他们都是从全国各地____选出来的最优秀的运动员。

4. 这个城市的变化真是大得____。

5. 这些服装都设计得十分____。

（二） A. 精品　　B. 井　　C. 景　　D. 救命　　E. 净

1. 即使是夏天，____里的水也是很凉的。

2. 突然听到有人喊"____"，大家都吓了一跳。

3. 这个城市的夜____十分漂亮。

4. 这桌子太脏了，我擦了半天也擦不____。

5. 连专家都说这幅画儿是____。

（三） A. 纠纷　　B. 纠正　　C. 酒水　　D. 景点　　E. 救援

1. 这次的____太复杂了，不容易解决。

2. 我的动作不太标准，请老师帮我____一下儿。

3. 大家不要慌，关好门等待____，警察马上就来了。

4. 今晚朋友们要来我家，我准备了不少____和零食。

5. 现在这里已经成为著名的观光____了。

（四） A. 救助　　B. 就是说　　C. 就算　　D. 局　　E. 剧

1. 外面雨已经停了，____我们可以出去玩儿了。

2. 他是一名舞台____演员。

3. ____你知道了这件事，你也帮不上什么忙。

4. 他____过很多受伤的动物。

5. 这____比赛刚开始三分钟我们就得了一分。

三、选择合适的词语完成句子　Choose the right words to complete the sentences.

1. 这个国家经济发展的速度真是____啊！

　　A. 吃惊　　　　B. 惊人　　　　C. 惊喜　　　　D. 震惊

2. 今晚的表演实在是太____了。

　　A. 精美　　　　B. 精品　　　　C. 精彩　　　　D. 精

3. 如果不了解当时的历史____，就很难看懂这部电影。

　　A. 景色　　　　B. 景点　　　　C. 景象　　　　D. 背景

4. A：他们俩怎么不说话啊？他们不是好朋友吗？

   B：好像发生了一点儿小小的____。

   A. 纠正　　　　B. 改正　　　　C. 改变　　　　D. 纠纷

5. 他已经决定了，____你不同意，他也会去的。

   A. 就　　　　　B. 就算　　　　C. 打算　　　　D. 总算

第25单元　Unit 25

◎ 目标词语　Target words

481. 据	482. 捐	483. 捐款	484. 捐赠	485. 捐助
486. 决策	487. 觉悟	488. 绝	489. 绝大多数	490. 军队
491. 军舰	492. 军事	493. 开创	494. 开关	495. 开设
496. 开通	497. 开头	498. 开夜车	499. 看	500. 看管

◎ 速记　Quick memory

481　据　jù　*prep.*　according to

请把刚才发生的情况据实报告给警察。
这部电影是据同名小说改编（gǎibiān，adapt）而成的。

482　捐　juān　*v.*　donate

大家都积极地为灾区人民捐钱捐物。
我决定把这些宝贵的资料捐给档案馆。

483　捐款　juānkuǎn　*n.*　contribution, donation

这次的捐款达到了5万元。
应该把捐款用到最必要、最紧急的地方。

484　捐赠　juānzèng　*v.*　contribute as a gift

他决定去世以后把财产都捐赠给国家。
这家公司向孤儿院捐赠了大量儿童衣物。

485　捐助　juānzhù　*v.*　offer (financial/material assistance), donate, contribute

他每个月会拿出500元捐助生活有困难的学生。
灾难发生以后，全国各地的人们都在捐助灾区人民。

486　决策　juécè

（1）*v.*　make a strategic decision
情况很紧急，希望你们尽快决策。
公司的重要事情都由总经理来决策。
（2）*n.*　strategic policy/decision
经过一上午的讨论，领导们已经做出了决策。
在今天看来，当时的这一决策是十分正确的。

487　觉悟　juéwù

（1）*v.*　come to understand
大家劝了好久，他才慢慢觉悟过来。
由于你及时觉悟，才没有造成严重的后果。

（2）*n.* consciousness
你能有这样的觉悟，说明你真的长大了。
通过这次学习，大家的思想觉悟都提高了。

488 **绝** jué

（1）*adj.* unique, superb; hopeless
他画马画得可绝了，像真的一样。
你已经走到绝路了，快回头吧。
（2）*adv.* most; absolutely
绝大部分的景点对70岁以上的老人都是免费开放的。
我们绝没有这个意思，您误会了。

489 **绝大多数** jué dàduōshù most

随着技术发展，绝大多数家电商品都降价了。
我们公司绝大多数的高层领导都忽略了这个问题。

490 **军队** jūnduì *n.* army

指挥军队；人民军队
这是一支强大而勇敢的军队。
军队里的生活虽然艰苦，但是也锻炼了我的意志。

491 **军舰** jūnjiàn *n.* warship

大型军舰
我们的军舰在海上遇到了暴风雨。
这艘军舰是由我国自主研发和生产的。

492 **军事** jūnshì *n.* military affairs

军事专家；军事目标
他家里有很多军事杂志。
他现在在一家军事相关企业工作。

493 **开创** kāichuàng *v.* start, found, create

开创事业
我愿意努力工作，开创一番自己的事业。
这次重要会议将为我们的工作开创新局面。

494 **开关** kāiguān *n.* switch

这台机器的电源开关在右后方。
房间里的电灯开关坏了，你修一下儿吧。

495 **开设** kāishè *v.* establish; offer

公司准备在这儿开设新的工厂。
这学期我们学院一共开设了7门中文课程。

496 **开通** kāitōng *v.* be open to traffic, be put into use

开通路线；开通业务
那条新建的公路昨天已经开通了。

来中国后，我开通了新的手机号码。

497 开头　　kāitóu　　n.　　beginning

开头我不习惯这里的饮食，后来就越来越喜欢了。
我刚看了这篇小说的开头就已经猜到故事结局（jiéjú, ending）了。

498 开夜车　　kāi yèchē　　work late into the night

不要总是开夜车学习，这样对身体不好。
为了按时完成任务，他连续开了两天夜车。

499 看　　kān　　v.　　look afer, keep watch over

看家；看孩子
他没什么技术，只找到了一个看大门的工作。
你先把他看好了，别让他跑了，我去找警察。

500 看管　　kānguǎn　　v.　　watch over

无人看管
王奶奶每天在家做家务，看管孙子。
你看管好我们的行李，我去一下儿卫生间。

◎ 速练　Quick practice

一、先根据词语写拼音，再将词语和正确的英文释义连起来
Write Pinyin according to the words, and then match the words with the correct English definitions.

1. 捐款 _____　　A. contribution, donation

2. 军队 _____　　B. come to understand; consciousness

3. 开关 _____　　C. army

4. 军事 _____　　D. warship

5. 决策 _____　　E. military affairs

6. 军舰 _____　　F. start, found, create

7. 觉悟 _____　　G. switch

8. 开创 _____　　H. make a strategic decision; strategic policy/decision

二、选择合适的词语填空　Choose the right words and fill in the blanks.

（一）　　A. 据　　B. 捐　　C. 捐款　　D. 觉悟　　E. 军事

1. 孩子总有一天会离开，会独立，父母应该有这样的____。

2. 这些书都是打算____给农村小学的。

3. 作为一名优秀的军人，他参加过多次重大____活动。

4. 今年这个组织收到了 50 万元的____。

5. ____最新研究，全球气候变暖的速度正在加快。

(二)　　A.决策　　B.捐赠　　C.绝　　D.绝大多数　　E.军队

1. 他出的这个主意太____了，谁能想到啊。

2. 这是经过科学分析后做出的____。

3. 为了更好地保卫国家，他们建立了一支纪律严格的____。

4. 他常年坚持给孤儿院____衣物、图书。

5. 你要有信心，不要害怕那些反对的声音，支持你的人占____。

(三)　　A.军舰　　B.捐助　　C.看　　D.开关　　E.开设

1. 他是靠社会____读完大学的，所以他现在要回报社会，多帮助有需要的人。

2. 这艘大型____正准备开往下一个港口。

3. 这家公司在全国各大城市都____了分公司。

4. 我出去一下儿，麻烦你帮我____一会儿孩子。

5. 你知道灯的____在哪儿吗？我找了半天也没找到。

(四)　　A.开通　　B.开头　　C.开夜车　　D.开创　　E.看管

1. 他取得了自从公司____以来最好的销售成绩。

2. 这篇文章的____部分写得很好，但是后面的内容还需要修改。

3. 年轻人都出去工作了，孩子只好留在家里让老人____。

4. 今晚又要____加班了，我得喝点儿咖啡。

5. 学校新建设的网上教学管理系统将在下个月____使用。

三、选择合适的词语完成句子　Choose the right words to complete the sentences.

1. 他们的研究成果为制定疾病预防机制提供了科学的____。

　　A.据　　　　B.证据　　　　C.依据　　　　D.据说

2. 现在向银行____买房子的人越来越多。

　　A.捐款　　　B.贷款　　　　C.存款　　　　D.罚款

3. 最近办公室的工作特别多，经理派了一个人来____我。

　　A.赞助　　　B.辅助　　　　C.救助　　　　D.捐助

4. 每个公民都应该____地遵守法律。

　　A. 自觉　　　　　B. 感觉　　　　　C. 觉悟　　　　　D. 发觉

5. 改革开放（gǎigé kāifàng，reform and opening up）为中国的全面发展____了新时代。

　　A. 开设　　　　　B. 开关　　　　　C. 开通　　　　　D. 开创

第 26 单元　Unit 26

◎ 目标词语　Target words

501. 看得见	502. 看得起	503. 看好	504. 看作	505. 康复
506. 抗议	507. 考场	508. 考题	509. 科研	510. 客车
511. 肯	512. 空军	513. 口试	514. 扣	515. 酷
516. 跨	517. 快车	518. 宽阔	519. 矿	520. 阔

◎ 速记　Quick memory

501　看得见　kàndejiàn　v.　can see

他把花瓶摆在了大家都看得见的地方。
不要只是说大话，要做出大家都看得见的成绩来。

502　看得起　kàndeqǐ　v.　think highly of

既然您看得起我，我就跟您说说我的想法。
他请你去他的公司工作是看得起你，我觉得你应该接受他的邀请。

503　看好　kànhǎo　v.　look to further increase

我很看好这家公司，我相信它会发展得越来越好。
大家都不看好这个行业的前景，大部分年轻人不会选择进入这个行业。

504　看作　kànzuò　v.　regard as

被你看作是垃圾的东西可能被别人看作宝贝。
她把这些孤儿都看作自己的孩子，给了他们全部的爱。

505　康复　kāngfù　v.　recover

祝你早日康复！
手术很成功，他很快就会康复的。

506　抗议　kàngyì　v.　protest

坚决抗议；群众抗议
我们强烈抗议公司延长工作时间的决定。
群众纷纷对他们污染环境的行为提出抗议。

507　考场　kǎochǎng　n.　examination room

考场纪律；考场规定
按照规定，我们要在八点以前进入考场。
老师们今天下午要提前布置考场，为明天的考试做准备。

508　考题　kǎotí　n.　examination question

这次的考题不太难，大家都考得不错。

听说这些考题是我们学校的老师出的。

509 科研 kēyán

（1）v. engage in scientific research
大学教师除了上课，还需要进行科研。
留学回国后，他进了一家科技企业从事科研。
（2）n. scientific research
科研工作；科研单位；科研人员
学校计划举办一次科研成果展览。
为了完成这个科研项目，大家常常开夜车。

510 客车 kèchē n. passenger car

大客车
这辆客车上坐着30名乘客。
坐客车回去比坐火车便宜一点儿。

511 肯 kěn v. agree; be willing/ready (to do sth.)

她不肯把电话号码告诉我。
只要肯努力，就一定会有收获。

512 空军 kōngjūn n. air force

空军战士；空军部队
他是一名空军飞行员。
我参加空军以前都没有坐过飞机。

513 口试 kǒushì v. oral examination

参加口试
明天我们要进行外语口试。
这个考试分为笔试和口试两部分。

514 扣 kòu v. button up; place a cup, bowl, etc. upside down; detain; deduct

你衣服上的扣子扣错了。
用碗把菜扣上，免得（miǎnde, so as not to）凉了。
他因为违反交通规则，车被扣了。
这次口试你考得很好，只扣了1分。

515 酷 kù adj. cool

大家都说那个男演员长得很酷。
很多年轻人喜欢酷一点儿的打扮。

516 跨 kuà v. stride; straddle; cut across

他向前跨了一步，好让对面的人看清。
这是一座跨海大桥。
我们两家公司这次跨行业的合作将带来巨大的收益。

517 快车 kuàichē n. express train or bus; speed up the work

这趟列车是快车，比普通列车早两个小时到达终点。

工作任务重，大家要开快车，但也要保证质量。

518 **宽阔** kuānkuò *adj.* broad

宽阔的马路
经过改造后，这些老街道宽阔了很多。
他看着宽阔的海面，内心慢慢平静了下来。

519 **矿** kuàng *n.* mine, ore

矿井；矿工；矿山；铁矿；银矿
人们在这儿发现了金矿。
他在矿上工作，虽然辛苦，但是挣得多。

520 **阔** kuò *adj.* wide; rich

坐在船上，看着眼前海阔天空，实在是一种享受。
爸爸的生意越做越好，我们家的生活也越来越阔。

◎ **速练** Quick practice

一、先根据词语写拼音，再将词语和正确的英文释义连起来
Write Pinyin according to the words, and then match the words with the correct English definitions.

1. 考场 _____   A. recover
2. 康复 _____   B. protest
3. 扣 _____   C. engage in scientific research; scientific research
4. 矿 _____   D. mine, ore
5. 酷 _____   E. button up; place a cup, bowl, etc. upside down; detain; deduct
6. 抗议 _____   F. broad
7. 科研 _____   G. cool
8. 宽阔 _____   H. examination room

二、选择合适的词语填空 Choose the right words and fill in the blanks.

（一） A. 看作　　B. 看好　　C. 看得见　　D. 看得起　　E. 康复

1. 我们很____这只股票，决定买一些作为投资。

2. 你的身体还没有完全____，再休息一个星期吧。

3. 这项决策给公司带来的利益是实实在在____的。

4. 他总是把别人的事____自己的事，尽力去帮忙。

5. 您太____他了，他还年轻，还有很多需要向您学习的地方。

（二）　　A. 考场　　　B. 科研　　　C. 考题　　　D. 客车　　　E. 抗议

1. 这项规定引起了大家的一致____。

2. 上了____不要紧张，就像平时一样做题就可以了。

3. 前面堵车了，因为有一辆大____发生了交通事故。

4. 这些都是以前的____，我们可以练习一下儿。

5. 他这几年____做得很好，已经是教授了。

（三）　　A. 宽阔　　　B. 扣　　　C. 空军　　　D. 肯　　　E. 口试

1. 按照公司的规定，每迟到一次要____50元的工资。

2. 把沙发搬走以后，客厅就显得____多了。

3. 我们劝了他很久，但他还是不____参加这次比赛。

4. 上周的____成绩已经出来了。

5. 收到任务后，____战士们立即出发了。

（四）　　A. 阔　　　B. 快车　　　C. 矿　　　D. 跨　　　E. 酷

1. 这个国家有十分丰富的铁____资源。

2. 我们坐普通列车吧，票价比____便宜多了。

3. 那个男演员长得很____，有很多女观众喜欢他。

4. 他做生意挣了很多钱，整个人都____起来了。

5. 我刚____进教室，上课的铃声就响了。

三、选择合适的词语完成句子　Choose the right words to complete the sentences.

1. 已经七点半了，____他今天不会来了。

　　A. 看过去　　　B. 看起来　　　C. 看得见　　　D. 看得起

2. 住了半个月院后，他终于____了健康。

　　A. 康复　　　B. 回复　　　C. 恢复　　　D. 修复

3. 根据夫妻双方的____，离婚后孩子跟着母亲生活。

　　A. 抗议　　　B. 抵抗　　　C. 协议　　　D. 建议

4. 这是他们____出来的最新产品，还在试用阶段。

　　A. 制定　　　B. 研制　　　C. 调研　　　D. 科研

5. 打折以后，这件衣服____了200块钱呢。

　　A. 扣　　　B. 减　　　C. 缺　　　D. 剩

第27单元　Unit 27

◎ 目标词语　Target words

521. 啦	522. 来往	523. 赖	524. 栏目	525. 蓝领
526. 蓝天	527. 懒	528. 牢	529. 老乡	530. 冷气
531. 冷水	532. 礼堂	533. 理	534. 理财	535. 理智
536. 力	537. 利	538. 联盟	539. 联赛	540. 联手

◎ 速记　Quick memory

521　啦　la　*pt.*　combination of "了" and "啊", expressing exclamation, interrogation, etc.

这件事交给他处理最合适啦！
好啦！好啦！大家都回到自己的座位上去吧。

522　来往　láiwǎng　*v.*　come and go; have dealings (with sb.)

她每天的生活就是在家和学校之间来往。
我们俩不是很熟，只有一些工作上的来往。

523　赖　lài

（1）*v.*　hang on in a place; deny one's error or responsibility; lay the blame on others; blame
他一直赖在我家不肯离开。
你还欠我500块钱，别想赖掉。
明明是他的错，他却赖别人。
大家都有责任，不能赖哪一个人。

（2）*adj.*　bad
这个小伙子长得不赖。
你的汉字写得不赖呀！

524　栏目　lánmù　*n.*　column (in a newspaper, magazine, etc.)

电视栏目；新闻栏目
这本杂志中的"科学发现"栏目办得特别好。
《开讲啦》作为我们电视台的重点栏目，受到了观众们的热烈欢迎。

525　蓝领　lánlǐng　*n.*　blue-collar worker

随着经济发展，蓝领的工资水平在不断提高。
经过抗议以后，蓝领工人们的工作条件得到了改善。

526　蓝天　lán tiān　blue sky

你看窗外的蓝天白云，多美啊！
她们是飞上蓝天的第一批女飞行员。

527 懒 lǎn *adj.* lazy

他太懒了，吃完饭连碗都不刷。
我懒懒地躺在床上，什么也不想干。

528 牢 láo *adj.* firm

抓牢
你一定要记牢我说过的话，别忘了。
暴风雨马上要来了，大家把门窗关牢。

529 老乡 lǎoxiāng *n.* fellow townsman

他们俩是老乡，平时总是互相照顾。
我没想到能在这儿遇到老乡，实在是太巧了！

530 冷气 lěngqì *n.* cold/cool air; air conditioning

我一打开窗户，一股冷气就吹了进来。
你快进来吹吹冷气吧。

531 冷水 lěngshuǐ *n.* cold water

你不要用冷水洗头，会头疼的。
夏天的时候，他总是洗冷水澡。

532 礼堂 lǐtáng *n.* auditorium

那儿有一座刚刚建成的礼堂。
毕业典礼将在学校大礼堂举行。

533 理 lǐ

（1）*v.* manage, take care of; pay attention to
事情太多了，我都理不过来了。
我叫他，他不理我，看来他还在生我的气。
（2）*n.* reason, grounds
奶奶说的这番话太有理了。
不管你有没有理，你都不应该打他。

534 理财 lǐ//cái wealth management

理财方式；理财知识
由于他妈妈善于理财，所以他们家的经济状况一直不错。
购买银行理财产品获得的利息一般比存款要高一些，但风险也会大一些。

535 理智 lǐzhì

（1）*n.* reason, sense
一个有理智的人，是不会说出这样的话来的。
听到儿子去世的消息，她一下子就失去了理智，冲出了家门。
（2）*adj.* rational
他非常理智地控制着自己的感情。
他为自己不理智的行为感到抱歉。

536 力　lì　*suf.*　force

破坏力；记忆力；理解力
父母的行为对孩子的影响力很大。
我们为举办这次活动花费了大量的人力和物力。

537 利　lì　*n.*　advantage, benefit

这样做对我们大家都有利。
对他自己没有利的忙他是不会帮的。

538 联盟　liánméng　*n.*　alliance

军事联盟；结成联盟
工商联盟为市场经济的健康发展做出了贡献。
为了加强两个国家之间的友好联盟关系，两国领导人进行了互相访问。

539 联赛　liánsài　*n.*　league matches

篮球联赛
他是职业足球联赛的运动员。
这支球队在上一季的联赛中获得了冠军。

540 联手　liánshǒu　*v.*　join hands

联手合作
两家大公司联手组织了这次活动。
双方强强联手，一起把市场做得更大了。

◎ 速练　Quick practice

一、先根据词语写拼音，再将词语和正确的英文释义连起来
Write Pinyin according to the words, and then match the words with the correct English definitions.

1. 礼堂 _____　　A. hang on in a place; deny one's error or responsibility; lay the blame on others; blame; bad

2. 牢 _____

3. 栏目 _____　　B. column (in a newspaper, magazine, etc.)

4. 联盟 _____　　C. lazy

5. 懒 _____　　D. auditorium

6. 赖 _____　　E. reason, sense; rational

7. 联赛 _____　　F. alliance

8. 理智 _____　　G. league matches

　　　　　　　　　　　H. firm

二、选择合适的词语填空   Choose the right words and fill in the blanks.

（一）   A. 来往   B. 啦   C. 赖   D. 栏目   E. 蓝领

1. 这件事我们都有责任，不能只____他一个人。

2. 我们两国今后要继续加强这种友好____。

3. 为了丰富孩子们的假期生活，今天我们带来了新的电视____——《动画天地》。

4. 在这些岗位工作的工人都具有比较高的文化水平，所以他们也被称为"高级____"。

5. 冰箱里还有没吃完的蛋糕，你别忘____！

（二）   A. 牢   B. 懒   C. 冷气   D. 老乡   E. 蓝天

1. 小鸟在____中自由地飞着，歌唱着。

2. 外面人多，你一定要抓____爸爸的手，别走丢了。

3. 你别客气，大家都是____，应该互相帮助。

4. 火车上____开得很足，你带一件外套吧，别吹感冒了。

5. A：你帮我把袜子洗一下儿吧。

   B：你怎么这么____！

（三）   A. 礼堂   B. 理财   C. 理   D. 理智   E. 冷水

1. 他把一盆____泼到了我身上。

2. 你先把自己的想法____清楚，然后再发言。

3. 哭完以后，他慢慢冷静下来，恢复了____。

4. 校长一走进____，大家就都自觉地安静了下来。

5. 他没有继承他父亲那种____能力，总是有多少钱花多少钱。

（四）   A. 力   B. 利   C. 联盟   D. 联赛   E. 联手

1. 男女平等的思想对社会发展是有____的。

2. CBA 是指中国男子篮球职业____。

3. 这次是警察和群众____抓到了小偷儿。

4. 他的记忆____很强，很多时候看一遍就记住了。

5. 我们不会和任何国家建立军事____。

三、选择合适的词语完成句子　Choose the right words to complete the sentences.

1. 我觉得这个人品质有问题，以后不想跟他____了。

   A. 往往　　　　B. 前往　　　　C. 来往　　　　D. 以往

2. 你别忘了，我们还____银行几十万呢！生活得节约一点儿。

   A. 赖　　　　　B. 怪　　　　　C. 欠　　　　　D. 存

3. 军队里的纪律非常____。

   A. 硬　　　　　B. 严　　　　　C. 紧　　　　　D. 牢

4. 他找我借5000块钱，我在犹豫要不要____他，因为我们才刚认识不久。

   A. 回答　　　　B. 答应　　　　C. 理　　　　　D. 处理

5. 我们要____抵抗我们共同的敌人。

   A. 联系　　　　B. 联手　　　　C. 联想　　　　D. 联络

第28单元　Unit 28

◎ 目标词语　Target words

541. 凉鞋	542. 两侧	543. 两手	544. 聊	545. 聊天儿
546. 料¹ (v.)	547. 料² (n.)	548. 裂	549. 灵活	550. 领取
551. 领袖	552. 另	553. 留言	554. 流感	555. 楼道
556. 楼房	557. 露 (lòu, v.)	558. 陆军	559. 录像	560. 录音机

◎ 速记　Quick memory

541　凉鞋　liángxié　n.　sandal

夏天要到了,我要买双新凉鞋。
你去参加正式会议,最好不要穿凉鞋。

542　两侧　liǎngcè　n.　both sides

身体两侧
这里的道路两侧不允许停车。
这座屋子的大门两侧各有一扇小窗户。

543　两手　liǎngshǒu　n.　skill; dual tactics

他做菜很有两手,今天就做给你们尝尝。
我们已经为开学典礼做好了两手准备,下雨就在礼堂举行,不下雨就在操场举行。

544　聊　liáo　v.　chat

我们聊游戏聊得很开心。
他跟我聊了一会儿就回去睡觉了。

545　聊天儿　liáo//tiānr　chat

我吃完晚饭就去找朋友聊天儿了。
他每天都会陪父母聊一会儿天儿。

546　料¹　liào　v.　anticipate, expect

我早就料到他不会同意的。
我以为他听到这个消息会很高兴,不料他却生气了。

547　料²　liào　n.　material

我这锅汤里用了不少料,你快尝尝。
我把料都准备好了,你们什么时候开始干活儿?

548　裂　liè　v.　split, crack

新买的桌子怎么裂开了?
一到冬天,妈妈手上的皮肤就会裂。

第28单元

549　灵活　línghuó　*adj.*　flexible

头脑灵活；动作灵活；灵活运用；灵活安排
我爷爷快80岁了，但腿脚还是很灵活。
这是一件小事情，你根据情况灵活处理吧。

550　领取　lǐngqǔ　*v.*　(after going through a certain procedure) draw, receive, get

新护照15天以后可以领取。
他每个月都会按时去银行领取退休工资。

551　领袖　lǐngxiù　*n.*　leader

伟大领袖；人民领袖
他们是带领人民获得解放的杰出领袖。
经过多年的锻炼，他已经成了公司新的领袖人物。

552　另　lìng

（1）*pron.*　another
这条路今天有点儿堵，我们走另一条吧。
我买了两件毛衣，一件是我自己的，另一件送给妈妈。
（2）*adv.*　moreover, besides
要是他不肯帮忙，我们就另想办法。
这件事他一个人去就可以了，你另有任务。

553　留言　liúyán

（1）*v.*　leave a message
人们上网看新闻的时候可以留言评论。
他现在不在，有什么事你就给他留言吧。
（2）*n.*　message
电话留言；语音留言
这是一条来自外国网友的留言。
他看了我的留言，却一直没有回复我。

554　流感　liúgǎn　*n.*　influenza

这是一种新的流感病毒。
他得了流感，医生让他在家休息。

555　楼道　lóudào　*n.*　corridor

楼道不够宽，这张桌子搬不进去。
我们宿舍楼道里的灯坏了，要请师傅来修一下儿。

556　楼房　lóufáng　*n.*　storeyed building

他们一家人住在一座三层的小楼房里。
现在的高层楼房都有电梯，居住环境很好。

557　露　lòu　*v.*　reveal, show

他的脸上露出了微笑。
你的钱包都从口袋里露出来了，小心小偷儿！

558 **陆军** lùjūn n. land forces

陆军战士；陆军部队
这个国家的陆军非常强大。
这里的"三军"是指陆军、海军和空军。

559 **录像** lùxiàng

（1）v. videotape
今天下午的表演电视台要来录像。
你把明天的生日晚会录个像，留着以后看。
（2）n. videotape
录像带；录像机
这不是比赛直播，是录像。
我们一边看毕业典礼的录像，一边回忆我们的学生时代。

560 **录音机** lùyīnjī n. recorder

一台录音机
我们以前都是用录音机学外语的。
记者把他们说的话用录音机录下来了。

◎ 速练 Quick practice

一、先根据词语写拼音，再将词语和正确的英文释义连起来
Write Pinyin according to the words, and then match the words with the correct English definitions.

1. 凉鞋 _____　　　　A. chat

2. 灵活 _____　　　　B. split, crack

3. 楼道 _____　　　　C. flexible

4. 流感 _____　　　　D. sandal

5. 裂 _____　　　　　E. leader

6. 陆军 _____　　　　F. influenza

7. 领袖 _____　　　　G. corridor

8. 聊天儿 _____　　　H. land forces

二、选择合适的词语填空　Choose the right words and fill in the blanks.

（一）　A. 凉鞋　　B. 两侧　　C. 两手　　D. 聊　　E. 聊天儿

1. 做这个动作的时候，手要自然地放到身体____。

2. 你们在____什么呀？这么开心。

3. A：你在上网吗？

B：是呀，我正在网上跟我妈妈____呢。

4. 这双____穿着很舒服。

5. 你的篮球打得真不赖,教我____吧。

(二)　　A. 料　　　B. 裂　　　C. 灵活　　　D. 领取　　　E. 领袖

1. 已经三个月没下雨了,地面太干,都____了。

2. 您有一个包裹在一楼,麻烦您下来____一下儿。

3. 我知道他总有一天会成功的,只是没有____到会这么快。

4. 既然我们选他当我们的____,我们就应该信任他、支持他。

5. 还是你的头脑比较____,问题一下子就解决了。

(三)　　A. 料　　　B. 另　　　C. 留言　　　D. 流感　　　E. 楼道

1. 盖这座新房子用了很多____。

2. 这场____持续了一个月才慢慢结束。

3. 如果大家对我们的服务有什么意见,欢迎大家在这里____。

4. 有些人把自己家的东西放在____里,影响了大家走路。

5. 我实在是没有时间,你____找个人去吧。

(四)　　A. 楼房　　B. 露　　C. 陆军　　D. 录像　　E. 录音机

1. 村子里的日子越来越好,不少人家都建起了____。

2. 在这次训练中,我们的____首先发动攻击。

3. 这个____的功能非常多。

4. 今晚有我最喜欢的电视节目,可我要加班,我让妈妈帮我____,周末再看。

5. 给孩子把被子盖好,你看他的腿都____出来了。

三、选择合适的词语完成句子　Choose the right words to complete the sentences.

1. 新修的大桥开通以后,河____的交通方便多了。

　　A. 两　　　　B. 两边　　　　C. 两岸　　　　D. 两手

2. A:这个盒子里是什么?

　　B:你随便____一下儿吧。

　　A. 肯　　　　B. 想　　　　C. 料　　　　D. 猜

3. 手机已经完全摔____了,都不能开机了。

　　A. 破　　　　B. 裂　　　　C. 坏　　　　D. 伤

4. 今天下午我要准备明天的口试，____，还要去看一下儿考场。

　　A. 其他　　　　B. 别的　　　　C. 另　　　　D. 另外

5. 爸爸穿这身衣服____得特别精神。

　　A. 显　　　　　B. 冒　　　　　C. 露　　　　D. 藏

第29单元　Unit 29

◎ 目标词语　Target words

561. 路过	562. 露（lù, v.）	563. 旅店	564. 绿化	565. 马车
566. 嘛	567. 埋	568. 馒头	569. 慢车	570. 盲人
571. 梅花	572. 美容	573. 蒙（mēng, v.）	574. 蒙（méng, v.）	575. 猛
576. 棉	577. 免得	578. 面对面	579. 面向	580. 妙

◎ 速记　Quick memory

561　路过　lùguò　v.　pass by

从我家到学校会<u>路过</u>一个公园。
今天下午我去银行，正好要<u>路过</u>你家，去看看你。

562　露　lù　v.　reveal, show

他的脸上<u>露</u>出了吃惊的表情。
今天太阳太大了，你看我<u>露</u>在外面的皮肤都晒红了。

563　旅店　lǚdiàn　n.　inn

出发前，他就已经订好<u>旅店</u>了。
下车后，我们先找了一家<u>旅店</u>住了下来。

564　绿化　lǜhuà　v.　afforest

<u>绿化</u>工作；<u>绿化</u>带
这个城市的<u>绿化</u>搞得很好。
现代社会中，人们对城市的<u>绿化</u>越来越重视。

565　马车　mǎchē　n.　carriage

在古代，<u>马车</u>是主要的交通工具。
我还记得以前爷爷赶着<u>马车</u>去车站接我的情景。

566　嘛　ma　pt.　indicating that sth. is obvious; expressing an expectation or an attempt at dissuasion; used at the pause in the sentence to draw the listener's attention to the following

小孩子本来就应该多参加户外运动<u>嘛</u>。
你走快点儿<u>嘛</u>！
这件事<u>嘛</u>，其实也不能怪他。

567　埋　mái　v.　bury

不少动物都喜欢把没吃完的食物<u>埋</u>起来。
地底下<u>埋</u>着很多管道，你们挖（wā, dig）的时候要注意点儿。

568 馒头　mántou　*n.*　steamed bun

学校食堂的馒头一个才五毛钱。
中国北方人爱吃面食，比如馒头、面条儿。

569 慢车　mànchē　*n.*　slow train

坐慢车的好处是可以好好欣赏铁路两侧的风景。
春节期间火车票不好买，这张慢车票都是我好不容易才买到的。

570 盲人　mángrén　*n.*　blind person

这是一条专门给盲人走的路。
他每年都会给这所盲人学校捐款。

571 梅花　méihuā　*n.*　plum blossom

梅花是这个城市的市花。
开在雪中的梅花实在是太美了！

572 美容　měiróng　*v.*　have a beauty treatment

美容院；美容师
广告说这种产品有一定的美容效果。
她妈妈常常去做美容，所以看起来比较年轻。

573 蒙　mēng　*v.*　cheat; make a wild guess

你别听他的，他在蒙你。
这道题我不会做，随便蒙了一个答案，竟然蒙对了。

574 蒙　méng　*v.*　cover

他们用一块黑布蒙住了我的眼睛。
她十分不好意思，用双手把脸蒙上了。

575 猛　měng　*adj.*　fierce

门一开，他就猛地冲了进来。
你这样猛吃猛喝对身体可不好。

576 棉　mián　*n.*　cotton

这儿生产的棉布质量特别好。
这件衣服是纯棉的，穿着很舒服。

577 免得　miǎnde　*conj.*　lest, so as not to

你给他留个言吧，免得他忘了。
把冷气开小点儿，免得吹感冒了。

578 面对面　miànduìmiàn　　face to face

他们俩面对面地站着，谁也不说话。
你对我有什么意见，我们就面对面说清楚，你不要在我背后议论。

579 面向　miànxiàng　*v.*　face

这个图书馆面向所有教师和学生开放。

教育的发展应该面向世界、面向未来。

580 妙 miào *adj.* wonderful; ingenious

这个办法真是妙极了！
今天我们来说说啤酒的妙用：啤酒除了喝，还可以用来做菜、洗衣服。

◎ 速练　Quick practice

一、先根据词语写拼音，再将词语和正确的英文释义连起来
Write Pinyin according to the words, and then match the words with the correct English definitions.

1. 旅店 _____　　　　A. afforest

2. 绿化 _____　　　　B. fierce

3. 梅花 _____　　　　C. cotton

4. 猛 _____　　　　　D. plum blossom

5. 妙 _____　　　　　E. steamed bun

6. 棉 _____　　　　　F. blind person

7. 盲人 _____　　　　G. wonderful; ingenious

8. 馒头 _____　　　　H. inn

二、选择合适的词语填空　Choose the right words and fill in the blanks.

（一）　A. 路过　　B. 露　　C. 旅店　　D. 绿化　　E. 马车

1. 我肚子饿了，一会儿____饭馆时，我们停车吃点儿东西吧。

2. 你们环保部门应该负责____工作。

3. 在那个公园里可以坐____到处参观。

4. 长期住____花费太大了，我们还是租一个房子吧。

5. 一只小脑袋从桌子底下____了出来。

（二）　A. 嘛　　B. 埋　　C. 馒头　　D. 慢车　　E. 盲人

1. 他早饭吃得很简单：半个____，一个鸡蛋。

2. 小狗把没吃完的肉骨头____在了树下。

3. ____在生活中会有一些不方便的地方。

4. 我的家乡是个很小的城市，只开通了____，每次回家都要花一天一夜。

5. 你不要不高兴，有什么想法就说____。

（三）　　A. 梅花　　　B. 美容　　　C. 蒙　　　D. 猛　　　E. 棉

1. 这都是____小孩子的，你怎么也信了？
2. 现代人对美的追求促进了____行业的发展。
3. 这双____鞋是我奶奶给我做的。
4. 我很喜欢闻____的香味。
5. 这场比赛我们打得很____，很快就赢了。

（四）　　A. 蒙　　　B. 免得　　　C. 面对面　　　D. 面向　　　E. 妙

1. 口试的时候，你需要和老师____坐着。
2. 她把被子____在头上，偷偷地哭了起来。
3. 我们学校____全社会招生。
4. 你把地址写清楚，____他找不到地方。
5. 我想到了一个很____的主意。

三、选择合适的词语完成句子　Choose the right words to complete the sentences.

1. "____食品"是指没有受到污染的安全食品。
   A. 绿化　　　　B. 营养　　　　C. 环保　　　　D. 绿色
2. 我的小狗死了以后，我把它____在了院子里它最喜欢的梅花树下。
   A. 埋　　　　　B. 藏　　　　　C. 盖　　　　　D. 关
3. 他在____馆工作，平时常跟画家来往。
   A. 美术　　　　B. 美容　　　　C. 美丽　　　　D. 美好
4. 他这次病得太____了，到现在还没康复呢。
   A. 猛　　　　　B. 重　　　　　C. 快　　　　　D. 严
5. 新年时别说不吉利的话，____奶奶不高兴。
   A. 避免　　　　B. 免得　　　　C. 不免　　　　D. 难免

第30单元　Unit 30

◎ 目标词语　Target words

581. 灭	582. 民歌	583. 民工	584. 民警	585. 民意
586. 民主	587. 名额	588. 名胜	589. 名义	590. 名誉
591. 明日	592. 命	593. 膜	594. 磨	595. 没收
596. 墨水	597. 母	598. 母鸡	599. 母女	600. 母子

◎ 速记　Quick memory

581　灭　miè　v.　put out, extinguish; kill, destroy

灭火
爸爸在家偷偷抽烟，妈妈一回来，他就赶紧把烟灭了。
家里有虫子，要买点儿药回来灭虫。

582　**民歌**　míngē　n.　folk song

这些民歌已经在当地流传几十年了。
这是一首根据外国民歌改编的歌曲。

583　**民工**　míngōng　n.　farmers who do manual work in a city

民工们正在排队领取工资。
大量民工来到这个城市找工作。

584　**民警**　mínjǐng　n.　(people's) police

墙上贴了一张纸，纸上写着"有困难，找民警"。
每年都有公安民警为了保护人民的安全付出自己的生命。

585　**民意**　mínyì　n.　opinion/will of the people

征求民意；了解民意
继续战争不符合民意。
民意调查显示，群众对政府的这项决策很满意。

586　**民主**　mínzhǔ

（1）n.　democracy
这是一篇富有民主思想的文章。
实现真正的民主不是一件容易的事情。
（2）adj.　democratic
这是一个民主的国家。
父母对他的教育很民主。

587　**名额**　míng'é　n.　quota (of people)

分配名额；取消名额

131

今年的招生名额增加了不少。
由于参赛名额有限，请大家抓紧时间报名。

588 **名胜** míngshèng *n.* place famous for its scenery or historical relics

各国都有自己的风景名胜。
这个地方的名胜我差不多都去过了。

589 **名义** míngyì *n.* name

个人名义
他利用公司的名义到处骗钱。
他只是名义上的领导，其实什么事都不管。

590 **名誉** míngyù

（1）*n.* reputation
集体名誉；恢复名誉
我们不应该做损害国家名誉的事情。
他把个人的名誉看得比生命还重要。

（2）*adj.* honorary
他成了这所大学的名誉教授。
他是我们工商联盟的名誉主席。

591 **明日** míngrì *n.* tomorrow

网络报名明日晚8时截止。
明日将有中到大雨，请合理安排出行方式。

592 **命** mìng *n.* life; fate

人命；命大；命苦
如果不是你们来得及时，他这条命就没了。
人们都说她的命好，找到了一个非常爱她的丈夫。

593 **膜** mó *n.* membrane; film

正常人类的耳朵内部都有一层薄膜。
这些食品的外面蒙着一层塑料膜，是为了保证卫生。

594 **磨** mó *v.* rub; grind; grind down; keep nagging, plague; waste time

这双鞋穿了十几年，鞋底都已经磨破了。
这把刀磨过以后，切肉的时候快多了。
他被这场病磨得变了样子。
这个孩子真磨人。
你别磨了，已经快迟到了。

595 **没收** mòshōu *v.* confiscate

考试的时候，老师没收了他的手机。
他的财产被全部没收了，因为这些钱都是通过违法手段获得的。

596 **墨水** mòshuǐ *n.* ink

这支笔的墨水已经干了，写不出字来。
我们说一个人肚子里有墨水，意思是这个人有文化。

597 母　　mǔ

（1）*adj.*　　(of an animal) female
这条狗是公的还是母的？
他家养的母牛马上就要生小牛了。
（2）*n.*　　mother; female elder
父母离婚对孩子的伤害特别大。
这是我的姑母，她是我爸爸的姐姐。

598 母鸡　　mǔjī　　*n.*　　hen

母鸡身后跟着一群小鸡。
我家养的母鸡每天都会下一个蛋。

599 母女　　mǔnǚ　　*n.*　　mother and daughter

这母女俩长得非常像。
我一看就知道她们是一对母女。

600 母子　　mǔzǐ　　*n.*　　mother and son

他们母子的关系非常好。
他们母子之间有一些矛盾。

◎ 速练　Quick practice

一、先根据词语写拼音，再将词语和正确的英文释义连起来
Write Pinyin according to the words, and then match the words with the correct English definitions.

1. 民歌 ＿＿＿＿＿＿　　　A. opinion/will of the people

2. 墨水 ＿＿＿＿＿＿　　　B. reputation; honorary

3. 名誉 ＿＿＿＿＿＿　　　C. quota (of people)

4. 民警 ＿＿＿＿＿＿　　　D. membrane; film

5. 母鸡 ＿＿＿＿＿＿　　　E. folk song

6. 民意 ＿＿＿＿＿＿　　　F. hen

7. 名额 ＿＿＿＿＿＿　　　G. (people's) police

8. 膜 ＿＿＿＿＿＿　　　　H. ink

二、选择合适的词语填空　Choose the right words and fill in the blanks.

（一）　　A. 灭　　B. 民歌　　C. 民工　　D. 民警　　E. 民意

1. 这家公司欠了＿＿＿三个月的工资，他们都没钱回家过年了。

2. 为了更好地了解＿＿＿，应该在老百姓中多做调研。

3. 这么大的火，怎么可能用嘴吹＿＿＿呢？快去拿水来！

4. 我没料到你竟然会唱我们家乡的____，而且还唱得这么好。

5. 当____不但很辛苦，有时候还会有危险。

（二） A.民主　　B.名额　　C.名胜　　D.名义　　E.名誉

1. 开完会以后，我们去参观了当地的____。

2. 我们要不断加强国家的____政治建设。

3. 事情被调查清楚以后，他恢复了____。

4. 我们班分配到了三个免费参观的____。

5. 你用我的____给他打个电话，我想他会同意的。

（三） A.明日　　B.命　　C.膜　　D.磨　　E.没收

1. 他们的婚礼将在____中午12时举行。

2. 刚出生的孩子，身体上好像包着一层白色的____。

3. 他从五楼掉下来，竟然没受什么伤，____真大！

4. 因为他偷偷玩儿电子游戏，所以爸爸____了他的电脑。

5. 时间把他的坏脾气慢慢____没了。

（四） A.墨水　　B.母　　C.母鸡　　D.母女　　E.母子

1. 这只____是我养大的。

2. 这____俩的感情不错，他一有空儿就回家看望妈妈。

3. 他家中还有八十岁的老____等着他照顾。

4. 她妈妈看起来很年轻，____二人走在街上就像姐妹俩。

5. 他肚子里没什么____，想了半天一个字也没写出来。

三、选择合适的词语完成句子　Choose the right words to complete the sentences.

1. 他们积极宣传____思想，促进人民思想解放。

　　A.民主　　　　B.自主　　　　C.主张　　　　D.主观

2 这里的水污染问题严重影响了当地____的生活和身体健康。

　　A.人群　　　　B.工人　　　　C.居民　　　　D.民工

3. 我们都觉得这个广告的____非常妙。

　　A.民意　　　　B.创意　　　　C.意识　　　　D.意义

4. 商场赠送礼物的____有限，去晚了就没有了。
   A. 数量　　　　B. 数目　　　　C. 金额　　　　D. 名义

5. 工商管理人员____了所有质量不合格的产品。
   A. 回收　　　　B. 没收　　　　C. 接收　　　　D. 吸收

第 31 单元　Unit 31

◎ 目标词语　Target words

601. 墓	602. 拿走	603. 奶粉	604. 奶牛	605. 难忘
606. 内地	607. 内外	608. 内衣	609. 能否	610. 泥
611. 扭	612. 排行榜	613. 派出	614. 判	615. 盼望
616. 泡	617. 炮	618. 陪同	619. 配置	620. 皮球

◎ 速记　Quick memory

601　墓　　mù　　*n.*　　tomb

她坐在爸爸的<u>墓</u>前默默地流眼泪。
那里是一片公<u>墓</u>，我去世的爷爷奶奶都埋在那儿。

602　拿走　　názǒu　　take away

爷爷把茶壶<u>拿走</u>了。
厨房里的醋和酱油被谁<u>拿走</u>了？

603　奶粉　　nǎifěn　　*n.*　　milk powder

国产<u>奶粉</u>；儿童<u>奶粉</u>
有热水吗？我要给孩子冲<u>奶粉</u>。
这些进口<u>奶粉</u>的价格稍微贵一些。

604　奶牛　　nǎiniú　　*n.*　　cow

这头<u>奶牛</u>现在值多少钱？
我家里养了<u>奶牛</u>，每天都有新鲜牛奶喝。

605　难忘　　nánwàng　　*v.*　　unforgettable

<u>难忘</u>的回忆
在中国学习的经历，我终身<u>难忘</u>。
那些美丽的风景名胜真是令人<u>难忘</u>啊！

606　内地　　nèidì　　*n.*　　inland; (*as used by residents in Hong Kong, Macao, etc.*) the mainland

他刚从<u>内地</u>来，还不适应这儿的生活。
中国<u>内地</u>的经济发展速度越来越快。

607　内外　　nèiwài　　*n.*　　inside and outside

海<u>内外</u>
这部作品在国<u>内外</u>都很受欢迎。
这家企业与省<u>内外</u>十多所大学和科研机构有合作关系。

608 **内衣** nèiyī n. underwear

我新买了一套内衣送给妈妈。
这件内衣太旧了，有的地方都已经磨破了。

609 **能否** néngfǒu v. whether... or not

能否多给我们班两个参赛名额？
我不确定马车能否通过这条路。

610 **泥** ní n. mud; mashed things, especially vegetables and fruit

你手上怎么都是泥？快去洗洗。
这家饭店的土豆泥很好吃。

611 **扭** niǔ v. turn around; twist

听到有人在背后叫他，他把头扭了过去。
她跳舞的时候不小心把腰扭伤了。

612 **排行榜** páihángbǎng n. ranking list

这个月音乐排行榜的第一名是哪首歌？
这本书卖得很好，上了我们店的销售量前十名排行榜。

613 **派出** pàichū send out, dispatch

每个单位派出1～3名参赛者。
我们派出了最优秀的员工参加这次活动。

614 **判** pàn v. judge, decide; sentence

他在球场上推人的动作被判犯规。
法院判我们公司赔偿对方30万元。

615 **盼望** pànwàng v. look forward to

孩子们都在盼望假期的到来。
妈妈每天都在家盼望你回来。

616 **泡** pào

（1）v. soak; hang about, immerse in
奶奶每天都要给爷爷泡一壶茶。
他最近每天都泡在图书馆里查资料。
（2）n. bubble
电水壶里的水热了，已经开始冒水泡了。
水里的小鱼边游边吐泡泡。

617 **炮** pào n. cannon

大炮
陆军战士正在向西南方向开炮。
火箭炮是一种构造非常复杂的武器。

618 **陪同** péitóng v. accompany

我陪同家乡来的朋友到处观光。

你陪同这位盲人同学一起去吧。

619 配置 pèizhì　v.　configure; dispose

这台电脑是根据我的工作需求配置的。
很多不公平的现象是由于社会资源配置不合理造成的。

620 皮球 píqiú　n.　leather ball

皮球滚到桌子下面去了。
这个小皮球是他儿子最喜欢的玩具。

◎ **速练**　Quick practice

一、先根据词语写拼音，再将词语和正确的英文释义连起来
Write Pinyin according to the words, and then match the words with the correct English definitions.

1. 奶粉 ＿＿＿＿＿＿　　　A. mud; mashed things, especially vegetables and fruit

2. 盼望 ＿＿＿＿＿＿　　　B. turn around; twist

3. 配置 ＿＿＿＿＿＿　　　C. ranking list

4. 排行榜 ＿＿＿＿＿＿　　D. judge, decide; sentence

5. 泥 ＿＿＿＿＿＿　　　　E. milk powder

6. 炮 ＿＿＿＿＿＿　　　　F. cannon

7. 判 ＿＿＿＿＿＿　　　　G. configure; dispose

8. 扭 ＿＿＿＿＿＿　　　　H. look forward to

二、选择合适的词语填空　Choose the right words and fill in the blanks.

（一）　A. 墓　　B. 拿走　　C. 奶粉　　D. 奶牛　　E. 难忘

1. 现在我们的国产＿＿＿质量都不错，营养丰富，味道也好。

2. 如果你喜欢这些梅花就＿＿＿吧。

3. 这是我一生中最＿＿＿的一次旅行。

4. 听说给＿＿＿听音乐，它们就能产更多的奶。

5. 这些都是为了保卫国家而失去生命的战士的＿＿＿。

（二）　A. 内地　　B. 内外　　C. 内衣　　D. 能否　　E. 泥

1. 我从来不把＿＿＿和别的衣服一起放在洗衣机里。

2. 他从小在海边长大，所以不太习惯＿＿＿的气候。

3. A：请问，我＿＿＿把这个档案借出去复印一份？

B：对不起，根据规定，这些档案只能查看，不能复印。

4. 这条路还没修好，一下雨地上就全是____。

5. 这件大衣____都有口袋，装东西很方便。

（三）　A.扭　　B.排行榜　　C.派出　　D.判　　E.盼望

1. 今年的"十大最受欢迎女演员"____中有一半人都是30岁以下的。

2. 我们____了这么多年，终于住上了有电梯的楼房。

3. 他躺在床上不停地____动，好像很难受的样子。

4. 裁判____我们赢了刚才那一球。

5. 学校每年都会____几十名教师前往国外的大学参观学习。

（四）　A.泡　　B.炮　　C.陪同　　D.配置　　E.皮球

1. 敌人的飞机被我们的大____打下来了。

2. 我们玩儿____时，不小心打破了邻居家的窗户。

3. 学校为教室____了一些新的教学设备。

4. 冬天____个热水澡实在是太舒服了。

5. 公园里很多父母正在____孩子做游戏。

三、选择合适的词语完成句子　Choose the right words to complete the sentences.

1. 你____来参加我们的聚会，就多待一会儿吧。
　　A.难忘　　　　B.难以　　　　C.难受　　　　D.难得

2. 端午节____各地都开展了庆祝活动。
　　A.内外　　　　B.上下　　　　C.左右　　　　D.前后

3. 他从小就失去了父亲，所以他比别的孩子更____得到父爱。
　　A.失望　　　　B.看望　　　　C.渴望　　　　D.愿望

4. A：当时的情况你还____回忆起来?
　　B：当然可以！我永远都不会忘记。
　　A.是否　　　　B.能否　　　　C.否定　　　　D.否则

5. 我妈妈做饭很讲究营养____，我们每天都吃不同的肉和各种新鲜蔬菜。
　　A.配备　　　　B.配置　　　　C.配合　　　　D.搭配

第 32 单元　Unit 32

◎ 目标词语　Target words

621. 偏	622. 贫困	623. 品牌	624. 聘请	625. 平凡
626. 平方米	627. 平衡	628. 平台	629. 评	630. 评选
631. 屏幕	632. 坡	633. 扑	634. 铺	635. 欺负
636. 奇妙	637. 企图	638. 起点	639. 起诉	640. 气氛

◎ 速记　Quick memory

621　偏　piān

（1）*adj.*　inclined to one side; partial
太阳已经偏西了，我们回家吧。
因为母亲总是偏爱小儿子，大儿子觉得很难过。
（2）*adv.*　contrary to what is expected
你不让我去，我偏要去。
妈妈叫他做作业，他偏不做。

622　贫困　pínkùn　*adj.*　poor, impoverished

贫困居民；贫困现象；脱离贫困
这个地区的贫困面貌已经彻底改变了。
他带领家乡人民一起努力，终于告别了贫困的生活。

623　品牌　pǐnpái　*n.*　brand

这种做法会损害企业的品牌和形象。
这些大品牌的产品价格会比普通的贵一些。

624　聘请　pìnqǐng　*v.*　engage, employ

公司专门聘请了律师来处理法律问题。
我们聘请了一些技术人员来指导我们。

625　平凡　píngfán　*adj.*　ordinary

平凡的生活；平凡的一生
那只是一次平凡的经历，没什么特别的。
他在平凡的工作岗位上做出了不平凡的贡献。

626　平方米　píngfāngmǐ　*m.*　square meter

这个房间的大小是12平方米。
现在这个城市的平均房价是每平方米2万块。

627　平衡　pínghéng　*adj.*　balanced

保持平衡

他不小心失去平衡，从椅子上摔了下来。
我们做一样的工作，可他的工资却比我高，这让我心里很不平衡。

628 平台　píngtái　*n.*　platform

服务平台；活动平台；工作平台
我们中午在楼顶的平台上吃午餐吧。
这些文化活动为大家互相交流提供了一个很好的平台。

629 评　píng　*v.*　appraise

她被评为"最受学生欢迎的教师"。
我们公司评优秀员工的标准是很高的。

630 评选　píngxuǎn　*v.*　select

你们一定要进行公正的评选。
他是广大群众民主评选出来的代表。

631 屏幕　píngmù　*n.*　screen

电视屏幕
我的电脑屏幕被他敲裂了。
手机屏幕上贴着一层很薄的膜。

632 坡　pō　*n.*　slope

下坡；爬坡
上坡的路走着真累啊！
你顺（shùn, along）着坡走下去，然后往右拐，就能找到银行了。

633 扑　pū　*v.*　throw oneself on; dedicate all one's energies to a cause

警察扑上去把小偷儿抓住了。
他的心都扑在了事业上，没时间关心家庭。

634 铺　pū　*v.*　spread, lay

铺路
床已经铺好了，你快去睡吧。
最近我们在给新买的房子铺地板。

635 欺负　qīfu　*v.*　bully

她故意欺负新同事，总让他们替自己倒水。
他在学校受了同学的欺负，回家后哭得很伤心。

636 奇妙　qímiào　*adj.*　wonderful

就在这时，奇妙的事情发生了，西瓜变成了马车。
孩子的头脑中总是有很多奇妙的幻想，比如人会飞、小狗会说话。

637 企图　qǐtú

（1）*v.*　attempt
他企图把对方的钱都骗进自己的口袋。
那个小偷儿企图逃跑，被警察发现了。

（2） *n.*　intention (*often used in derogatory sense*)
我们不明白他这么做的企图是什么。
我们已经发现了敌人的企图，所以提前做好了防守准备。

638　起点　qǐdiǎn　*n.*　starting point

大学毕业后，我的人生站在了新的起点上。
因为有很好的基础，所以我们新公司的起点很高，相信未来会越做越好。

639　起诉　qǐsù　*v.*　prosecute

我要向法院起诉你们这群骗子。
我聘请了一位律师为我写起诉书。

640　气氛　qì·fēn　*n.*　atmosphere

节日气氛；紧张的气氛；友好的气氛
考场里的气氛很严肃。
会议讨论在一片和谐的气氛中进行。

◎ 速练　Quick practice

一、先根据词语写拼音，再将词语和正确的英文释义连起来
Write Pinyin according to the words, and then match the words with the correct English definitions.

1. 坡 _____　　　　　　　A. poor, impoverished

2. 铺 _____　　　　　　　B. engage, employ

3. 屏幕 _____　　　　　　C. balanced

4. 聘请 _____　　　　　　D. screen

5. 欺负 _____　　　　　　E. slope

6. 贫困 _____　　　　　　F. spread, lay

7. 平衡 _____　　　　　　G. bully

8. 起诉 _____　　　　　　H. prosecute

二、选择合适的词语填空　Choose the right words and fill in the blanks.

（一）　A. 偏　　B. 贫困　　C. 品牌　　D. 聘请　　E. 平凡

1. 这个____的手机很受年轻人喜欢。

2. 他是一位非常有名的厨师，很多大饭店都想____他。

3. 政府采取了很多措施帮助城市____居民解决生活困难。

4. 绝大部分人一辈子都过着____的生活。

5. 墙上挂的照片稍微有点儿往左____，你去调整一下儿。

（二） A.平方米　　B.平衡　　C.平台　　D.评　　E.评选

1.这个月的收入和支出基本上是____的。

2.我们请人来____一下儿理，看到底是你错了还是我错了。

3.我们需要找一个500____以上的地方作为这次活动的场地。

4.这个网站是一个很好的学习____，平时大家可以充分利用它。

5.这是歌迷们____出来的"十大最受欢迎歌曲"排行榜。

（三） A.屏幕　　B.坡　　C.扑　　D.铺　　E.欺负

1.骑自行车上____太累了，要是有车就好了。

2.我们村里的路____得很快，马上就可以开通了。

3.电视____太暗了，看不清楚，你调一下儿吧。

4.看到爸爸回来，孩子高兴地____过去抱住了爸爸。

5.你别看她是个女孩儿，但十分厉害，他们班没人敢____她。

（四） A.奇妙　　B.企图　　C.起点　　D.起诉　　E.气氛

1.虽然每个人的____不同，但只有努力的人才能走得更快、更远。

2.他总是在我面前说你不好，想要破坏我们之间关系的____太明显了。

3.她丈夫不同意离婚，她只好向法院提出了____。

4.音乐响了，礼堂里的____慢慢活跃了起来。

5.和他第一次见面时我有一种____的感觉，好像我们已经认识很久了。

三、选择合适的词语完成句子　Choose the right words to complete the sentences.

1.关于这个问题，我____了一位电脑专家，他告诉了我有效的解决方法。

　　A.请教　　　　B.邀请　　　　C.申请　　　　D.聘请

2.我要请专家来____一下儿这幅画儿的价值。

　　A.评选　　　　B.评论　　　　C.评估　　　　D.评价

3.这是国内的一个老____，你完全可以信任它的产品质量。

　　A.商品　　　　B.品种　　　　C.品质　　　　D.品牌

4.他是个很____的人，看到什么新鲜东西都要打听半天。

　　A.神奇　　　　B.奇怪　　　　C.好奇　　　　D.奇妙

5.对很多女性来说，维持好家庭和工作的____不是一件容易的事。

　　A.平凡　　　　B.平衡　　　　C.平均　　　　D.平稳

第 33 单元　Unit 33

◎ 目标词语　Target words

641. 恰当	642. 恰好	643. 恰恰	644. 牵	645. 铅笔
646. 谦虚	647. 前方	648. 前来	649. 潜力	650. 强盗
651. 强化	652. 强势	653. 强壮	654. 桥梁	655. 巧妙
656. 茄子	657. 切实	658. 侵犯	659. 亲属	660. 亲眼

◎ 速记　Quick memory

641　恰当　qiàdàng　*adj.*　appropriate

在课堂上接电话的行为是不恰当的。
这儿有几个词语用得不太恰当，换一下儿吧。

642　恰好　qiàhǎo　*adv.*　as it happens

我去找他的时候，他恰好不在。
他今年的生日恰好是在周末，我们可以好好庆祝一下儿。

643　恰恰　qiàqià　*adv.*　just, precisely

我们都以为他们队会赢，结果却恰恰相反。
我把所有的行李都准备好了，恰恰忘了带最重要的身份证。

644　牵　qiān　*v.*　lead along

我和姐姐每天早上手牵手一起去学校。
吃完晚饭后，他就牵着狗出去散步了。

645　铅笔　qiānbǐ　*n.*　pencil

妈妈，我想要一支自动铅笔。
这些彩色铅笔是专门用来画画儿的。

646　谦虚　qiānxū　*adj.*　modest

谦虚的人
向别人请教问题的时候，态度应该谦虚。
他谦虚地说："这是我写的文章，请大家多批评，多提意见。"

647　前方　qiánfāng　*n.*　front, space ahead; (battle) front

前方路口有红绿灯，注意减速慢行。
为了保卫国家，我们的军人正在前方跟敌人勇敢地战斗着。

648　前来　qiánlái　*v.*　come

看到我们的宣传，不少顾客前来购买这种蛋糕。
这里的名胜吸引了许多国内外的游客前来参观。

第 33 单元

649 潜力 qiánlì *n.* potentiality

商业潜力；潜力不足
在这场比赛中他发挥出了自己的最大潜力，获得了冠军。
没想到这个孩子在音乐方面有着惊人的潜力，好好培养，将来一定大有前途。

650 强盗 qiángdào *n.* robber

强盗逻辑
他说了不想借给你，你却还是拿走了他的东西，这不是强盗行为吗？
很久以前，这座山里有很多强盗，很多路过的人都被他们抢走了钱和行李。

651 强化 qiánghuà *v.* strengthen

得到强化
我们要强化改革，不断促进国家的发展。
下个月就要比赛了，他们最近在进行强化训练。

652 强势 qiángshì

（1）*n.* powerful momentum
这只股票最近表现出强势，价格连续上涨。
他们不可能一直维持强势，所以我们只要坚持防守，还是有可能会赢的。
（2）*adj.* strong, advantaged, powerful, assertive
强势群体；强势文化
他的态度很强势，完全不觉得自己有错。
过于强势的父母对孩子的性格发展会有不好的影响。

653 强壮 qiángzhuàng

（1）*adj.* strong, sturdy
运动员都有着强壮的身体。
这匹马非常强壮，跑得也很快。
（2）*v.* strengthen
每天坚持跑步，能够强壮我们的身体。
喝牛奶可以帮助强壮骨骼（gǔgé, skeleton）。

654 桥梁 qiáoliáng *n.* bridge

语言是人类沟通的桥梁。
这几座现代化的桥梁都是由他设计的。

655 巧妙 qiǎomiào *adj.* ingenious

方法巧妙；巧妙的安排
这些家具的设计十分巧妙。
对于这个困难的问题，他回答得非常巧妙。

656 茄子 qiézi *n.* eggplant

我爸爸做的茄子好吃极了。
现在一年四季都能买到茄子。

657 切实 qièshí *adj.* practical

切实加强；切实的政策

你介绍给我们的这种方法切实有效。
新领导来了以后，做了很多切实的工作。

658 **侵犯**　qīnfàn　*v.*　violate

侵犯自由
你的行为已经侵犯了他的生命安全。
法律保护人民的合法财产不受任何侵犯。

659 **亲属**　qīnshǔ　*n.*　relative

你们之间是亲属关系吗？
他住院的时候，没有一个亲属来看望他。

660 **亲眼**　qīnyǎn　*adv.*　with one's own eyes

我亲眼看到你拿走了他的钱包。
如果你不相信，就去亲眼看看吧。

◎ 速练　Quick practice

一、先根据词语写拼音，再将词语和正确的英文释义连起来
Write Pinyin according to the words, and then match the words with the correct English definitions.

1. 铅笔 ＿＿＿＿＿＿　　　A. modest

2. 强盗 ＿＿＿＿＿＿　　　B. lead along

3. 谦虚 ＿＿＿＿＿＿　　　C. potentiality

4. 茄子 ＿＿＿＿＿＿　　　D. robber

5. 潜力 ＿＿＿＿＿＿　　　E. bridge

6. 亲属 ＿＿＿＿＿＿　　　F. eggplant

7. 牵 ＿＿＿＿＿＿＿＿　　G. relative

8. 桥梁 ＿＿＿＿＿＿　　　H. pencil

二、选择合适的词语填空　Choose the right words and fill in the blanks.

（一）　　A. 恰当　　B. 恰好　　C. 前方　　D. 牵　　E. 铅笔

1. 经事根据我们每个人的特点做出了＿＿的工作安排。

2. 这种＿＿写出来的字颜色太浅了。

3. 你在外面一定要把爸爸的手＿＿紧了，别走丢了。

4. 我相信胜利就在＿＿！

5. 我出门的时候＿＿碰到他回来。

（二）　　A. 谦虚　　B. 恰恰　　C. 前来　　D. 潜力　　E. 强盗

1. 生活中很多重要的东西，____是我们最容易忽视的。
2. 你应该____一点儿，不能因为大家的表扬就骄傲起来了。
3. 这个地区的商业____很大，政府应该好好开发一下儿。
4. 不知道二位今日____有什么事。
5. 谁打架打赢了，谁说的就有理，这完全是____逻辑。

（三）　　A. 强化　　B. 强势　　C. 强壮　　D. 桥梁　　E. 巧妙

1. 他只是看起来很____，其实常常生病。
2. 如果夫妻双方都很____，家庭生活中一定会产生很多矛盾。
3. 这次活动让我们互相有了更深入的了解，是我们两国友谊的____。
4. 这个宣传方式很____，很容易吸引大家的注意。
5. 他还没有彻底康复，还需要进行一段时间的____治疗。

（四）　　A. 茄子　　B. 切实　　C. 侵犯　　D. 亲属　　E. 亲眼

1. 我们在超市见到的大部分____都是紫色的，但也有绿色的。
2. 如果不是____看见，我怎么都不会想到他是这样的人。
3. 他意外去世以后，他的____得到了30万元的赔偿。
4. 我们要____做好企业的安全生产工作。
5. 他们觉得自己的利益被____了，所以提出了强烈抗议。

三、选择合适的词语完成句子　Choose the right words to complete the sentences.

1. 这个孩子各方面的____都很强，深受老师和同学们喜爱。
   A. 潜力　　B. 体力　　C. 能力　　D. 精力
2. 在____的母亲面前，他从来不敢表达自己的想法和要求。
   A. 强势　　B. 强烈　　C. 强大　　D. 强壮
3. 他采取了一种____的方法解决了这个问题。
   A. 能够　　B. 技能　　C. 技巧　　D. 巧妙
4. 电话里说不清楚，你还是____来一下儿吧。
   A. 本身　　B. 个人　　C. 亲眼　　D. 亲自
5. 这个办法____解决了我们目前面临的困难。
   A. 老实　　B. 诚实　　C. 现实　　D. 切实

第34单元　Unit 34

◎ 目标词语　Target words

661. 倾向	662. 清	663. 清洁	664. 清洁工	665. 清明节
666. 清洗	667. 情绪	668. 求职	669. 球拍	670. 球星
671. 球员	672. 区分	673. 渠道	674. 取款	675. 取款机
676. 去掉	677. 权	678. 权力	679. 全力	680. 全新

◎ 速记　Quick memory

661　倾向　qīngxiàng

（1）*v.*　be inclined to
这两种选择中，我倾向后一种。
虽然他是对方企业的人，但他的态度已经完全倾向我们这一边了。
（2）*n.*　inclination
对于工作中出现的不良倾向，我们要及时发现并改正。
当青少年出现带有危险倾向的行为时，父母和老师应该重视。

662　清　qīng

（1）*adj.*　clear; distinct; with nothing left
这条河的水特别清，都能看到水底的小鱼。
那件事情我都问清了，一会儿我仔细给你解释。
借的钱我都还清了，终于可以松口气了。
（2）*v.*　count; settle accounts
老师清了一下儿人数，看学生们是否都上车了。
我借的钱已经清了。

663　清洁　qīngjié　*adj.*　clean

打扫清洁
厨房里应该保持清洁卫生。
这座清洁的城市给我留下了很好的印象。

664　清洁工　qīngjiégōng　*n.*　cleaner

卫生间现在不能使用，清洁工正在打扫。
正是因为这些清洁工的勤奋工作，我们的城市才能这么干净。

665　清明节　Qīngmíng Jié　*n.*　Qingming Festival, Tomb-Sweeping Day

我们清明节有一天的假期。
清明节时，我要去给去世的亲人扫墓（sǎo//mù, sweep a grave）。

666　清洗　qīngxǐ　*v.*　clean

清洗干净

148

第34单元

你去把晚饭时用过的碗盘都清洗一下儿。
这种衣服不容易清洗，最好不要弄得太脏。

667 情绪 qíngxù *n.* mood; moodiness

情绪变化；情绪稳定；控制情绪
无论在什么情况下，他都能保持乐观的情绪。
因为爸爸没答应他的要求，他正把自己关在房间里闹情绪呢。

668 求职 qiúzhí *v.* apply for a job

现在很多人都上求职网站找工作。
每年一到三四月，大学毕业生们就开始求职了。

669 球拍 qiúpāi *n.* racket

教练正在纠正他拿球拍的动作。
生日的时候，爸爸送了一对新球拍给我。

670 球星 qiúxīng *n.* ball game star

我有这位国际球星的签名照片。
儿子房间的墙上贴着他最喜欢的球星的海报。

671 球员 qiúyuán *n.* (ball game) player

著名球员
我们球队一共有32名正式球员。
教练派我去防守对方的3号球员。

672 区分 qūfēn *v.* distinguish

这两种奶粉的味道完全不一样，很容易就能区分出来。
有些人不能区分红色和绿色，这样的人叫作"红绿色盲"。

673 渠道 qúdào *n.* irrigation ditch; channel

他们在那条小河的旁边修了一条渠道。
这些药是通过不合法的渠道买到的，不安全。

674 取款 qǔkuǎn *v.* withdraw money

我正在银行排队取款。
您好，请问您是存款还是取款？

675 取款机 qǔkuǎnjī *n.* ATM

这台取款机出故障了，工作人员正在修理。
在取款机上取钱的时候，要注意附近的安全。

676 去掉 qùdiào get rid of, remove

你把这个词去掉，句子就正确了。
去掉吃饭、睡觉的时间，剩下的十多个小时他都在工作。

677 权 quán *n.* power, right, authority

无权；管理权；使用权；发言权

我是经理，我有权处理这个问题。
不要忘记你的领导权是人民给你的。

678 权力　　quánlì　　n.　　power, authority

权力分散；权力集中；有权力
全国人民代表大会是中国的最高国家权力机关。
掌握最大权力的时候，也意味着要承担最大的责任。

679 全力　　quánlì

（1）n.　　(exert) all one's strength
他已经用尽全力去奔跑了。
在这次考试中，一定要拿出你的全力。
（2）adv.　　with all one's strength
我们大家一定全力支持这个方案。
我们一定会全力帮助你的，你放心吧。

680 全新　　quánxīn　　adj.　　brand new

全新的面貌
我们租的房子里的家具是全新的。
他搬到另一个城市开始了全新的生活。

◎ 速练　Quick practice

一、先根据词语写拼音，再将词语和正确的英文释义连起来
Write Pinyin according to the words, and then match the words with the correct English definitions.

1. 清洁工 _____　　A. be inclined to; inclination

2. 情绪 _____　　B. *Qingming* Festival, Tomb-Sweeping Day

3. 渠道 _____　　C. apply for a job

4. 取款 _____　　D. mood; moodiness

5. 权 _____　　E. cleaner

6. 清明节 _____　　F. irrigation ditch; channel

7. 倾向 _____　　G. power, right, authority

8. 求职 _____　　H. withdraw money

二、选择合适的词语填空　Choose the right words and fill in the blanks.

（一）　A. 倾向　　B. 清　　C. 清洁　　D. 清洁工　　E. 清明节

1. 你等等我，我把桌上的东西____一下儿就可以走了。

2. 他有严重的暴力____，曾经打伤过很多人，我觉得他需要去看一下儿心理医生。

3. 办公室里太脏了，麻烦你去叫个____来。

4. 她是个爱____的人，家里总是打扫得干干净净的。

5. ____是中国的传统节日。

（二） A.清洗　　B.情绪　　C.求职　　D.球拍　　E.球星

1. 作为公司的领导，你要学会控制自己的____。

2. 他们球队今年引进了几位著名____。

3. 这种蔬菜要先用盐水泡一下儿，然后再____干净。

4. ____的时候，我们需要准备个人简历。

5. 你去打球的时候别忘了带上____。

（三） A.球员　　B.区分　　C.渠道　　D.取款　　E.取款机

1. 我们要想办法丰富我们的宣传____，让更多人了解我们的产品。

2. 场上有____受伤了，所以比赛暂停。

3. 在有些商场里可以找到自动____。

4. 一个人去银行____的时候要注意安全。

5. 他是银行的工作人员，应该会____真钱和假钱。

（四） A.去掉　　B.权　　C.权力　　D.全力　　E.全新

1. 他穿了一身____的衣服去参加面试。

2. 我已经尽____了，但还是失败了。

3. 一个国家的____集中在少数几个人手中是十分危险的。

4. ____房租和日常生活的钱，我每个月还能存2000多。

5. 没有调查研究的人，就没有发言____。

三、选择合适的词语完成句子　Choose the right words to complete the sentences.

1. 一个学生2支铅笔，我们班有38名学生，你____一下儿一共要买多少支。

　　A.清　　　　B.算　　　　C.理　　　　D.数

2. 发现他有自杀的____后，我们就一直陪在他身边安慰他。

　　A.面向　　　B.转向　　　C.倾向　　　D.方向

3. 我们____了一下儿仓库里的产品，发现有很多是去年没卖完的。

　　A.清理　　　B.清洗　　　C.清洁　　　D.清醒

4. 这些苹果虽然看起来一样,但是可以通过价格来____它们。

   A. 区别　　　　B. 区分　　　　C. 分析　　　　D. 分别

5. 人们拥有平等的受教育的____。

   A. 实力　　　　B. 势力　　　　C. 权力　　　　D. 权利

第35单元　Unit 35

◎ 目标词语　Target words

681. 券	682. 缺陷	683. 却是	684. 让座	685. 热点
686. 热水	687. 热水器	688. 热线	689. 人权	690. 认同
691. 日夜	692. 日语	693. 融合	694. 融入	695. 如
696. 如一	697. 乳制品	698. 入	699. 入学	700. 若

◎ 速记　Quick memory

681　券　quàn　n.　coupon

消费券；现金券
凭优惠券购买可以打五折。
对不起，没有入场券是不能进去的。

682　缺陷　quēxiàn　n.　defect

存在缺陷；明显缺陷
这家公司在管理中存在严重的缺陷。
这些残疾人虽然身体上有缺陷，但是他们有着坚强的意志。

683　却是　què shì　nevertheless

它的价格是最便宜的，清洁效果却是最好的。
他的手机终于打通了，那边说话的人却是我不认识的。

684　让座　ràng//zuò　offer one's seat (to sb.)

年轻人在公交车上给老人让座是很正常的。
一个抱小孩儿的女人上了车，好几个坐着的人站了起来要给她让座。

685　热点　rèdiǎn　n.　hot spot

旅游热点；研究热点；热点问题
这两家公司的竞争是目前的热点新闻。
这个栏目讨论的都是社会上的热点话题。

686　热水　rèshuǐ　n.　hot water

烧热水
我给你倒杯热水喝吧。
他连冬天洗澡都不用热水。

687　热水器　rèshuǐqì　n.　water heater

安装热水器的工人下午就过来。
家里热水器坏了，今天没办法洗澡了。

688 热线　rèxiàn　*n.*　hotline

热线电话
如果热水器坏了，您就打我们公司的服务热线。
喂，您好，这里是"市长热线"，请问您有什么需要反映的问题？

689 人权　rénquán　*n.*　human rights

人人得享人权
你们这样做侵犯了我们的人权。
生存权和发展权是最基本的人权。

690 认同　rèntóng　*v.*　identify, recognize, acknowledge, approve

无法认同；完全认同
老师提出的教育观念得到了家长们的高度认同。
我非常尊重您，但在这件事情上我不认同您的做法。

691 日夜　rìyè　*n.*　day and night

日夜不停
工人们日夜加班完成了这个任务。
他住院后，妈妈日夜守在他的身边照顾他。

692 日语　Rìyǔ　*n.*　Japanese

他在一所大学里教日语。
这些日语课本都是由我们专业的老师编写（biānxiě, compile）的。

693 融合　rónghé　*v.*　blend, mix together

融合在一起
这部作品完美融合了东西方的不同文化。
不同文明之间的差异是客观存在的，但文明之间可以相互融合，互相促进。

694 融入　róngrù　integrate into

融入大自然；融入社会
他不爱跟人交流，很难融入集体。
为了适应这个国家的生活，我努力融入新的文化环境。

695 如　rú

（1）*v.*　be as if, be like; for instance
她十年如一日地坚持帮助这些残疾人。
艺术的形式多种多样，如音乐、绘画、歌唱……
（2）*conj.*　if
如不相信，你就亲自来看看。
如您有疑问，请随时跟我们联系。

696 如一　rúyī　*v.*　be consistent

言行（yánxíng, words and deeds）如一；表里（biǎolǐ, one's outside show and inner thoughts）如一
教师和学生要团结如一，共同建设好我们的校园。

虽然这些年经历了很多困难，但我们的理想始终如一，从来没有改变。

697 **乳制品** rǔzhìpǐn *n.* dairy product

乳制品行业的生产管理必须严格。
最近十几年，中国乳制品的消费量大大提高。

698 **入** rù *v.* enter; join

入冬；入门
门上写着"禁止入内"，我们不能进去。
他入党时才19岁。

699 **入学** rù//xué start school

入学考试
收到大学的入学通知书时，我们全家人都高兴极了。
你孩子是什么时候入的学？

700 **若** ruò *conj.* if

若有人问你，你就说不知道。
你若不听医生的话，是很难康复的。

◎ 速练 Quick practice

一、先根据词语写拼音，再将词语和正确的英文释义连起来
Write Pinyin according to the words, and then match the words with the correct English definitions.

1. 券 _____   A. human rights
2. 缺陷 _____   B. coupon
3. 融合 _____   C. defect
4. 乳制品 _____   D. hot spot
5. 若 _____   E. if
6. 认同 _____   F. dairy product
7. 人权 _____   G. identify, recognize, acknowledge, approve
8. 热点 _____   H. blend, mix together

二、选择合适的词语填空 Choose the right words and fill in the blanks.

（一）   A. 券   B. 缺陷   C. 却是   D. 让座   E. 热点

1. 我印象中的他是个活泼爱笑的人，而现在坐在我对面的____一个严肃得让我有点儿害怕的人。

2. 目前的产品在设计上有明显的____，还需要改进。

3. 开奶茶店是现在投资的____项目，很多人都想尝试。

4. 这些现金____在这家商场可以直接当钱来使用，但是一次只能使用一张。

5. 如果别人给你____，你一定要说"谢谢"。

(二)　　A. 热水　　B. 热水器　　C. 热线　　D. 人权　　E. 认同

1. 我不____这个观点，我认为还需要长期的实践才能证明它是否正确。

2. 这台____恐怕修不好了，毕竟已经用了快十年了。

3. 应该在平等和尊重的基础上开展国际____问题的讨论和合作。

4. 除了网上报名以外，您也可以拨打我们的____电话报名参加这次活动。

5. ____用完了，我再去烧一壶。

(三)　　A. 日夜　　B. 日语　　C. 融合　　D. 融入　　E. 如

1. 这件产品的设计体现出了技术和艺术的____，既实用又漂亮。

2. 他是个爱财____命的人，找他借钱简直就像要他的命。

3. 热线电话____不停地响着，所以24小时都需要有人值班。

4. 据说____是世界上最难学的语言之一。

5. 他把所有的感情都____了这封长长的信。

(四)　　A. 如一　　B. 乳制品　　C. 入　　D. 入学　　E. 若

1. 他是个言行____的人，只要他说了，就一定会做到。

2. ____冬以来，蔬菜和水果的价格有明显提高。

3. 经过检测，这个品牌的____质量全部合格。

4. 你____想让我帮你，就必须答应我一个条件。

5. 根据____考试成绩，这些学生被分到了不同的班级。

三、选择合适的词语完成句子　Choose the right words to complete the sentences.

1. 这种不正常的家庭环境造成了他的心理____。

　　A. 缺点　　　　B. 缺陷　　　　C. 缺乏　　　　D. 缺少

2. 很多家长都把教育____集中在孩子的学习成绩上，这是不正确的。

　　A. 优点　　　　B. 特点　　　　C. 焦点　　　　D. 热点

3. 我们提出要给他捐款，他____拒绝了。

　　A. 却　　　　　B. 却是　　　　C. 但　　　　　D. 但是

4. 这只是你个人的意见，大家并不一定____。

　　A. 认为　　　　B. 承认　　　　C. 公认　　　　D. 认同

5. 我们每天的____都要注意营养搭配，这样才有利于健康。

　　A. 蔬菜　　　　B. 饮食　　　　C. 食品　　　　D. 乳制品

第36单元　Unit 36

◎ 目标词语　Target words

701. 塞	702. 赛	703. 赛场	704. 三明治	705. 丧失
706. 山峰	707. 山谷	708. 山坡	709. 伤口	710. 伤亡
711. 伤员	712. 商城	713. 上当	714. 上帝	715. 上市
716. 上台	717. 上演	718. 勺	719. 少儿	720. 舌头

◎ 速记　Quick memory

701　塞　sāi　v.　fill in, squeeze in

塞进去；塞住
没想到这么小的包能塞下这么多东西。
他的嘴里塞满了食物，根本没有办法开口（kāi//kǒu, open one's mouth）讲话。

702　赛　sài　v.　surpass; have a match

说到跑步，我们班没人能赛过他。
昨天跟隔壁班的同学赛了一场足球，我们赢了。

703　赛场　sàichǎng　n.　venue of a contest, competition arena

因为伤病，他不得不告别了他热爱的赛场。
他因为犯规被罚下去了，赛场上我们队现在只有10名球员了。

704　三明治　sānmíngzhì　n.　sandwich

我妈妈不喜欢吃三明治。
这个三明治里面夹了鸡蛋、牛肉和蔬菜。

705　丧失　sàngshī　v.　lose, forfeit

丧失勇气；丧失自由；丧失能力；丧失理智
连续输了五场比赛，大家已经丧失信心了。
他的头在交通事故中受了伤，丧失了记忆。

706　山峰　shānfēng　n.　peak

远处那些高高的山峰美极了。
翻过前面那座山峰就有一个小村庄。

707　山谷　shāngǔ　n.　(mountain) valley

这座山谷中有一条小河。
前方就要进入那个神秘的山谷了，大家心里都有点儿紧张。

708　山坡　shānpō　n.　hillside

春天的时候，山坡上开满了小花。

第 36 单元

孩子们笑着、叫着从山坡上跑下来。

709 伤口 shāngkǒu *n.* wound

伤口不小心碰到了水，发炎了。
这条伤口太深了，流了不少血。

710 伤亡 shāngwáng

（1）*v.* be injured or killed
这场战争伤亡无数。
这次事故伤亡了十多人。
（2）*n.* casualties
伤亡人数
在这次战争中，两个国家都有伤亡。
幸运的是，这次地震没有造成太大的伤亡。

711 伤员 shāngyuán *n.* the wounded

慰问伤员
医生正在抢救伤员。
领导们要来医院看望事故伤员。

712 商城 shāngchéng *n.* shopping mall

这附近又有一家大型商城要开业了。
这个商城里吃的、穿的、玩儿的，什么都有。

713 上当 shàng//dàng be fooled

避免上当
他很容易相信别人，所以常常上当。
我就是因为太信任他，才上了他的当。

714 上帝 Shàngdì *n.* God

有的人认为是上帝创造了世界。
卖东西的人常常说："顾客就是上帝。"

715 上市 shàng//shì appear on the market; list, go public

6月份正是荔枝（lìzhī, litchi）大量上市的时候。
这只股票刚上市就跌了，我亏了不少钱。
这家公司去年在香港上的市，现在股票价格涨了不少。

716 上台 shàng//tái appear on a stage; come to power

上台发言
我正要上台表演的时候，电话响了。
他是2015年上的台，一直在我们单位当领导。

717 上演 shàngyǎn *v.* put on the stage

这部电影下个月就要上演了。
电视剧里的悲剧竟然在生活中上演了。

159

718 勺　sháo　n.　spoon

勺子
这把小勺是给孩子用的。
您给我加一勺米饭吧，我没吃饱。

719 少儿　shào'ér　n.　children

少儿栏目；少儿节目
我给孩子订了一本少儿杂志。
有些电视节目不适合少儿观看。

720 舌头　shétou　n.　tongue

他吃饭的时候不小心把舌头咬破了。
你在发这个音的时候要注意舌头的位置。

◎ 速练　Quick practice

一、先根据词语写拼音，再将词语和正确的英文释义连起来
Write Pinyin according to the words, and then match the words with the correct English definitions.

1. 三明治 _____　　A. spoon

2. 赛场 _____　　B. tongue

3. 丧失 _____　　C. be fooled

4. 山峰 _____　　D. hillside

5. 上当 _____　　E. peak

6. 勺 _____　　F. lose, forfeit

7. 山坡 _____　　G. venue of a contest, competition arena

8. 舌头 _____　　H. sandwich

二、选择合适的词语填空　Choose the right words and fill in the blanks.

（一）　A. 塞　　B. 赛　　C. 赛场　　D. 三明治　　E. 丧失

1. A：走，打篮球去！

　 B：今天人不够，____不起来。

2. 他虽然身体有残疾，但并没有____思考的能力。

3. 重新回到____，这个老球员激动得流下了眼泪。

4. ____是一种典型的西式食品。

5. 外面特别吵，我只好用棉球把耳朵____起来写作业。

（二） A.山峰　　B.山谷　　C.山坡　　D.伤口　　E.伤亡

1. 那片____里非常安静，只能偶尔听到几声鸟叫。

2. 家里没有药，只能先用淡盐水冲一下儿____。

3. 灾难发生得太突然了，____人数目前还不清楚。

4. 这座____的高度是多少？

5. 我躺在____上，阳光洒在身上舒服极了。

（三） A.伤员　　B.商城　　C.上当　　D.上帝　　E.上市

1. 这个____是专门卖服装的。

2. 这是刚____的新产品，所以不打折。

3. 现场发现的五名____已经送到医院去了。

4. 真的是____创造了世界和人类吗？

5. 没想到他这么精的人也有____的时候。

（四） A.上台　　B.上演　　C.勺　　D.少儿　　E.舌头

1. 现在我们有请马经理____讲话，大家鼓掌！

2. 很多母亲对____健康的相关知识很感兴趣。

3. ____是人类身体的重要器官。

4. 中国人用筷子吃饭，用____喝汤。

5. 他们的话剧这个星期每天都在人民剧场____。

三、选择合适的词语完成句子　Choose the right words to complete the sentences.

1. 奶奶偷偷把钱____到了我包里。

　　A.堵　　　　B.塞　　　　C.按　　　　D.盖

2. ____亲人的痛苦，我比谁都清楚。

　　A.失去　　　B.丧失　　　C.损失　　　D.消失

3. 你知道世界最高的____是哪座吗？

　　A.山峰　　　B.山坡　　　C.山谷　　　D.山区

4. 父母离婚总是会让孩子受到____。

　　A.伤员　　　B.伤口　　　C.伤亡　　　D.伤害

5. 他一____就进行了大规模的改革。

　　A.演出　　　B.扮演　　　C.上演　　　D.上台

第 37 单元　Unit 37

◎ 目标词语　Target words

721. 设计师	722. 涉及	723. 深化	724. 深深	725. 审查
726. 升级	727. 升学	728. 升值	729. 生活费	730. 省钱
731. 圣诞节	732. 盛行	733. 师父	734. 师生	735. 时而
736. 时节	737. 时期	738. 时时	739. 时装	740. 识

◎ 速记　Quick memory

721　设计师　shèjìshī　n.　designer

建筑设计师；桥梁设计师
他们聘请了一位新的服装设计师。
房子开始装修前，设计师的设计图就已经做好了。

722　涉及　shèjí　v.　involve

这次调研进行了差不多一年，涉及十多个国家。
这本书的内容特别丰富，涉及中国的文化、科学、经济等方面。

723　深化　shēnhuà　v.　deepen

深化认识；深化友谊
他们俩的矛盾不断深化。
领导在会议上强调，要持续深化改革，巩固发展成果。

724　深深　shēnshēn　deeply

他被眼前的女孩儿深深地吸引住了。
他深深低下头，说了一声"谢谢"。

725　审查　shěnchá　v.　examine, check

仔细审查
他的申请经过了严格的审查才被批准。
学校对今年的科研经费支出进行了审查。

726　升级　shēng//jí　upgrade

矛盾升级；服务升级
为了推动技术升级，企业投入了大量资金。
这台电脑的操作系统刚升了级，使用起来更方便了。

727　升学　shēng//xué　go to a school of a higher grade/level

升学压力；升学考试
未能升学的初中生可以接受职业教育。
我们要保护残疾人在升学、就业等方面的权利。

| 728 | 升值 | shēngzhí | v. | appreciate; rise in value |

在这个好消息的影响下,人民币升值了。
我去年80万买的房子升值了,今年可以卖90万呢。

| 729 | 生活费 | shēnghuófèi | n. | living expenses |

读大学的时候,妈妈每个月给我2000元生活费。
来这所高中学习不但不用交学费,每个月反而可以领生活费呢。

| 730 | 省钱 | shěng//qián | | save money |

自己在家做饭吃既省钱又卫生。
他用平时省下来的钱买了一台笔记本电脑。

| 731 | 圣诞节 | Shèngdàn Jié | n. | Christmas |

圣诞节是西方最重要的节日之一。
中国人没有过圣诞节的传统,但是那时候很多商场会有打折等优惠活动。

| 732 | 盛行 | shèngxíng | v. | prevail, be very popular |

这种服装盛行于二十世纪末。
有些地区现在还盛行这种风俗,也算一种文化特色。

| 733 | 师父 | shīfu | n. | master who gives instruction in any trade, business or art |

师父不但把我养大了,还教我功夫。
"师父"比"师傅"带有更多尊敬的意味。

| 734 | 师生 | shīshēng | n. | teacher and student |

师生互动;师生交流
他和学生建立了良好的师生关系。
他们师生之间的感情就像父子一样。

| 735 | 时而 | shí'ér | adv. | sometimes; by turns |

窗外很安静,时而传来两声鸟叫。
这个季节,时而下雨,时而出太阳。

| 736 | 时节 | shíjié | n. | season; time |

现在正是农民们忙着收获的时节。
这个春暖花开的时节,适合出去走走。

| 737 | 时期 | shíqī | n. | period |

特殊时期;战争时期;困难时期;学生时期;历史时期
生活在和平时期的我们是多么幸福啊!
你刚入学,现在还处于过渡时期,有点儿不适应很正常。

| 738 | 时时 | shíshí | adv. | often |

他时时提醒自己一定不能让悲剧再次发生。
这件事已经过去三十年了,但我还时时想起当时的情景。

739 时装　shízhuāng　n.　fashionable dress

时装展览
生日时，丈夫送给她一套品牌时装。
这家服装公司每年都会举办两场时装表演。

740 识　shí　v.　know

他才三岁，还不识字呢。
他是个识货的人，一眼就看出这个东西值不少钱。

◎ 速练　Quick practice

一、先根据词语写拼音，再将词语和正确的英文释义连起来
Write Pinyin according to the words, and then match the words with the correct English definitions.

1. 设计师 _____　　　　A. involve

2. 审查 _____　　　　　B. examine, check

3. 升级 _____　　　　　C. living expenses

4. 圣诞节 _____　　　　D. designer

5. 时装 _____　　　　　E. upgrade

6. 涉及 _____　　　　　F. fashionable dress

7. 生活费 _____　　　　G. Christmas

8. 盛行 _____　　　　　H. prevail, be very popular

二、选择合适的词语填空　Choose the right words and fill in the blanks.

（一）　A. 设计师　　B. 涉及　　C. 深化　　D. 深深　　E. 审查

1. 她的善良____感动了我们。

2. 他是一名儿童玩具____，他的作品深受孩子们欢迎。

3. 随着不断学习，我们对世界的认识也在不断____。

4. 我们对这些人的背景做了仔细的____。

5. 这项研究____的范围很广，有许多不同专业背景的科研人员参与研究。

（二）　A. 升级　　B. 升学　　C. 升值　　D. 生活费　　E. 省钱

1. 随着城市经济的发展，这儿的土地也都____了。

2. A：这个月的____怎么这么高？
   B：那天请客花了不少钱，你忘了？

3. 为了____，她平时都是买打折的商品。

4. 由于一些特殊的原因，今年的____考试将推迟一个月举行。

5. 现在我们的服务____，价格不变，欢迎新老顾客前来体验。

（三）　　A.圣诞节　　B.盛行　　C.师父　　D.师生　　E.时而

1. 他家里摆着圣诞树，还有不少圣诞礼物，____的气氛非常浓。

2. 骑自行车出行作为一种环保交通方式正逐渐____。

3. 我在房间忙工作，妻子____进来给我倒杯茶。

4. 我们要用____平等的态度来看待这个问题，不能说老师就一定是对的。

5. 我能取得今天的成就都是因为____教得好。

（四）　　A.时节　　B.时期　　C.时时　　D.时装　　E.识

1. 他把孩子的照片放在钱包里，这样就可以____看到了。

2. 一到梅花开放的____，那个公园里就有许多赏花的人。

3. 今天商城里有____展览，我们去逛逛，买两件吧。

4. 我刚到这个地方，不____路，麻烦您带我去吧。

5. 他的童年____是跟爷爷奶奶一起度过的，充满了美好和幸福。

三、选择合适的词语完成句子　Choose the right words to complete the sentences.

1. 这个____的苹果又贵又不好吃。

　　A.节日　　　　B.时节　　　　C.此时　　　　D.时代

2. 这次食品安全事故____全市五十多家超市。

　　A.涉及　　　　B.普及　　　　C.干涉　　　　D.以及

3. 不同国家的电影____制度是不同的。

　　A.调查　　　　B.检查　　　　C.查询　　　　D.审查

4. 这个运动员很有潜力，他的水平还有____的空间。

　　A.增加　　　　B.上升　　　　C.增多　　　　D.升值

5. 智能手机极大地方便了人们的生活，____智能手机带来的问题也不能忽视。

　　A.因而　　　　B.然而　　　　C.从而　　　　D.时而

第38单元　Unit 38

◎ 目标词语　Target words

741. 识字	742. 实践	743. 食欲	744. 市民	745. 事后
746. 试点	747. 适当	748. 收藏	749. 收取	750. 收养
751. 手续费	752. 首	753. 首次	754. 首脑	755. 首席
756. 首相	757. 书房	758. 薯片	759. 薯条	760. 双打

◎ 速记　Quick memory

741　识字　shí//zì　become literate

奶奶虽然不识字，却懂得很多关于人生的大道理。
你不要因为自己识几个字，就觉得自己了不起。

742　实践　shíjiàn

（1）*v.*　practise, put into practice
教师应该积极地实践新的教学模式和教学方法。
你们已经具备了丰富的理论知识，接下来就是要多多实践。
（2）*n.*　practice
缺乏实践
理论和实践应该相互结合，相互促进。
实践证明，领导的重视是推进好工作的重要条件。

743　食欲　shíyù　*n.*　appetite

我最近食欲不好，吃什么都觉得没有味道。
运动可以促进食欲，你看那些上完体育课回来的孩子，一个个吃得多香。

744　市民　shìmín　*n.*　citizen

广大市民；市民代表；市民大会
市民们都很关心食品安全问题。
这是一次面向全体市民的免费健康检查。

745　事后　shìhòu　*n.*　time after an event

事后我们要认真总结这次工作的经验和教训。
我去找他借词典的时候，他刚好没在，我就自己拿走了，事后才告诉他。

746　试点　shìdiǎn

（1）*v.*　launch a pilot project
这次的教育改革在十多所学校进行了试点。
这项工作将试点三年，然后根据结果来决定以后的发展方向。
（2）*n.*　experimental unit
试点项目；试点方案；试点单位
我们要扩大试点，从而获取更多有效数据。

我们对这些试点企业每年都会进行严格的审查。

747 适当 shìdàng *adj.* suitable

他目前没空儿，以后有适当的机会再跟他商量吧。
市场情况有变化，所以我们的管理也要做出适当调整。

748 收藏 shōucáng *v.* collect

收藏家；收藏字画；收藏古书
他收藏了很多珍贵的邮票。
老先生把自己收藏多年的画儿都捐给了博物馆。

749 收取 shōuqǔ *v.* get (payment), levy (a tax, fee, etc.)

走高速公路的话，会收取一定费用。
这些服务会根据市场标准收取一些费用。

750 收养 shōuyǎng *v.* take in and bring up, adopt

他们收养了一个在地震中失去父母的孤儿。
他昨天收养了一只小狗，一带回家就给它洗了个澡。

751 手续费 shǒuxùfèi *n.* service charge

办理签证需要交手续费。
有的银行为了吸引客户，取消了一些业务的手续费。

752 首 shǒu *n.* the head, the first; leader

这篇文章的首尾部分都需要修改。
以著名歌唱家李天星为首的代表团昨天访问了我们学校。

753 首次 shǒucì first time

首次面临
他的首次表演就取得了巨大成功。
他首次参加世界大学生运动会就获得了冠军。

754 首脑 shǒunǎo *n.* head, leader, chief

政府首脑
参加这次开幕式的有各国首脑。
两国领导人今年举行了多次首脑会议。

755 首席 shǒuxí

（1）*n.* seat of honour
首席上坐着的是市长。
您是贵客，请您坐首席。
（2）*adj.* chief
这位是我们公司的首席代表。
这次项目的首席专家是从北京大学聘请来的。

756 首相 shǒuxiàng *n.* prime minister

英国首相下个月将要访问美国。

167

新首相在他的办公室接受了媒体采访。

757 书房 shūfáng *n.* study, library (in a private residence)

爸爸在书房里工作呢,你别去打扰他。
因为家里人多,我们就把书房改造成了一个小卧室。

758 薯片 shǔpiàn *n.* potato chip

他一边吃薯片,一边看电视。
妈妈说薯片是垃圾食品,不让我多吃。

759 薯条 shǔtiáo *n.* French fries

我觉得薯条凉了就不好吃了。
这薯条是新做的,脆脆的,很好吃。

760 双打 shuāngdǎ *n.* doubles

男子双打
这是一场女子网球双打比赛。
这次男女混合双打中的男运动员表现特别好,女运动员稍微差了一点儿。

◎ 速练 Quick practice

一、先根据词语写拼音,再将词语和正确的英文释义连起来
Write Pinyin according to the words, and then match the words with the correct English definitions.

1. 首脑 _____   A. practise, put into practice; practice

2. 薯条 _____   B. appetite

3. 收藏 _____   C. collect

4. 首相 _____   D. service charge

5. 薯片 _____   E. prime minister

6. 食欲 _____   F. potato chip

7. 实践 _____   G. French fries

8. 手续费 _____   H. head, leader, chief

二、选择合适的词语填空 Choose the right words and fill in the blanks.

(一) A. 识字   B. 实践   C. 食欲   D. 市民   E. 事后

1. 我今天一点儿____也没有,你们吃吧,不用等我了。

2. 这是一个骗人的广告,最近有不少____上当。

3. 教儿童____最好采用有趣的方式,比如画图、讲故事。

4. 前两天他们吵架了，____谁也不理谁。

5. 由于缺乏____，他们的水平和能力很难有大的提高。

（二）　　A. 试点　　　B. 适当　　　C. 收藏　　　D. 收取　　　E. 收养

1. 每天进行____运动有利于病人的身体恢复。

2. HSK 考试是要____报名费的。

3. 你们需要先办理____手续，然后才能把这个孩子带回家。

4. 由于在____中取得了不错的成绩，公司决定推广这个项目。

5. 这些书很值得____，因为现在都已经买不到了。

（三）　　A. 手续费　　B. 首　　　C. 首次　　　D. 首脑　　　E. 首席

1. 如果在网上订票，需要付5元____。

2. 这是他当总统后进行的____国外访问。

3. 作为公司的____律师，你的意见对我们来说非常重要。

4. 该国政府____今天中午接受了媒体采访。

5. 这个词语一般放在句____，不放句子中间或最后。

（四）　　A. 首相　　　B. 书房　　　C. 薯片　　　D. 薯条　　　E. 双打

1. ____宣布了他辞职的决定。

2. 这间____又大又明亮，非常适合学习和工作。

3. 这根____掉到地上了，不能吃。

4. 两个运动员之间的配合在____中非常重要。

5. 我喜欢吃切得薄一些的____。

三、选择合适的词语完成句子　Choose the right words to complete the sentences.

1. 他将担任这家企业的____工程师。

　　A. 首　　　　　B. 首席　　　　　C. 首脑　　　　　D. 首相

2. 祖国（zǔguó, motherland）和平、繁荣是我们全体____的愿望。

　　A. 市民　　　　B. 国民　　　　　C. 移民　　　　　D. 居民

3. 我觉得他们俩的组合非常____双打比赛，因为各有优势，还能互相补充。

　　A. 适合　　　　B. 适当　　　　　C. 适用　　　　　D. 适应

4. 父母为了____他的识字能力，给他买了不少书。

  A. 培养　　　　B. 保养　　　　C. 修养　　　　D. 收养

5. 这个理论还没有经过____检验，不一定就是正确的。

  A. 实行　　　　B. 实施　　　　C. 实现　　　　D. 实践

第39单元　Unit 39

◎ 目标词语　Target words

761. 爽	762. 水泥	763. 税	764. 顺	765. 说明书
766. 说实话	767. 司长	768. 死亡	769. 四处	770. 寺
771. 送礼	772. 送行	773. 素质	774. 算了	775. 算是
776. 虽	777. 岁数	778. 所	779. 踏实	780. 塔

◎ 速记　Quick memory

761　爽　shuǎng　*adj.*　feeling well

夏天很热的时候喝冰可乐特别爽。
最近感觉身体不爽，可能是天气的原因吧。

762　水泥　shuǐní　*n.*　cement

建筑水泥；水泥厂
这儿的水泥没干，暂时不能走。
他们工厂生产的水泥质量特别好。

763　税　shuì　*n.*　tax

交税是每个公民的义务。
税务员是负责收税的政府工作人员。

764　顺　shùn

（1）*adj.*　smooth, successful
最近我的运气很差，做什么事情都不顺。
他的事业一直很顺，不到30岁就已经当上经理了。
（2）*v.*　face in the same direction as; put in order, get straight; be suitable; obey
飞机在顺风的情况下也可以起飞。
这篇文章你还需要再顺一顺。
这幅画儿挂在书房里不合适，挂在客厅里看着就顺眼多了。
不能什么事情都顺着孩子，家长要有原则。
（3）*prep.*　along
你顺着这条小河走，很快就能走出山谷了。
我们顺大路开了半个小时才找到一个加油站。

765　说明书　shuōmíngshū　*n.*　instruction book

使用说明书
你要严格地按照说明书服药，吃多了吃少了都不行。
我把产品的说明书弄丢了，现在不知道怎么安装，只好打他们的服务热线。

766　说实话　shuō shíhuà　tell (sb.) the truth

说实话，我觉得没必要那么早教小孩子识字。

说实话,这些优惠券并没有什么用,只是商家吸引顾客的一种手段。

767 司长 sīzhǎng *n.* director of a department (in a ministry)

这位司长是教育部中主管语言文字工作的。
外交部的一位司长今天主持召开了新闻发布会。

768 死亡 sǐwáng *v.* die

医生检查后宣布伤员已经死亡。
面对死亡的时候,他是那么平静。

769 四处 sìchù *n.* everywhere

四处寻找
这些天他陪同朋友四处参观。
那儿四处都是沙漠,走上一天也碰不到一户人家。

770 寺 sì *n.* temple

那个山里有一座非常著名的佛寺。
古寺内生长着两棵已经超过百岁的大树。

771 送礼 sòng//lǐ give a gift

现在办事都讲究公平、公正,送礼没有用。
他们给我送了礼,但是我没收,因为我不愿意帮他们做那些违法的事。

772 送行 sòng//xíng see sb. off

她站在送行的人群中默默流下了眼泪,因为这一次分别后可能就再也不会见面了。
我下午去给朋友送行,我们约好明年再见。

773 素质 sùzhì *n.* (inherent/acquired) quality

文学素质;个人素质
他的心理素质很好,在巨大的压力下也能保持冷静。
除了军事素质,这些中国军人还具有很高的科学文化素质。

774 算了 suànle *v.* forget it, let it go

算了,别说了,事情已经过去了。
如果他不愿意帮忙就算了,毕竟这件事跟他也没有关系。

775 算是 suànshì *adv.* at long last

这个词的用法我算是弄明白了。
我们早就想办这件事,现在算是办成了。

776 虽 suī *conj.* although

他虽是被收养的孩子,但也得到了父母全部的爱。
这份工作挣的钱虽不多,但帮我积累了大量的实践经验。

777 岁数 suìshu *n.* (referring to an elderly person) age

老先生,您今年多大岁数了?
他的父母都上岁数了,需要人照顾。

778 **所** suǒ *pt.* *used together with "为" or "被" to express a passive meaning; used before a verb to form a noun phrase with the verb as an attribute in a sentence*

你不要只是被表面现象所吸引，要深入调查后再做决定。
我们所考虑的是如何改进技术，提高产品质量。

779 **踏实** tāshi *adj.* steady and sure; free from anxiety

小张的工作态度很踏实，把这个任务交给他，领导很放心。
听到医生说母亲的手术很成功，他的心踏实了下来。

780 **塔** tǎ *n.* pagoda

海边有一座白色的灯塔。
那个寺里有一座高高的佛塔。

◎ **速练** Quick practice

一、先根据词语写拼音，再将词语和正确的英文释义连起来
Write Pinyin according to the words, and then match the words with the correct English definitions.

1. 水泥 _____   A. feeling well
2. 税 _____   B. tax
3. 寺 _____   C. smooth, successful; face in the same direction as;
4. 塔 _____   put in order, get straight, be suitable; obey; along
5. 顺 _____   D. temple
6. 爽 _____   E. (inherent/acquired) quality
7. 素质 _____   F. steady and sure; free from anxiety
8. 踏实 _____   G. cement
                       H. pagoda

二、选择合适的词语填空 Choose the right words and fill in the blanks.

（一） A. 爽   B. 水泥   C. 税   D. 顺   E. 说明书

1. ____是一种常见的建筑材料。

2. 有些商品的____非常高，比如烟、酒。

3. 有的家电操作起来特别麻烦，不看____就完全不会用。

4. 你就____着他说的去做，别再让他不高兴了。

5. A：洗个澡舒服一些了吗？
   B：感觉____多了，刚回来时一身汗，特别难受。

（二） A. 说实话　　B. 司长　　C. 死亡　　D. 四处　　E. 寺

1. 农业农村部国际合作司____在会议中谈到了明年我国的农业国际合作计划。

2. 父亲做手术需要很大一笔钱，他只好____去借。

3. A：你觉得他收藏的这些邮票怎么样？

　　B：____，大部分都不是很有收藏价值。

4. 他每年都要去____里住两个月，他说住在那儿可以好好地思考人生。

5. 看着他一步步走向____，我痛苦极了，却又什么也做不了。

（三） A. 送礼　　B. 送行　　C. 素质　　D. 算了　　E. 算是

1. 我们今天这顿饭是为你____的，来，干杯！祝你明天一路平安！

2. 不要总想着通过____、请客的方式来解决问题，要想想怎么提高自己的能力。

3. 我认为教育的目的应该是培养学生的综合____，而不仅仅是某一门课的成绩。

4. 既然你们俩都过得这么痛苦，干脆离婚____。

5. 我____明白了，原来你以前说的话都是骗我的！

（四） A. 虽　　B. 岁数　　C. 所　　D. 踏实　　E. 塔

1. 他不在乎工资有多少，他____关心的是这份职业是否有发展前途。

2. 他虽然____不大，但说话、办事都十分成熟。

3. 由于很多困难还没解决，小王的心理压力很大，晚上也睡不____。

4. 这座____是当地的名胜，已经有几百年的历史了。

5. 他们____是工作上的竞争对手，生活中却是亲密的朋友。

三、选择合适的词语完成句子　　Choose the right words to complete the sentences.

1. ____他们是蓝领工人，可也都受过良好的教育。

　　A. 虽　　　　B. 既　　　　C. 虽然　　　　D. 既然

2. 就这么____吧，也不是什么大事。

　　A. 算了　　　B. 算是　　　C. 计算　　　　D. 就算

3. 您现在购买这个热水器，我们立即____价值三百元的电饭锅。

　　A. 送礼　　　B. 送给　　　C. 赠送　　　　D. 送行

4. 搬到这儿以后，我的生活是____不顺，不是生病，就是丢工作。

　　A. 四处　　　B. 哪儿　　　C. 处处　　　　D. 处于

5. 耐心是从事服务行业的人应该具备的基本____。

　　A. 性质　　　B. 特质　　　C. 本质　　　　D. 素质

第40单元　Unit 40

◎ 目标词语　Target words

781. 踏	782. 台灯	783. 太阳能	784. 叹气	785. 探索
786. 探讨	787. 趟	788. 掏	789. 特	790. 特大
791. 特地	792. 特快	793. 特意	794. 疼痛	795. 踢
796. 提交	797. 提升	798. 天然	799. 天堂	800. 天下

◎ 速记　Quick memory

781　踏　tà　v.　tread, step on

我往前踏了一大步。
18岁的他背着行李踏上了开往北京的列车。

782　台灯　táidēng　n.　table lamp

他的书桌上摆着一个蓝色的小台灯。
已经12点了，可书房的台灯还亮着，爸爸还在加班工作。

783　太阳能　tàiyángnéng　n.　solar energy

太阳能发电；太阳能汽车；太阳能资源；利用太阳能
安装了太阳能热水器以后，每个月确实能省不少钱。
太阳能电池是可以在充电以后反复使用的，比普通电池更加环保。

784　叹气　tàn//qì　sigh

碰到麻烦叹气有什么用？你要想办法去解决呀。
爸爸深深叹了一口气说："你实在想去就去吧，只是一定要注意安全。"

785　探索　tànsuǒ　v.　explore

不断探索；探索下去
人类对大自然的探索从来没有停止过。
科学探索的过程往往是艰苦而漫长的。

786　探讨　tàntǎo　v.　discuss

值得探讨
这群年轻人常常在一起探讨人生。
他们正在围绕一个学术问题展开探讨。

787　趟　tàng　m.　a measure word for round trips

我每天都要去一趟超市，买新鲜蔬菜和水果。
办理住院手续的时候，我楼上楼下跑了好几趟。

788　掏　tāo　v.　draw out

他从口袋里掏出了一个钱包。

树下有一个洞,皮球掉进去以后很难掏出来。

789 特 tè *adv.* very

最近他的食欲特好,每顿都能吃三碗米饭。
小马特爱收集汽车模型,已经收集了一百多个了。

790 特大 tèdà *adj.* particularly significant/important, especially big

特大事故;特大消息
电视里正在播放特大新闻。
经历了这次特大灾难后,他对人生有了新的理解。

791 特地 tèdì *adv.* specially

听说我要回来,妈妈特地做了一桌我最爱吃的菜。
他知道我爱好绘画以后,特地去了一趟书店给我买来了这些书。

792 特快 tèkuài *adj.* special express (train); express

这列特快火车的速度为每小时200公里。
支付100元就可以享受我们的特快安装服务,不需要排队等候。

793 特意 tèyì *adv.* specially, on purpose

这套新衣服是特意为你们的婚礼准备的。
我知道你特意说这些话就是为了安慰我,谢谢!

794 疼痛 téngtòng *adj.* painful, aching

缓解疼痛
这种药可以减轻疼痛。
手术刚做完的那两天,伤口疼痛,现在好多了。

795 踢 tī *v.* kick

踢球
他气得一脚把门踢开走了出去。
足球比赛中踢人的行为是犯规的。

796 提交 tíjiāo *v.* submit

提交论文
经理要求我们每个月提交一次工作报告。
白小姐提交的休假申请已经得到了批准。

797 提升 tíshēng *v.* promote

他工作踏实、努力,所以提升得很快。
如果想在工作岗位上有进一步的提升,你还需要继续努力。

798 天然 tiānrán *adj.* natural

天然景色;天然资源
这些古老的房子都是利用天然材料建成的。
从历史的角度来看,这两个国家之间存在着天然的联系。

799 **天堂** tiāntáng *n.* paradise

这儿的生活简直就像<u>天堂</u>一样，太幸福了！
人们常说这座城市就是人间<u>天堂</u>，因为景色非常美丽。

800 **天下** tiānxià *n.* land under heaven, the world

古代的皇帝认为<u>天下</u>都是属于他一个人的。
"<u>天下</u>之大，无奇不有。"这句话的意思是世界非常大，什么奇怪的事情都有。

◎ 速练 Quick practice

一、先根据词语写拼音，再将词语和正确的英文释义连起来
Write Pinyin according to the words, and then match the words with the correct English definitions.

1. 台灯 _____   A. sigh
2. 太阳能 _____ B. explore
3. 叹气 _____   C. tread, step on
4. 掏 _____   D. painful, aching
5. 疼痛 _____   E. table lamp
6. 天堂 _____   F. solar energy
7. 探索 _____   G. draw out
8. 踏 _____   H. paradise

二、选择合适的词语填空 Choose the right words and fill in the blanks.

（一） A. 踏   B. 台灯   C. 太阳能   D. 叹气   E. 探索

1. 这个____是买洗衣机的时候，商家免费送的。
2. 随着科技的进步，人类加快了对海洋的____。
3. 考试成绩出来后他就一直在____，不知道该怎么告诉父母。
4. 20年后再次____上家乡的土地，他流下了激动的泪水。
5. 这家企业在____的利用方面处于行业领先地位。

（二） A. 探讨   B. 趟   C. 掏   D. 特意   E. 特大

1. 孩子的玩具滚到床底下去了，我____不出来，你试试。
2. 我觉得你的观点非常有意思，值得我们进一步____。
3. 王老师在找你，来了两____也没碰到你。
4. 我____带了一个大行李箱，就是打算多买些东西回去送给朋友们。

5. 儿子考上了北京大学，这可是我们家的____事件啊！

（三） A. 特地　　B. 特快　　C. 特　　D. 疼痛　　E. 踢

1. 我们为有需要的顾客开通了____业务办理窗口，手续费最低5元。

2. 这个球没有____进，真是太可惜了！

3. 为了参加我的毕业典礼，妈妈____买了一条新裙子。

4. 他在课堂上的思维____活，老师们都很喜欢他。

5. 不常锻炼的人突然运动后可能会出现肌肉____的情况。

（四） A. 提交　　B. 提升　　C. 天然　　D. 天堂　　E. 天下

1. 我们会把收集到的证据都____给法庭。

2. 人们普遍认为____食品有更高的营养价值。

3. 人民的____是战士们用生命换来的。

4. 他们相信善良的人死了以后能上____。

5. 因为职位长期得不到____，所以他打算辞职。

三、选择合适的词语完成句子　Choose the right words to complete the sentences.

1. 排队的时候我不小心____到了站在我后面人的脚。

　　A. 跳　　　　B. 踏　　　　C. 踩　　　　D. 跨

2. 他在台上讲话时，表现得很____，一点儿都不紧张。

　　A. 天然　　　B. 天真　　　C. 自然　　　D. 当然

3. 如果对方要求的材料不能按时____，我们就无法参加这次会议。

　　A. 提前　　　B. 提高　　　C. 提升　　　D. 提交

4. 我们对这个问题进行了集体____，最后得出了这一结论。

　　A. 探讨　　　B. 搜索　　　C. 线索　　　D. 根据

5. 奶奶不是不喜欢吃，是____钱，舍不得买。

　　A. 疼　　　　B. 心疼　　　C. 痛苦　　　D. 疼痛

第41单元　Unit 41

◎ 目标词语　Target words

801. 添	802. 田	803. 田径	804. 跳水	805. 听取
806. 通报	807. 通道	808. 通红	809. 通话	810. 通行
811. 通讯	812. 同	813. 同胞	814. 同行	815. 同期
816. 同一	817. 铜牌	818. 头疼	819. 投票	820. 透露

◎ 速记　Quick memory

801 **添**　tiān　*v.*　add, get/give more

添饭
真是不好意思，给您添麻烦了。
咱们厂最近又添了几台进口设备。

802 **田**　tián　*n.*　field, farmland

煤田；油田；水田
我是农民的孩子，从小跟着父母一起种田。
他既没有田，也没有房，只好去大城市打工。

803 **田径**　tiánjìng　*n.*　athletics

田径比赛
这位是我们国家著名的田径运动员。
田径运动包括跑步、跳高、跳远等很多项目。

804 **跳水**　tiàoshuǐ　*v.*　dive

中国队在跳水项目上具有绝对的优势。
这个16岁的女孩儿获得了跳水比赛的冠军。

805 **听取**　tīngqǔ　*v.*　listen to

听取建议；听取批评；虚心听取
他每周都要听取员工们的工作汇报。
王经理在会议上认真听取了大家的意见。

806 **通报**　tōngbào

（1）*v.*　circulate a notice
通报表扬；通报消息；及时通报
事故发生后，相关消息被立即通报给了上级部门。
我们对违反安全管理规定的工人进行了通报批评。

（2）*n.*　circular
关于这个季度销售情况的通报我已经看过了。
今天上午我们听取了关于明年工作计划的通报。

807 **通道** tōngdào　*n.*　passageway

南北通道
地下通道建成后，人们过马路方便多了。
这两座大楼之间有一条通道把它们连接了起来。

808 **通红** tōnghóng　*adj.*　very red

冻得通红
孩子发烧了，烧得小脸通红。
你看她多伤心，眼睛哭得通红。

809 **通话** tōng//huà　communicate by telephone

语音通话
对不起，您所拨打的用户正在通话中，请稍后再拨。
两国领导人进行了视频通话，讨论进一步的经济合作计划。

810 **通行** tōngxíng　*v.*　pass through; be in common use

自由通行；顺利通行；停止通行；世界通行；全国通行
这条路今天禁止通行，因为要维修。
普通话是全中国都通行的语言。

811 **通讯** tōngxùn　*n.*　news report

这篇通讯文章是王老师写的。
《人民日报》上发表了一篇关于人口问题的通讯。

812 **同** tóng

（1）*adj.*　same
我俩的生日是同一天。
这个软件可以满足不同用户的需求。
（2）*adv.*　together
我们同在一家企业工作。
他们俩每天同吃同住，关系变得越来越好。
（3）*prep.*　with
我有件事要同你商量。
今年水果的价格同去年差不多。
他同这件事无关，你们有什么问题就问我吧。

813 **同胞** tóngbāo　*n.*　sibling (born of the same parents); compatriot

同胞姐妹
我们是同胞兄弟，当然要互相帮助。
今天晚上有一个中国同胞的聚会，你也一起来吧。

814 **同行** tóngháng　*n.*　person of the same occupation/trade

同行之间有竞争很正常，但是也应该互相学习和支持。
昨天在火车上遇到了一个同行，聊了不少工作上的事情。

815 **同期** tóngqī　*n.*　corresponding period

这个城市今年3月的降水量比去年同期增加了20毫米。

我和他都上过那个培训班，而且还是同期毕业的，算是同学吧。

816 **同一** tóngyī *adj.* same

同一方向；同一结果；同一想法；同一命运
我们都在为考上大学这个同一目标而努力学习。
他们是在同一环境中长大的，为什么性格差异这么大呢？

817 **铜牌** tóngpái *n.* bronze medal

下次比赛我要让这块铜牌变成金牌。
由于发挥失误，他在比赛中只得到了铜牌。

818 **头疼** tóuténg *adj.* headache

我们都觉得很头疼，不知道怎么解决眼前的问题。
这个孩子真是让人头疼，几乎每天都会和别的小朋友打架。

819 **投票** tóu//piào vote

投票结果会当场公布。
他们在昨天的会议上投了反对票。

820 **透露** tòulù *v.* disclose, reveal

他们不肯透露举行婚礼的具体时间和地点。
他们都说不知道这个消息是谁透露出来的。

◎ 速练　Quick practice

一、先根据词语写拼音，再将词语和正确的英文释义连起来
Write Pinyin according to the words, and then match the words with the correct English definitions.

1. 田 _____　　A. athletics
2. 田径 _____　　B. field, farmland
3. 同胞 _____　　C. circulate a notice; circular
4. 通讯 _____　　D. news report
5. 通报 _____　　E. sibling (born of the same parents); compatriot
6. 投票 _____　　F. bronze medal
7. 铜牌 _____　　G. vote
8. 添 _____　　H. add, get/give more

二、选择合适的词语填空　Choose the right words and fill in the blanks.

（一）　A. 添　　B. 田　　C. 田径　　D. 跳水　　E. 听取

1. 听说田奶奶家____孙子了，所以最近特别忙。

2. 没有经过专业训练的人，最好不要随便____，因为比较危险。

3. 爸爸每天早早地就去____里干活儿了，十分辛苦。

4. 我们学校在这次____比赛中取得了非常好的成绩。

5. 年轻人应该虚心____别人的批评，这会让你成长和进步。

（二）　　A.通报　　B.通道　　C.通红　　D.通话　　E.通行

1. 老人和小孩儿可以走"绿色____"，不需要排队。

2. 周一到周五的早七点到早九点之间，这条路只允许公交车____。

3. 这些按时完成环境污染治理的企业受到了政府的____表扬。

4. 今天特别冷，我出门没戴手套，手冻得____。

5. 我的电话卡办理了套餐，每个月有100分钟的免费____时长。

（三）　　A.通讯　　B.同　　C.头疼　　D.同行　　E.同期

1. 他们虽然是兄弟，但是性格却大有不____。

2. 我省的粮食产量比历史____增长了15%。

3. 这篇____的作者是王教授。

4. 我一看到他打来的电话就____，他每次不是找我借钱，就是要我帮他做事情。

5. 他以前是我们的____，不过现在已经辞职了，听说自己开公司当老板了。

（四）　　A.同一　　B.铜牌　　C.同胞　　D.投票　　E.透露

1. 今天来参加聚会的还有来自海外的____。

2. 我们可以通过____的方式决定周末去哪儿玩儿。

3. 据一些同事____，公司领导马上要进行一次调整。

4. 他首次参加国际比赛就获得了一块____。

5. 我们做了无数次实验，最后都得出了____结果。

三、选择合适的词语完成句子　　Choose the right words to complete the sentences.

1. 他是个特别骄傲的人，从来不愿意____别人的建议。

　　A.听讲　　　B.听取　　　C.打听　　　D.收听

2. 院子里的树今年____高了半米。

　　A.添　　　　B.加　　　　C.增　　　　D.长

3. 他的手机一直是____中，也不知道在跟谁打电话。

   A. 通话　　　　B. 通讯　　　　C. 对话　　　　D. 沟通

4. 他从来都不会____别人的秘密。

   A. 暴露　　　　B. 透　　　　　C. 露　　　　　D. 透露

5. 他们是在火车上认识的，后来发现竟然是从同一个小城市出来打工的____。

   A. 同行　　　　B. 同胞　　　　C. 老乡　　　　D. 亲属

第42单元　Unit 42

◎ 目标词语　Target words

821. 图书	822. 徒弟	823. 途径	824. 土	825. 团队
826. 推出	827. 退票	828. 吞	829. 托	830. 拖
831. 拖鞋	832. 挖	833. 娃娃	834. 哇	835. 外币
836. 外部	837. 外出	838. 外观	839. 外科	840. 外来

◎ 速记　Quick memory

821　图书　túshū　*n.*　books

图书馆
他收藏了几百册有价值的图书。
这些图书都是要捐给村里的小学的。

822　徒弟　tú·dì　*n.*　apprentice

他把自己的技术都教给了徒弟们。
白师傅今年带的两个小徒弟都特别聪明。

823　途径　tújìng　*n.*　way, route, approach

正确途径；主要途径；寻找途径
我们应该通过科学的途径来解决问题。
目前我们还没有发现这种病毒的传播途径。

824　土　tǔ　*adj.*　unrefined, crude; indigenous, local; unfashionable

土方法
这些老人说的是当地土话，我听不懂。
她穿得特别土，一看就是第一次来大城市的孩子。

825　团队　tuánduì　*n.*　team

体育团队；销售团队
学校常常组织各种集体活动来培养学生的团队精神。
这个科研项目团队的负责人是经济管理学院的常教授。

826　推出　tuīchū　*v.*　introduce, launch, come out with

电视台计划推出一个专门针对女性观众的新栏目。
我们推出的最新产品一上市就受到了消费者的欢迎。

827　退票　tuì//piào　　refund a ticket

开车前24小时内退票的要收取10%的手续费。
我退了今天的票，打算重新订明天的。

第 42 单元

828 吞 tūn *v.* swallow; take possession of sth. illegally

我喝了一口水，把药吞下去了。
他吞了公司的钱以后就跑了，现在大家都在找他。

829 托 tuō *v.* support with the hand/palm; entrust

他手里托着一个盘子，里面摆满了水果。
那件事我已经托人帮我办好了。

830 拖 tuō *v.* drag; delay

这个箱子太重了，我们搬不动，只好拖到那边去。
你们的房租已经拖了三个月没交了。

831 拖鞋 tuōxié *n.* slipper

他一回家就换上了拖鞋。
出席正式活动的时候，穿拖鞋不合适。

832 挖 wā *v.* dig

我们在屋旁挖了一口水井。
你可以挖一条渠道把水引到这里来。

833 娃娃 wáwa *n.* baby; doll

这是谁家的小娃娃呀？这么可爱！
女孩儿一般都喜欢玩儿娃娃，而男孩儿就喜欢玩儿小汽车、小飞机。

834 哇 wa *pt.* a variant of "啊"

快走哇！马上就要到了！
他大声问："你在哪儿住哇？"

835 外币 wàibì *n.* foreign currency

银行加强了对外币的管理。
我把出国旅游回来剩下的外币都保存了起来。

836 外部 wàibù *n.* the outside

外部人员；外部车辆；外部问题
你不要把这件事透露给公司外部的人。
我们不能因为一些外部矛盾影响内部的团结。

837 外出 wàichū *v.* go out

外出办事
小美不在家，她外出旅行去了。
村里很多年轻人都外出打工了。

838 外观 wàiguān *n.* appearance

外观精美；外观合格；重视外观
产品的外观很重要，因为这是给消费者的第一印象。
这座大楼的外观很漂亮，但是里面的装修可不怎么好。

839 **外科** wàikē *n.* surgical department

外科手术
他住在三楼的外科病房。
三名外科医生参与了这场手术。

840 **外来** wàilái *adj.* foreign, outside; non-native

这个城市的外来人口占了总人口的1/3。
有些外来动植物会对当地环境造成破坏。

◎ 速练　Quick practice

一、先根据词语写拼音，再将词语和正确的英文释义连起来
Write Pinyin according to the words, and then match the words with the correct English definitions.

1. 徒弟 _____　　A. swallow; take possession of sth. illegally

2. 途径 _____　　B. drag; delay

3. 外科 _____　　C. apprentice

4. 外观 _____　　D. support with the hand/palm; entrust

5. 娃娃 _____　　E. way, route, approach

6. 吞 _____　　F. baby; doll

7. 拖 _____　　G. appearance

8. 托 _____　　H. surgical department

二、选择合适的词语填空　Choose the right words and fill in the blanks.

（一）　A. 图书　　B. 徒弟　　C. 途径　　D. 土　　E. 团队

1. 读大学并不是走向成功的唯一____。

2. 爷爷说这点儿小毛病不需要去医院，用我们家乡的____方法就能治。

3. 我特别崇拜您，想跟您学本领，请您收我当____吧。

4. 这两家企业之间的官司已经打了两年了，他们都聘请了最优秀的律师____。

5. 他每年都要为孩子们购买一些新的____。

（二）　A. 推出　　B. 退票　　C. 吞　　D. 托　　E. 拖

1. 你慢点儿吃，别一口就____了，小心不消化。

2. 我们店明天要____"买一送一"的优惠活动。

3. 你要是不能亲自来就____别人替你签字吧。

4. 你的车停这儿可能会被____走，因为这里不可以停车。

5. 音乐会开始不久，很多人就觉得自己上当了，要求____。

（三）　　A. 挖　　　B. 哇　　　C. 外币　　　D. 外部　　　E. 外出

1. A：我们一起去图书馆复习吧。

   B：好____！

2. 他最近经常____，却又不说去做什么了。

3. 爸爸今天从地里____了十几斤土豆回来。

4. 这座建筑的____设计非常现代化。

5. 他上飞机前父母已经提前给他换好了一些____。

（四）　　A. 拖鞋　　　B. 娃娃　　　C. 外观　　　D. 外科　　　E. 外来

1. 这双棉____冬天穿起来特别暖和。

2. 购买汽车的时候，你会首先考虑价格还是____呢？

3. 年轻人比年纪大的人更容易受到____文化的影响。

4. 腿摔伤了要看____。

5. 我女儿有一个会唱歌的玩具____。

三、选择合适的词语完成句子　Choose the right words to complete the sentences.

1. 如果你们坚持不赔偿，我们就只好走法律____来解决这个问题了。

　　A. 用途　　　　B. 前途　　　　C. 途中　　　　D. 途径

2. 根据各自负责区域的不同，我们公司内部组成了五个销售____。

　　A. 团结　　　　B. 团队　　　　C. 集团　　　　D. 集体

3. 这是我们商场____的最新活动，消费满1000元将送您500元的优惠券。

　　A. 推动　　　　B. 推销　　　　C. 推出　　　　D. 推行

4. 他一个人坐在窗户前用双手____着脑袋，不知道在想什么。

　　A. 举　　　　　B. 抬　　　　　C. 托　　　　　D. 搬

5. 她站在旁边轻轻地____了一下儿我的衣服，让我别说话。

　　A. 拖　　　　　B. 拔　　　　　C. 推　　　　　D. 拉

第 43 单元　Unit 43

◎ **目标词语　Target words**

841. 外头	842. 外衣	843. 外资	844. 弯曲	845. 顽皮
846. 顽强	847. 王后	848. 王子	849. 网吧	850. 网页
851. 往后	852. 往来	853. 往年	854. 望见	855. 危机
856. 威胁	857. 微波炉	858. 维生素	859. 为此	860. 为何

◎ **速记　Quick memory**

841　外头　　wàitou　　*n.*　outside, outdoors

我们吃完晚饭去外头走走吧。
他在外头打电话呢，他说房间里太吵了。

842　外衣　　wàiyī　　*n.*　outer clothing/garments; appearance

内衣和外衣最好分开洗，这样比较卫生。
长大后他渐渐穿上坚强的外衣来保护自己。

843　外资　　wàizī　　*n.*　foreign capital/fund

他是学外语的，毕业后进了一家外资企业工作。
为了更好地促进城市的经济发展，政府正在积极引进外资。

844　弯曲　　wānqū　　*adj.*　winding

我们顺着山谷里弯曲的小河一直走着。
长期的辛苦劳动让爷爷的手指都弯曲变形了。

845　顽皮　　wánpí　　*adj.*　naughty

他吐了吐舌头，顽皮地笑了。
这群顽皮的孩子真是让人头疼。

846　顽强　　wánqiáng　　*adj.*　tenacious

性格顽强；意志顽强；顽强地生存
这些战士顽强地抵抗着敌人的进攻。
这些树都有顽强的生命力，不管在什么环境下都努力生长着。

847　王后　　wánghòu　　*n.*　queen

国王去世后，王后非常伤心。
这个国家的王后是一位美丽而骄傲的女人。

848　王子　　wángzǐ　　*n.*　prince

听说她的男朋友又高又帅，是个"白马王子"。
童话故事里的王子和公主最后幸福地生活在了一起。

第43单元

849　网吧　　wǎngbā　　*n.*　　internet bar

他没去上学，而是偷偷去网吧打工了。
法律规定，18岁以下的孩子不能进网吧。

850　网页　　wǎngyè　　*n.*　　web page

安全网页
这个网页因为存在安全问题，无法显示。
我打开他发给我的网页以后，电脑就中毒了。

851　往后　　wǎnghòu　　*n.*　　the future

你现在不买，往后就买不到了。
往后的事情谁也不知道，先别着急。

852　往来　　wǎnglái　　*v.*　　come and go; contact, exchange

那条路上往来的汽车很多，你要注意安全。
两国之间的文化和经济往来非常频繁。

853　往年　　wǎngnián　　*n.*　　previous years

爷爷的身体没有往年那么好了。
往年12月已经下雪了，今年却还这么暖和。

854　望见　　wàng·jiàn　　　　see

站在阳台上就能望见一座座山峰。
我望见远处有个人，好像是妈妈。

855　危机　　wēijī　　*n.*　　crisis

化解危机；金融危机；政治危机
那个国家现在正面临严重的经济危机。
在大家的共同努力下，我们渡过（dùguò, tide over）了这次危机。

856　威胁　　wēixié　　*v.*　　threaten

威胁生命；威胁健康；面临威胁；公开威胁
他报警说他的安全受到了威胁。
环境污染严重威胁到了人类的生存。

857　微波炉　　wēibōlú　　*n.*　　microwave oven

我发现厨房里添了一台微波炉。
他每天自己带午饭到公司，中午就用微波炉热一下儿。

858　维生素　　wéishēngsù　　*n.*　　vitamin

蔬菜和水果中含有丰富的维生素。
身体缺乏维生素会引起一系列疾病。

859　为此　　wèicǐ　　*conj.*　　as a result

小马想辞职，为此还跟父母大吵了一架。
摄影是她的爱好，为此她专门买了一台很贵的照相机。

189

860　为何　　wèihé　　adv.　　why

我叫你你为何不理我？
这么小的事，你为何如此生气呢？

◎ 速练　Quick practice

一、先根据词语写拼音，再将词语和正确的英文释义连起来
Write Pinyin according to the words, and then match the words with the correct English definitions.

1. 弯曲 _____　　　A. foreign capital/fund

2. 顽皮 _____　　　B. winding

3. 外资 _____　　　C. naughty

4. 顽强 _____　　　D. threaten

5. 危机 _____　　　E. microwave oven

6. 威胁 _____　　　F. tenacious

7. 微波炉 _____　　G. vitamin

8. 维生素 _____　　H. crisis

二、选择合适的词语填空　Choose the right words and fill in the blanks.

（一）　A. 外头　　B. 外衣　　C. 外资　　D. 弯曲　　E. 顽皮

1. ____的小河向远处延伸着。

2. 有人说，修养是一个人最贵的____。

3. 这座城市的发展潜力吸引来了大量____。

4. 这孩子平时虽然____，但在学习上却十分认真努力。

5. 你的鞋太脏了，放在门____吧。

（二）　A. 顽强　　B. 王后　　C. 王子　　D. 网吧　　E. 网页

1. 她梦想着能当上____。

2. 他在自己的个人____上发布了一条消息。

3. 这个网球运动员最近特别受欢迎，大家都叫他"网球____"。

4. 这场比赛我们打得很____，虽然最后输了，但大家都尽力了。

5. 这些____都是24小时营业的。

（三） A. 往后　　　B. 往来　　　C. 往年　　　D. 望见　　　E. 危机

1. 我以为他没来，一回头却____他坐在最后一排。

2. 今年来旅游的人大大超过了____。

3. 我认识他是因为和他们公司有业务____。

4. 这场农业____给不少人的生活造成了巨大困难。

5. 妈妈要走了，____的日子你们要照顾好自己。

（四） A. 威胁　　　B. 微波炉　　　C. 维生素　　　D. 为此　　　E. 为何

1. 这种材料的碗不能放在____里加热。

2. 我姐姐最近在减肥，____每天连晚饭都不吃。

3. 这些垃圾食品____着我们的健康。

4. 既然你知道答案，____不回答呢？

5. 你平时可以补充一些____来增强身体的抵抗力。

三、选择合适的词语完成句子　Choose the right words to complete the sentences.

1. 不少外国企业为我们提供了____和技术。

   A. 资金　　　B. 资产　　　C. 工资　　　D. 外资

2. 只有那些____奋斗、不怕失败，并且善于在失败中学习的人才能获得最后的成功。

   A. 加强　　　B. 顽强　　　C. 强烈　　　D. 强壮

3. 这个房间的____不太好，上网速度很慢。

   A. 网页　　　B. 网址　　　C. 网站　　　D. 网络

4. 为了尽快摆脱这场社会____，政府采取了多种措施。

   A. 危险　　　B. 危害　　　C. 危机　　　D. 威胁

5. 上次大家忘了她的生日，____她难过了好久。

   A. 为了　　　B. 为此　　　C. 为何　　　D. 因为

第 44 单元　Unit 44

◎ 目标词语　Target words

861. 文娱	862. 卧铺	863. 乌云	864. 无边	865. 无关
866. 无效	867. 舞蹈	868. 物品	869. 误	870. 西班牙语
871. 吸毒	872. 牺牲	873. 洗衣粉	874. 戏曲	875. 细胞
876. 细菌	877. 先锋	878. 嫌	879. 显出	880. 险

◎ 速记　Quick memory

861　文娱　wényú　n.　cultural recreation

文娱节目
大学校园里的文娱活动十分丰富。
他们请了不少文娱明星来给公司做广告。

862　卧铺　wòpù　n.　sleeping berth

卧铺分为硬卧和软卧，软卧比硬卧睡着更舒服，价格也更贵。
坐卧铺车去北京挺方便的，晚上上车睡一觉，第二天早上就到了。

863　乌云　wūyún　n.　dark cloud

天空慢慢蒙上了乌云，看来就要下雨了。
他最近心情不好，每天脸上都乌云密布。

864　无边　wúbiān　v.　be boundless

无边的海洋
眼前是一片无边的绿色大草原。
妻子和孩子去世以后，他就生活在了无边的痛苦中。

865　无关　wúguān　v.　be irrelevant

这件事跟他无关，你不该怪他。
关于这项工作的细节，请大家不要向无关人员透露。

866　无效　wúxiào　v.　be invalid

无效证件
那个病人因为抢救无效，去世了。
因为犯规，我们进的这个球被判无效。

867　舞蹈　wǔdǎo　n.　dance

舞蹈家；民族舞蹈；舞蹈设计；欣赏舞蹈
她的舞蹈动作灵活优美。
参加这次表演的舞蹈演员都是严格挑选出来的。

第44单元

868 物品 wùpǐn *n.* article, goods

公共物品
家里的危险物品不要放在孩子容易接触到的地方。
市场上物品丰富，价格便宜，老百姓感到非常满意。

869 误 wù *v.* miss, delay; cause disadvantage to

误火车；误事
我因为路上堵车，所以误了飞机，只好改坐五个小时以后的。
你放心，你说的事我记着呢，误不了。
这种乱用成语的现象真是误人不浅。

870 西班牙语 Xībānyáyǔ *n.* Spanish (language)

西班牙语是这个国家的官方语言。
据调查，全球将西班牙语作为第二语言的人增加了一倍。

871 吸毒 xī//dú take drugs

许多人因为吸毒走上了犯罪的道路。
我从没吸过毒，请大家相信我！

872 牺牲 xīshēng

（1）*v.* sacrifice
牺牲个人利益；牺牲事业；牺牲爱情
为了保卫国家，战士们愿意牺牲自己的生命。
张老师总是牺牲自己的休息时间给学生补习。
（2）*n.* sacrifice
为了全体人民的利益，我们的牺牲是值得的。
战士们的流血牺牲换来了我们今天的幸福生活。

873 洗衣粉 xǐyīfěn *n.* washing powder

家里的洗衣粉用完了，你去买一包吧。
听说这种洗衣粉里含有的一种成分会造成水污染，以后还是别用了。

874 戏曲 xìqǔ *n.* traditional Chinese opera

传统戏曲
中国的戏曲种类十分丰富。
她是一位有名的戏曲表演艺术家。

875 细胞 xìbāo *n.* cell

细胞运动；细胞死亡；培养细胞；细胞结构
今天我们学习了细胞是如何产生和繁殖的。
我们在科学仪器的帮助下观察细胞分裂的过程。

876 细菌 xìjūn *n.* bacteria

杀死细菌；有害细菌；细菌污染
我们身上有无数的看不见的细菌。
没有保存好的食物上会有大量细菌繁殖，吃了容易生病。

877 先锋　　xiānfēng　　*n.*　　pioneer

改革<u>先锋</u>；时代的<u>先锋</u>；<u>先锋</u>队
这些企业在经济改革中起到了<u>先锋</u>作用。
他是我们公司的技术<u>先锋</u>，现在所有的科研项目都由他负责。

878 嫌　　xián　　*v.*　　dislike

<u>嫌</u>贵；<u>嫌</u>吵；<u>嫌</u>麻烦
要是你<u>嫌</u>热，就把空调打开。
她<u>嫌</u>咖啡太苦，就加了一些糖。

879 显出　　xiǎnchū　　show

面试的时候，他尽量不<u>显出</u>紧张的情绪。
顾客一直提问，所以他脸上<u>显出</u>了不耐烦的神情。

880 险　　xiǎn　　*adj.*　　dangerous

你们的做法太<u>险</u>了，万一出事呢？
山上的路很<u>险</u>，你们走的时候要小心。

◎ 速练　Quick practice

一、先根据词语写拼音，再将词语和正确的英文释义连起来
Write Pinyin according to the words, and then match the words with the correct English definitions.

1. 嫌 ＿＿＿＿＿＿＿　　　　A. sleeping berth

2. 文娱 ＿＿＿＿＿＿　　　　B. cell

3. 细菌 ＿＿＿＿＿＿　　　　C. bacteria

4. 卧铺 ＿＿＿＿＿＿　　　　D. dance

5. 细胞 ＿＿＿＿＿＿　　　　E. take drugs

6. 舞蹈 ＿＿＿＿＿＿　　　　F. sacrifice

7. 吸毒 ＿＿＿＿＿＿　　　　G. dislike

8. 牺牲 ＿＿＿＿＿＿　　　　H. cultural recreation

二、选择合适的词语填空　Choose the right words and fill in the blanks.

（一）　A. 文娱　　B. 卧铺　　C. 乌云　　D. 无边　　E. 无关

1. ＿＿散了，太阳出来了。

2. 这趟列车的＿＿票已经卖完了。

3. 我们的船行驶在＿＿的蓝色大海中，空气中满是海水的味道。

4. 请大家安静，这些跟会议主题＿＿的话我们就不要再说了。

5. 春节的时候，人们都爱看电视里播放的各种轻松的＿＿节目。

（二）　　A. 无效　　B. 舞蹈　　C. 物品　　D. 误　　E. 西班牙语

1. 工作时间不要喝酒，容易____事。
2. 由于调解____，他们最后还是离婚了。
3. 学校应该禁止进入校园向学生推销____的行为。
4. 他们在晚会上跳起了具有鲜明特色的民族____。
5. 这个产品说明书有没有翻译成____的？

（三）　　A. 吸毒　　B. 牺牲　　C. 洗衣粉　　D. 戏曲　　E. 细胞

1. 动物和植物的____结构有很大区别。
2. 现在懂得欣赏____艺术的年轻人越来越少。
3. 妈妈为了照顾家庭，____了自己的事业。
4. 他是因为认识了不良朋友而开始____的。
5. 这种____效果特别好，不管多脏的衣服都能洗干净。

（四）　　A. 细菌　　B. 先锋　　C. 嫌　　D. 显出　　E. 险

1. A：小马呢？不在宿舍吗？
   B：他____宿舍太吵，所以去图书馆看书了。
2. 在实验室环境中，复制、繁殖这些几万年前的____是有可能的。
3. 刚才真____，他差点儿就被车撞了。
4. 她看到我就____高兴的样子，说："你终于来了，我等你好久了。"
5. 他们在这次军事行动中担任____。

三、选择合适的词语完成句子　Choose the right words to complete the sentences.

1. 我们在____的沙漠中慢慢地走着，好像永远找不到出路。
   A. 无数　　　B. 无限　　　C. 无边　　　D. 无法
2. 他们正在计划推出一个跟戏曲____的电视栏目。
   A. 相关　　　B. 无关　　　C. 关联　　　D. 关系
3. 这些退休的阿姨们组成了一支业余的____队伍。
   A. 舞　　　　B. 舞台　　　C. 跳舞　　　D. 舞蹈
4. 这些都是我的私人____，你没有权力没收。
   A. 物质　　　B. 物品　　　C. 商品　　　D. 产品
5. 他剪了头发以后____很精神。
   A. 显出　　　B. 显然　　　C. 显得　　　D. 显示

第45单元　Unit 45

◎ 目标词语　Target words

881. 线路	882. 陷入	883. 响声	884. 想不到	885. 消耗
886. 消灭	887. 小费	888. 小麦	889. 小于	890. 晓得
891. 笑脸	892. 笑容	893. 笑声	894. 协会	895. 协商
896. 协调	897. 协助	898. 写字楼	899. 写字台	900. 心灵

◎ 速记　Quick memory

881　线路　xiànlù　*n.*　line; circuit

旅游线路；运输线路；线路中断；线路畅通
这座城市马上要开通两条新的地铁线路。
这条电话线路需要找人来维修一下儿。

882　陷入　xiànrù　*v.*　fall into

陷入贫困；陷入混乱；陷入包围；彻底陷入
他看着手中的老照片陷入了深深的回忆。
这家公司的发展已经完全陷入了危机，需要立即想办法。

883　响声　xiǎngshēng　*n.*　sound

发出响声；汽车的响声；巨大的响声
听见打雷的响声，孩子们都被吓哭了。
门外传来很大的响声，好像有什么东西倒了。

884　想不到　xiǎngbudào　*v.*　not to expect

谁都想不到他这个老实人会发这么大的脾气。
这支球队去年的表现很一般，想不到今年竟然夺得了冠军。

885　消耗　xiāohào

（1）*v.*　consume
消耗能量；消耗热量；消耗精力
人类每天的生活都要消耗大量资源。
我们在这个问题上已经消耗了不少时间，却一点儿进展也没有。
（2）*n.*　consumption
全球每年对煤的消耗量巨大。
这些运动员每天的体力消耗比一般人大得多。

886　消灭　xiāomiè　*v.*　eliminate

我打算养一只猫来消灭家里的老鼠。
我们要消灭敌人，保护自己的家园和人民。

第45单元

887 小费 xiǎofèi *n.* tip, gratuity

付小费
中国的绝大多数服务场所是不收小费的。
这里的服务员工资虽然不高,但是客人给的小费很多。

888 小麦 xiǎomài *n.* wheat

冬小麦;春小麦
小麦种植是当地老百姓的主要收入来源。
由于气候原因,去年的小麦获得了丰收。

889 小于 xiǎoyú *v.* less than

他每个月的收入明显小于生活支出。
我们要找的房子面积不能小于100平方米。

890 晓得 xiǎode *v.* know

我怎么不晓得你说的这件事呢?
我们已经晓得了,你就不用反复强调了。

891 笑脸 xiàoliǎn *n.* smiling face

门一开,迎接我们的就是一张笑脸。
看着孩子们天真的笑脸,我心里觉得温暖极了。

892 笑容 xiàoróng *n.* smile

失去笑容;笑容消失;亲切的笑容
他脸上露出顽皮的笑容。
爸爸的脸上慢慢浮出了笑容。

893 笑声 xiàoshēng *n.* laughter

一阵笑声;一片笑声
今天的活动办得特别好,现场笑声不断。
还没看见她的人,就已经听到了远处她的笑声。

894 协会 xiéhuì *n.* association

作家协会
他是我们省工商协会的会长。
为了保护消费者的利益,我们专门成立了消费者协会。

895 协商 xiéshāng *v.* consult

每次遇到问题,我们都会协商解决。
通过与老板协商,他的工资上涨了6%。

896 协调 xiétiáo

(1) *v.* coordinate
跳舞的时候一定要协调好手和脚的动作。
我姐姐把家庭和工作的关系协调得很好。
(2) *adj.* harmonious
我觉得这双鞋搭配这套衣服不太协调。

房子的装修设计跟这些家具很协调。

897 协助 xiézhù v. assist

协助处理
他是来协助我们完成这项工作的。
每次班上有什么活动，他们都会协助老师。

898 写字楼 xiězìlóu n. office building

高级写字楼
电梯停在了写字楼的19层。
有不少公司在这座30层的写字楼里办公。

899 写字台 xiězìtái n. (writing) desk, writing table

我家的书房里有一张很大的写字台。
我的写字台上摆着台灯、闹钟和爸爸妈妈的照片。

900 心灵 xīnlíng n. heart, soul, spirit

心灵世界；美好的心灵
父母离婚给孩子的心灵造成了巨大的伤害。
这部小说大量描写了人物心灵深处的活动。

◎ **速练** Quick practice

一、先根据词语写拼音，再将词语和正确的英文释义连起来
Write Pinyin according to the words, and then match the words with the correct English definitions.

1. 消耗 _____   A. fall into
2. 晓得 _____   B. consume; comsumption
3. 陷入 _____   C. smile
4. 消灭 _____   D. consult
5. 协商 _____   E. coordinate; harmonious
6. 笑容 _____   F. heart, soul, spirit
7. 心灵 _____   G. know
8. 协调 _____   H. eliminate

二、选择合适的词语填空 Choose the right words and fill in the blanks.

（一）   A. 线路   B. 陷入   C. 响声   D. 想不到   E. 消耗

1. 我以为你们俩互相不认识，____居然是老同学。
2. 这是一条非常经典的旅游____，不仅风景好，而且花费低。

198

3. 听到这个坏消息，我好像一下子____了无边的黑暗中。

4. 运动时我们的身体会____热量。

5. 我家楼上住的人晚上总是制造出各种____，严重影响了我的生活和休息。

（二） A. 消灭　　 B. 小费　　 C. 小麦　　 D. 小于　　 E. 晓得

1. 只要它的长度____5 米就能放进去。

2. 离开宾馆的时候，他在房间里留下了 20 元____。

3. 他因为吸毒被警察抓走了，你____吗？

4. 由于本国产量不足，他们每年都要从其他国家大量进口____。

5. 我们的目标是彻底____贫困，让所有人都过上好日子。

（三） A. 笑脸　　 B. 笑容　　 C. 笑声　　 D. 协会　　 E. 协商

1. 孩子们一张张可爱的____就像一朵朵美丽的小花。

2. 听着电话中传来的父母的____，我终于放心了。

3. 经过贸易双方的反复____，终于达成了一致意见。

4. 听到这个悲伤的消息，大家脸上的____都消失了。

5. 这场由教师____举办的会议邀请了来自全国各地的优秀教师代表。

（四） A. 协调　　 B. 协助　　 C. 写字楼　　 D. 写字台　　 E. 心灵

1. 他的舞蹈动作不是很____，所以看起来不够优美。

2. 她是个具有美好____的姑娘，是那么善良，而且总是愿意帮助别人。

3. 我们应该积极____警察，尽快抓住那个小偷儿。

4. 哥哥一上午都坐在____前看书。

5. 那些在____里工作的人大多数都穿着西装。

三、选择合适的词语完成句子　Choose the right words to complete the sentences.

1. 由于____出了故障，家里停电了。

　　A. 道路　　　　 B. 出路　　　　 C. 线路　　　　 D. 马路

2. 企业应该多开展活动，帮助新员工____企业，促进他们的成长。

　　A. 进入　　　　 B. 输入　　　　 C. 陷入　　　　 D. 融入

3 我们在夏天____的水要比冬天多得多。

　　A. 消耗　　　　 B. 消化　　　　 C. 消灭　　　　 D. 消除

4. 两国之间签订了一份经济合作____。

    A. 协调   B. 协助   C. 协商   D. 协议

5. 你把电视的____调小一些吧，孩子要睡觉了。

    A. 歌声   B. 铃声   C. 响声   D. 声音

第46单元　Unit 46

◎ 目标词语　Target words

901. 心愿	902. 心脏	903. 心脏病	904. 新人	905. 新兴
906. 薪水	907. 信仰	908. 信用	909. 兴旺	910. 行程
911. 形	912. 凶	913. 凶手	914. 修车	915. 袖珍
916. 悬	917. 旋转	918. 选拔	919. 选举	920. 学会

◎ 速记　Quick memory

901　心愿　xīnyuàn　*n.*　wish

共同的心愿；实现心愿
我现在唯一的心愿就是考上一所好大学。
父母最大的心愿就是孩子健康快乐地成长。

902　心脏　xīnzàng　*n.*　heart

心脏手术
爷爷的心脏不太好，不能受刺激。
一个国家的首都就是这个国家的心脏。

903　心脏病　xīnzàngbìng　*n.*　heart disease

他有很严重的心脏病。
有心脏病的人应该注意饮食，少吃盐。

904　新人　xīnrén　*n.*　new recruit; people of a new type; newly-wed

你们刚工作，还是新人，要多跟有经验的老同事学习。
我们要把学生培养成有理想、有道德、有知识的新人。
今天是这一对新人结婚的大喜日子。

905　新兴　xīnxīng　*adj.*　burgeoning

新兴学科；新兴的势力
这是一座新兴的现代化城市，这两年发展十分迅速。
我们在一个新兴行业中工作，面临的挑战和机遇都很多。

906　薪水　xīnshui　*n.*　salary

发薪水；领薪水
他们一家人靠父亲一个人的薪水生活，实在有点儿紧张。
不少年轻人觉得在写字楼里工作很舒服，因为环境好，薪水高。

907　信仰　xìnyǎng　*v.*　believe in

他们有自己的政治信仰。
他奶奶信仰佛教，所以不吃肉。

908 **信用** xìnyòng *n.* credit

守信用；信用卡
因为他的信用不好，银行没有贷款给他。
他是个不讲信用的人，答应我们的事情都没做到。

909 **兴旺** xīngwàng *adj.* prosperous

兴旺发达；事业兴旺
希望我们的国家一天比一天兴旺。
最近我们商场的生意很兴旺，所以我每天都要加班。

910 **行程** xíngchéng *n.* distance of travel, journey

我们这趟行程大约有300公里。
白经理明天的工作行程已经安排好了。

911 **形** xíng *n.* shape

这种鸟的头形很有特点。
那个方形的盒子里装的是我送给妈妈的礼物。

912 **凶** xiōng *adj.* fierce; terrible

这个人的样子看起来很凶，大家都很害怕他。
最近老鼠闹得很凶，我打算养几只猫。

913 **凶手** xiōngshǒu *n.* murderer

在群众的协助下，警察终于抓住了凶手。
大家都想不到这么老实的一个人会是杀人凶手。

914 **修车** xiū chē car repairing

修车技术
爸爸开了一家修车店，生意挺兴旺的。
我要请一位修车师傅来看看我这辆车有什么问题。

915 **袖珍** xiùzhēn *adj.* pocket-size, miniature

袖珍录音机；袖珍书
这些袖珍娃娃都制作得非常精美。
这个袖珍收音机是我的宝贝，我去哪儿都带着它。

916 **悬** xuán *v.* hang

看到他们平安回来，我悬着的心才放了下来。
那些山上的房子从远处看就像悬在半空中一样。

917 **旋转** xuánzhuǎn *v.* rotate

快速旋转；停止旋转
地球围绕着太阳旋转。
这个大酒店的入口安装了一个旋转门。

918 **选拔** xuǎnbá *v.* select

选拔赛

我们每年都会选拔一批小运动员进行培养。
高考是选拔人才的考试，因此必须严格、公平。

919　选举　xuǎnjǔ

（1）*v.*　elect

公开选举
班长是由大家投票选举出来的。
他们最近刚刚选举产生了新的学生会主席。

（2）*n.*　election

选举权
这样的大型选举每四年举行一次。
由于一些特殊的原因，今年的选举取消了。

920　学会　xuéhuì　*n.*　society, institute

语言学会
她是我们物理学会的会长。
这是一场由世界汉语教学学会主办的学术会议。

◎ 速练　Quick practice

一、先根据词语写拼音，再将词语和正确的英文释义连起来
Write Pinyin according to the words, and then match the words with the correct English definitions.

1. 凶 _____　　　A. heart
2. 悬 _____　　　B. salary
3. 心脏 _____　　C. believe in
4. 信仰 _____　　D. fierce; terrible
5. 薪水 _____　　E. pocket-size, miniature
6. 选拔 _____　　F. hang
7. 袖珍 _____　　G. rotate
8. 旋转 _____　　H. select

二、选择合适的词语填空　Choose the right words and fill in the blanks.

（一）　A. 心愿　　B. 心脏　　C. 心脏病　　D. 新人　　E. 新兴

1. 努力工作挣钱，买一套属于自己的房子是他们夫妻俩共同的____。
2. ____患者最好不要吸烟。
3. 这是一门____的科学，人们对它的了解还不是太多。
4. ____应该成为行业发展的新动力，因此我们要好好培养他们。
5. 他的____最近刚做过手术，身体正在慢慢恢复。

(二)　　A.薪水　　B.信仰　　C.信用　　D.兴旺　　E.行程

1. 这是一家很守____的公司，所以大家都愿意跟他们做生意。

2. 我们的____已经走了一大半了，再过一个小时就能到了。

3. 他每个月一领到____就给父母寄去三千块。

4. 基督教是____上帝的。

5. 这条路开通以后，来往的人和车多了很多，路两侧的这些小店慢慢____起来了。

(三)　　A.形　　B.凶　　C.凶手　　D.修车　　E.袖珍

1. 这种____电话可以戴在手腕（shǒuwàn, wrist）上，像手表一样方便。

2. 公安民警花了十年才找到真正的____。

3. 现代建筑的门和窗一般都是方____的。

4. 我车里放着一套简单的____工具，可以随时用。

5. 这孩子打针的时候哭得很____。

(四)　　A.悬　　B.旋转　　C.选拔　　D.选举　　E.学会

1. 数学____每年都会举办两次面向中小学生的数学竞赛。

2. 这个机器在高速____时会发出很大的响声。

3. 那个国家马上要举行公开____总统的活动了。

4. 七月的蓝天上____着火球一样的太阳。

5. 我们公司近期要____一些优秀员工去海外学习。

三、选择合适的词语完成句子　　Choose the right words to complete the sentences.

1. 每年生日的时候，爸爸都会满足我一个小小的____。

　　A.愿　　　　B.愿意　　　　C.志愿　　　　D.心愿

2. 这种____的建筑材料是刚研制出来的，还没上市，它的特点是特别坚固。

　　A.新兴　　　B.新型　　　　C.新鲜　　　　D.兴旺

3. 大家把这么重要的事情交给我处理，这是对我的____。

　　A.信心　　　B.信仰　　　　C.信念　　　　D.信任

4. 这虽然是一件小事，但是还是要按照规定的____来办理。

　　A.程序　　　B.行程　　　　C.过程　　　　D.程度

5. 已经有一百多人报名参加这次的青年歌唱家____赛了。

　　A.选择　　　B.选举　　　　C.选拔　　　　D.选修

第47单元　Unit 47

◎ 目标词语　Target words

921. 学员	922. 血管	923. 血液	924. 循环	925. 压迫
926. 烟花	927. 沿	928. 沿海	929. 沿着	930. 研发
931. 眼看	932. 演奏	933. 宴会	934. 洋	935. 仰
936. 养老	937. 氧气	938. 样	939. 药品	940. 要不然

◎ 速记　Quick memory

921　学员　xuéyuán　*n.*　student, trainee

这个电脑培训班的学员年纪都比较大。
学员们在完成课程并通过考试后就能领到一个结业证书。

922　血管　xuèguǎn　*n.*　blood vessel

心血管；脑血管
很多老年人都有心脑血管方面的疾病。
她手上的血管很细，每次打针护士都很头疼。

923　血液　xuèyè　*n.*　blood

血液成分
这些年轻人就是推动我们事业发展的新鲜血液。
刚吃完饭，身体里的血液都集中到胃部，这时人就容易犯困。

924　循环　xúnhuán　*v.*　circulate

季节循环；加速循环
这种药物会让人的血液循环加快。
电视里正在循环播放这条重要新闻。

925　压迫　yāpò　*v.*　oppress

有压迫的地方就一定会有反抗。
由于大脑神经受到压迫，他的一半身体都不能活动了。

926　烟花　yānhuā　*n.*　fireworks

放烟花；看烟花
远处天空中的烟花美极了。
端午节的时候，江边会有烟花表演。

927　沿　yán　*prep.*　along

我们一直往南走，沿路风景非常美。
爸爸每天吃了早饭就出门沿小河散步。

928　沿海　yánhǎi　*n.*　an area/region along a coast, coastal region

沿海国家；沿海一带；东南沿海

我想搬到沿海城市去生活。
中国沿海地区的经济比内地要好一些。

929 沿着 yánzhe along

我们正沿着山路往上走。
我沿着她手指的方向看去，只见一片花的海洋。

930 研发 yánfā v. research and develop

研发部门；研发资金；研发人员
我们这个部门的任务就是研发新产品。
这是白教授经过多年努力研发出来的成果。

931 眼看 yǎnkàn

（1）v. watch helplessly
眼看着孩子越走越远，妈妈流下了伤心的眼泪。
他眼看妻子的身体一天比一天差，却一点儿办法都没有。
（2）adv. soon
天眼看就要亮了，他却还没有回来。
论文眼看就要写完了，电脑却突然坏了。

932 演奏 yǎnzòu v. play (a musical instrument)

演奏家；演奏风格
马先生举办了一场钢琴演奏会。
他的演奏技巧还不成熟，需要多练习。

933 宴会 yànhuì n. banquet

生日宴会
周末我要去参加朋友的结婚宴会。
为了欢迎新同事的加入，公司举行了一场欢迎宴会。

934 洋 yáng adj. foreign

爷爷说我给他买的洋酒一点儿也不好喝。
他是喝过"洋墨水"的人，在国外留学了四五年呢。

935 仰 yǎng v. face upward

孩子仰着头看天空中一闪一闪的星星。
做这个动作的时候，你要把头仰起来。

936 养老 yǎng//lǎo provide for the aged; live out one's life in retirement

兄弟二人为了给父母养老的事情吵了起来。
这个城市的环境很好，非常适合养老。

937 氧气 yǎngqì n. oxygen

氧气瓶
人类失去氧气就无法生存。
我们的血液会把氧气运输到身体的各个部分。

第47单元

938　样　　yàng

（1）*n.*　　appearance
你想买一件什么<u>样</u>的外套？
几年不见，你还是那个<u>样</u>，一点儿都没变。
（2）*m.*　　kind, type
他买了好几<u>样</u>水果送到我家里来。
他买的礼物<u>样样</u>都不便宜。

939　药品　yàopǐn　　*n.*　　medicine, drug

合格<u>药品</u>
这些进口<u>药品</u>上的外文我都看不懂。
我们实验室的<u>药品</u>有严格的管理和使用规定。

940　要不然　yàobùrán　　*conj.*　　otherwise; or

他一定非常伤心，<u>要不然</u>他是不会哭的。
我一个人去有点儿害怕，<u>要不然</u>你陪我去吧。

◎ 速练　Quick practice

一、先根据词语写拼音，再将词语和正确的英文释义连起来
Write Pinyin according to the words, and then match the words with the correct English definitions.

1. 血液 ＿＿＿＿＿＿＿＿　　A. blood vessel
2. 循环 ＿＿＿＿＿＿＿＿　　B. blood
3. 压迫 ＿＿＿＿＿＿＿＿　　C. circulate
4. 血管 ＿＿＿＿＿＿＿＿　　D. play (a musical instrument)
5. 宴会 ＿＿＿＿＿＿＿＿　　E. face upward
6. 演奏 ＿＿＿＿＿＿＿＿　　F. oppress
7. 氧气 ＿＿＿＿＿＿＿＿　　G. oxygen
8. 仰 ＿＿＿＿＿＿＿＿　　H. banquet

二、选择合适的词语填空　Choose the right words and fill in the blanks.

（一）　A. 学员　　B. 血管　　C. 血液　　D. 循环　　E. 压迫

1. 我们这个教育机构会给优秀的＿＿＿提供奖学金。

2. 有一些疾病是通过＿＿＿传播的。

3. 他常常用手中的权力去＿＿＿别人。

4. 有的＿＿＿如果破了，会威胁到人的生命。

5. 脚部的血液＿＿＿比身体其他部位慢，所以脚总是容易感觉冷。

（二）　　A.烟花　　　B.沿　　　C.沿海　　　D.沿着　　　E.研发

1. 我们的____团队已经在这个项目上取得了重大突破。

2. 一定要注意这些____河工厂的污水处理问题。

3. 那些____虽然美丽，但是一下子就消失了。

4. 那个小偷儿____墙外面的管道爬到了6楼。

5. 这些____国家的旅游业都发展得不错。

（三）　　A.眼看　　　B.演奏　　　C.宴会　　　D.洋　　　E.仰

1. 她跟一个外国人结婚了，生了个蓝眼睛、黄头发的"____娃娃"。

2. 在老师的指导下，我的____水平有了很大的提高。

3. 我____头去看六楼窗户里是否亮着灯。

4. 作为一名医生，最痛苦的就是____着病人死去，却什么也做不了。

5. 这个场地面积太小了，不适合举办大型____。

（四）　　A.养老　　　B.氧气　　　C.样　　　D.药品　　　E.要不然

1. 这些菜他都爱吃，你每____都带一些回去吧。

2. 你最好早点儿出门，____就赶不上火车了。

3. 医院里有____瓶，是给有需要的病人准备的。

4. 我给自己买了____保险，以后年纪大了就不用担心没有钱用了。

5. 有些特殊的____是医院外面买不到的。

三、选择合适的词语完成句子　　Choose the right words to complete the sentences.

1. 虽然心里很难受，但他还是____自己露出了一个笑脸。

　　A.被迫　　　　B.压迫　　　　C.压力　　　　D.强迫

2. 这是一家从事电子产品____、生产和销售的科技企业。

　　A.研发　　　　B.研究　　　　C.调研　　　　D.科研

3. 听到背后有人叫我的名字，我就____头看了一眼。

　　A.仰　　　　　B.低　　　　　C.回　　　　　D.点

4. 老年人应该____一些自己的兴趣爱好，这样有利于身心健康。

　　A.养老　　　　B.培养　　　　C.保养　　　　D.收养

5. 他们抱着一个满脸是____的孩子冲进了医院。

　　A.血　　　　　B.血液　　　　C.血管　　　　D.流血

第48单元　Unit 48

◎ 目标词语　Target words

941. 要好	942. 要么	943. 要素	944. 野	945. 野生
946. 医药	947. 依次	948. 依赖	949. 一次性	950. 一代
951. 一道	952. 一贯	953. 一路上	954. 仪器	955. 仪式
956. 遗憾	957. 一番	958. 一模一样	959. 一齐	960. 一时

◎ 速记　Quick memory

941　要好　yàohǎo　*adj.*　on good terms

这两家人一直很要好。
我们俩是十分要好的朋友。

942　要么　yàome　*conj.*　or, either... or...

你要么就不接受这个任务，如果接受了就要完成好。
叔叔病了，你要么给他打个电话问候一声，要么去他家看看。

943　要素　yàosù　*n.*　essential factor

勇敢尝试是走向成功的第一要素。
懂得满足是生活幸福的一个关键要素。

944　野　yě　*adj.*　wild; rude; unrestrained

野鸡；野猪；野菜；野草
春天一到，山坡上就长出了各种野花。
这人说话很野，让人听着不舒服。
放了几天假，这孩子的心都玩儿野了。

945　野生　yěshēng　*adj.*　wild

野生植物
这些猪不是野生的，是当地农民家里养的。
这是一片国家自然保护区，里面生活着很多野生动物。

946　医药　yīyào　*n.*　medicine

医药费
他在一家医药公司做销售工作。
张教授为我国医药事业的发展做出了巨大贡献。

947　依次　yīcì　*adv.*　in sequence

依次进入
请大家依次排好队上车。
获奖的演员们依次走上舞台领奖。

948 **依赖** yīlài *v.* rely on

你已经20多岁了，要学着独立生活，不能总是依赖父母。
现在很多人在生活中过分依赖手机，走路、吃饭、坐车都要看手机。

949 **一次性** yícìxìng *adj.* disposable, one-off

一次性碗筷；一次性收费
减少使用一次性物品，能够有效保护地球环境。
打开柜子的密码是一次性的，下次使用的时候会有新的密码。

950 **一代** yídài *n.* generation

年轻一代；下一代
每一代人都有自己的特点。
爷爷，您这是老一代的想法了，我们年轻人想的跟您不同。

951 **一道** yídào *adv.* together

我每天和好朋友一道去学校。
我突然要加班，不能和你们一道去吃饭了。

952 **一贯** yíguàn *adj.* consistent

万老师对学生的要求一贯很严格。
你的成绩一贯不错，这次怎么没考好呢?

953 **一路上** yílù shang all the way

导游一路上都在为大家服务，非常辛苦。
钱老师，我们要毕业了，感谢您这一路上对我们的照顾和培养。

954 **仪器** yíqì *n.* instrument

测量仪器
我们学院购买了一批新的实验仪器。
这些电子仪器的内部结构非常复杂。

955 **仪式** yíshì *n.* ceremony

结婚仪式；宗教仪式
这种欢迎仪式是当地特有的。
我们学校每周一早上都要举行升国旗的仪式。

956 **遗憾** yíhàn

（1）*adj.* regretful, sorry
感到遗憾
我们非常遗憾地通知您，您没有通过这次面试。
小安因为生病没有来参加同学聚会，实在是太遗憾了。
（2）*n.* regret, pity
爷爷说他这辈子最大的遗憾是没有上过学。
奶奶去世前我没能赶到医院是我永远的遗憾。

957 **一番** yìfān *referring to a process or an action that takes time and effort; kind, sort*

一番思考

他决心创造<u>一番</u>自己的事业。
老师说的<u>一番</u>话深深打动了我们。

958　一模一样　　yìmú-yíyàng　　as like as two peas

你看这父子俩的眼睛，简直<u>一模一样</u>。
我买了一双跟你<u>一模一样</u>的拖鞋。

959　一齐　　yìqí　　*adv.*　　simultaneously

下课后大家<u>一齐</u>离开了教室。
我说完后，他们三个人<u>一齐</u>笑了起来。

960　一时　　yìshí

（1）*n.*　　a short while
困难是<u>一时</u>的，我相信很快就会过去。
后面还有很长时间可以慢慢想办法，你现在不用着急这<u>一时</u>。
（2）*adv.*　　temporarily; one moment..., the next...
我认识那个人，只是<u>一时</u>想不起来他的名字了。
高原上天气变化大，<u>一时</u>晴，<u>一时</u>雨，<u>一时</u>冷，<u>一时</u>热。

◎ 速练　Quick practice

一、先根据词语写拼音，再将词语和正确的英文释义连起来
Write Pinyin according to the words, and then match the words with the correct English definitions.

1. 野 _____　　　A. essential factor

2. 依赖 _____　　B. wild; rude; unrestrained

3. 一贯 _____　　C. rely on

4. 仪器 _____　　D. consistent

5. 一番 _____　　E. instrument

6. 遗憾 _____　　F. ceremony

7. 要素 _____　　G. regretful, sorry; regret, pity

8. 仪式 _____　　H. *referring to a process or an action that takes time and effort*; kind, sort

二、选择合适的词语填空　Choose the right words and fill in the blanks.

（一）　A. 要好　　B. 要么　　C. 要素　　D. 野　　E. 野生

1. 水、阳光、空气是满足人类生存需要的三个基本____。

2. 放了两个月的假，我的心都玩儿____了，一点儿也不想回去上学。

3. 我们家跟邻居们的关系很____。

4. 由于污染严重，这条河里的____鱼类越来越少。

5. 你____就继续考研究生，____就出去找工作，反正不能这样每天在家待着。

（二）　　A.医药　　B.依次　　C.依赖　　D.一次性　　E.一代

1. 小明这次看病花了两千多块钱的____费。

2. 我们没有完成的事业，希望下____能替我们完成。

3. 这么多钱我们没办法____全部付给你，只能每个月给你一部分。

4. 他做什么事情都喜欢____别人，所以没人愿意跟他一起工作。

5. 典礼开始前，各班同学安静地____进入礼堂。

（三）　　A.一道　　B.一贯　　C.一路上　　D.仪器　　E.仪式

1. 他们俩已经领了结婚证，但是还没有举行____。

2. 我也要下楼，我们____走吧。

3. 我不会使用这些先进的科学____。

4. 爸爸对待工作____认真负责，几十年从来没有犯过错误。

5. ____他都不说话，一直看着车窗外。

（四）　　A.遗憾　　B.一番　　C.一模一样　　D.一齐　　E.一时

1. 经过____装修，这房子看起来漂亮多了。

2. 他们像商量好了一样____回来了。

3. 那本书我____忘了放哪儿了，明天找到了再给你。

4. 失去了这个出国留学的机会，小美觉得很____。

5. 这两本小说的情节____，只是人物的名字不同。

三、选择合适的词语完成句子　Choose the right words to complete the sentences.

1. 我们都买了____保险，这大大减轻了生病时的经济压力。

　　A.医药　　　　B.医疗　　　　C.医学　　　　D.药物

2. 请大家按照自己的号码____过来领取礼物。

　　A.依次　　　　B.依法　　　　C.依旧　　　　D.依照

3. 这几天____在下雨，非常潮湿。

　　A.一道　　　　B.一贯　　　　C.一致　　　　D.一直

4. 这些测量____的使用和维护必须交给专业人员做。

　　A.机器　　　　B.仪器　　　　C.电器　　　　D.武器

5. 他非常____自己走上了吸毒的道路。

　　A.遗憾　　　　B.痛苦　　　　C.后悔　　　　D.犹豫

第49单元　Unit 49

◎ 目标词语　Target words

961. 一同	962. 一行	963. 艺人	964. 议题	965. 异常
966. 意想不到	967. 意愿	968. 因	969. 因素	970. 阴谋
971. 阴影	972. 音量	973. 音像	974. 隐藏	975. 隐私
976. 印	977. 英雄	978. 迎来	979. 影迷	980. 影星

◎ 速记　Quick memory

961　一同　yìtóng　*adv.*　together

上次我跟他们一同参加了一个宴会。
每年假期，我们几个都一同去旅行。

962　一行　yìxíng　*n.*　a group of people travelling together

经理让我陪同他们一行人参观了公司。
我们从北京邀请来的专家团队一行8人昨天已经到了。

963　艺人　yìrén　*n.*　actor, performing artist

经常有民间艺人在那个公园里表演。
那位著名艺人的婚礼成了当天的热点新闻。

964　议题　yìtí　*n.*　topic for discussion

这个关于青少年心理健康的议题吸引了公众的广泛关注。
他们两国之间为了推进交流合作，还有很多议题需要探讨。

965　异常　yìcháng

（1）*adj.*　abnormal
举动异常；气候异常
你的脸色有些异常，是不是身体不舒服？
如果你发现了什么异常的情况，就给警察打电话。

（2）*adv.*　unusually
今年冬天异常寒冷。
这场战斗异常激烈，双方都死伤无数。

966　意想不到　yìxiǎng bú dào　unexpected

我们在生活中常常会碰到意想不到的惊喜。
这趟旅行除了看到了美丽的风景，我们还有一个意想不到的收获。

967　意愿　yìyuàn　*n.*　will, wish

孩子长大了，父母应该尊重他们的意愿。
在这么重要的事情上，你应该表达出自己的真实意愿。

968 因　yīn

（1）prep.　due to
他因病请假了。
因公出差产生的所有费用都由单位承担。
（1）conj.　because
因投资失败，他欠了银行一大笔钱。
因治疗及时，所以爷爷的病情得到了很好的控制。

969 因素　yīnsù　n.　factor

决定性因素；关键因素
自信是他取得胜利的重要因素。
要完成这项工作需要具备一定的计算机操作能力，这对你们来说是有利因素。

970 阴谋　yīnmóu　n.　conspiracy

阴谋破产
他策划了这场阴谋。
你们这群人又打算玩儿什么阴谋？

971 阴影　yīnyǐng　n.　shadow

心理阴影
在朋友的安慰和帮助下，他终于走出了离婚的阴影。
阳光透过窗户照到桌子上，在房间里投下了一片阴影。

972 音量　yīnliàng　n.　(sound) volume

提高音量；降低音量
你们把音量调小一些，不要打扰到邻居。
戴着耳机听音乐时，音量不要太大，否则对耳朵不好。

973 音像　yīnxiàng　n.　audio and video

音像资料
国家对音像制品的发行有严格的法规。
周末我想去音像店逛逛，买一张CD送给要过生日的朋友。

974 隐藏　yǐncáng　v.　hide

隐藏得很深
她把自己隐藏在大树的阴影下偷偷流泪。
他不太喜欢跟人交流，总是把自己的想法隐藏起来。

975 隐私　yǐnsī　n.　privacy

隐私问题；透露隐私；打听隐私
我们应该尊重别人的隐私。
这个问题涉及个人隐私，我们不方便回答。

976 印　yìn　v.　print

这本书的第一页印着作者的照片。
田老师说的话深深印在了我的心里。

977 **英雄** yīngxióng *n.* hero

人民英雄；英雄人物；古代英雄
听了救火英雄们的报告，大家都非常感动。
那些为国牺牲的战斗英雄永远活在人民心中。

978 **迎来** yínglái welcome, usher in, greet

这家新酒店今天迎来了第一批客人。
在大家的共同努力下，我们终于迎来了胜利。

979 **影迷** yǐngmí *n.* movie fan

那个明星有大批影迷。
今天有个电影明星要来这儿参加活动，现场来了很多他的影迷。

980 **影星** yǐngxīng *n.* movie star

那位影星的出现吸引来了不少影迷。
经过多年努力，他从一名普通演员成长为了国际著名影星。

◎ 速练　Quick practice

一、先根据词语写拼音，再将词语和正确的英文释义连起来
Write Pinyin according to the words, and then match the words with the correct English definitions.

1. 印 _____　　　A. topic for discussion

2. 议题 _____　　　B. abnormal; unusually

3. 英雄 _____　　　C. conspiracy

4. 隐私 _____　　　D. shadow

5. 隐藏 _____　　　E. hide

6. 阴影 _____　　　F. privacy

7. 异常 _____　　　G. print

8. 阴谋 _____　　　H. hero

二、选择合适的词语填空　Choose the right words and fill in the blanks.

（一）　A. 一同　　B. 一行　　C. 艺人　　D. 议题　　E. 异常

1. 我们双方在这个重要____上达成了一致意见。

2. 金司长____人今天考察了我们企业。

3. 超市里那个人的举动十分____，好像在偷东西。

4. 小周搬新家了，周末我们____去他家玩儿吧。

5. 这些年有不少____因为吸毒毁了自己的人生和事业。

（二） A. 意想不到　　B. 意愿　　C. 因　　D. 因素　　E. 阴谋

1. 影响地球气候变化的____很多，其中一部分跟人类活动有关。
2. ____工作需要，他被派到外地去考察。
3. 她一直在按照父母的____生活，所以感觉非常不快乐。
4. 我们要小心敌人在群众中搞____活动。
5. 受到这场____的打击后，他完全失去了信心。

（三） A. 阴影　　B. 音量　　C. 音像　　D. 隐藏　　E. 隐私

1. 你不能一直活在失败的____中，要慢慢走出来，继续为理想奋斗。
2. 这个秘密在我心中____了几十年，从来没对别人说过。
3. 她喜欢到处打听其他人的____，所以大家都很讨厌她。
4. 随着网络的发展，网上的____资源越来越丰富。
5. 说到重要通知的时候，老师提高了____。

（四） A. 印　　B. 英雄　　C. 迎来　　D. 影迷　　E. 影星

1. 电影院为了做宣传，邀请了不少____免费观看新电影。
2. 连续下了一个月的雨，今天总算____了太阳。
3. 我数学学得不好，一看见那些____在试卷上的数字就头疼。
4. 我们企业邀请了一位著名____来为新产品做广告宣传。
5. 那位____救了三个儿童，连名字都没留下就悄悄离开了。

三、选择合适的词语完成句子　Choose the right words to complete the sentences.

1. 我们俩有很多的共同____，每次见面都有聊不完的天儿。
   A. 议题　　B. 话题　　C. 主题　　D. 标题
2. 你不用考虑别人怎么想，只要根据自己的____来选择就可以了。
   A. 意愿　　B. 志愿　　C. 心愿　　D. 愿望
3. 虽然已经过了这么多年，但当时的情景还清楚地____在我的脑子里。
   A. 打印　　B. 复印　　C. 印刷　　D. 印
4. 为了表示尊重，他专门到机场来____对方公司的代表。
   A. 迎来　　B. 迎接　　C. 接待　　D. 对待
5. 请不要随便透露别人的____，这是非常没有礼貌的。
   A. 隐私　　B. 私人　　C. 隐藏　　D. 神秘

第50单元　Unit 50

◎ 目标词语　Target words

981. 应对	982. 应急	983. 用处	984. 用得着	985. 用法
986. 用品	987. 用心	988. 优质	989. 游人	990. 游玩
991. 游戏机	992. 游行	993. 有关	994. 有没有	995. 有事
996. 于	997. 娱乐	998. 愉快	999. 与	1000. 宇航员

◎ 速记　Quick memory

981　应对　yìngduì　v.　answer; deal with

应对考试；灵活应对
他非常善于应对这一类的问题。
我们已经准备好应对未来的任何挑战了。

982　应急　yìng//jí　meet an emergency

应急灯；应急准备；应急工作；应急设备；应急人员；应急方案
发生异常情况后，我们立即采取了应急措施。
我爸爸突然住院了，你能借我点儿钱应个急吗？

983　用处　yòngchù　n.　use

这个东西看着漂亮，其实没什么用处。
这些资料要好好保存，将来还会有用处的。

984　用得着　yòngdezháo　v.　need, find sth. useful

这么简单的问题还用得着问老师吗？
如果这些书你用得着，就送给你吧。

985　用法　yòngfǎ　n.　use, usage

妈妈已经基本掌握了电脑的用法。
这是新买的微波炉，我要先看看用法说明。

986　用品　yòngpǐn　n.　articles for use

学习用品；医疗用品；生活用品；体育用品；美容用品
经理让我们去买一些办公用品回来。
这些都是妇女用品，你一个大男人用得着吗？

987　用心　yòngxīn　n.　motive, intention

他这么做有什么特别的用心吗？
他不懂父母的用心，总是抱怨他们管得太严了。

988　优质　yōuzhì　adj.　superb

优质商品；优质食品

我们将为顾客提供优质的服务。
我们的优质产品已经被销售到世界各地了。

989 游人　　yóurén　　n.　tourist

大量游人
许多游人会在这里拍照。
这儿的美丽名胜吸引来了无数游人。

990 游玩　　yóuwán　　v.　have fun, play; go sightseeing, visit

外出游玩；游玩计划
一放假，我们就四处游玩。
今天天气很好，适合出门游玩。

991 游戏机　yóuxìjī　　n.　video game player

这台电子游戏机是哥哥送我的礼物。
他上课的时候打游戏机，被老师没收了。

992 游行　　yóuxíng　　v.　parade

抗议游行；罢工游行；游行队伍
游行的人们手里举着国旗。
明天上午将在城里举行庆祝游行，到时会有表演，咱们也去看看吧。

993 有关　　yǒuguān　　v.　concern, be related to

有关人员；有关单位；有关方面
这件事跟我们学校有关，所以领导非常重视。
我们已经给有关部门打电话了，希望他们尽快解决这个问题。

994 有没有　yǒu méiyǒu　used to ask whether sth. happened in the past or whether sb. has sth.

他们有没有参加昨天的庆祝游行？
你有没有那个影星的签名海报？

995 有事　　yǒushì　　v.　have something to do, be occupied

小马在家吗？我找他有事。
今天下午我临时有事，不能陪你去逛街了。

996 于　　yú　　prep.　in, on, at

这家企业创立于1920年。
今年的经济峰会将于12月在北京举行。

997 娱乐　　yúlè

（1）v.　entertain, have fun
这些娱乐场所的消费都不低，确定要去吗？
忙了一个月了，我们也该去娱乐娱乐了。
（2）n.　recreational activity, hobby
看书是他唯一的娱乐。
在我看来，打球是一种运动，也是一种娱乐。

998 **愉快**　yúkuài　*adj.*　happy, cheerful

心情<u>愉快</u>
今天我们聊得很<u>愉快</u>。
他脸上露出了<u>愉快</u>的微笑。

999 **与**　yǔ

（1）*prep.*　with
这件事<u>与</u>你有关吗？
现在的情况<u>与</u>过去不同了。
（2）*conj.*　and
我在大学里从事教学<u>与</u>研究工作。
老师<u>与</u>学生之间应该建立互相信任的关系。

1000 **宇航员**　yǔhángyuán　*n.*　astronaut

孩子们觉得<u>宇航员</u>实在是太酷了！
<u>宇航员</u>在太空进行了各种科学实验。

◎ 速练　Quick practice

一、先根据词语写拼音，再将词语和正确的英文释义连起来
Write Pinyin according to the words, and then match the words with the correct English definitions.

1. 优质 _____　　A. meet an emergency

2. 游行 _____　　B. use

3. 娱乐 _____　　C. superb

4. 愉快 _____　　D. have fun, play; go sightseeing, visit

5. 游玩 _____　　E. parade

6. 用处 _____　　F. entertain, have fun; recreational activity, hobby

7. 应急 _____　　G. happy, cheerful

8. 宇航员 _____　H. astronaut

二、选择合适的词语填空　Choose the right words and fill in the blanks.

（一）　A. 应对　　B. 应急　　C. 用处　　D. 用得着　　E. 用法

1. 这些钱你先存着，以后结婚、生孩子一定____。

2. 这本词典的____不大，不值得买。

3. 大家应该团结起来，共同____这场危机。

4. 我们不但要理解词语的意思，还要懂得它的____。

5. 我们每年这个季节都会在洪水到来以前做好____准备。

（二） A.用品 B.用心 C.优质 D.游人 E.游玩

1. 这些____大米深受消费者欢迎，一上市就卖光了。

2. 周末的时候，爸爸开车带我们外出____。

3. 一个不认识的人突然对你很热情，一定要注意他有没有不好的____。

4. 节日期间，这些公园都是免费向____开放的。

5. 我要出两天差，需要带一些简单的生活____。

（三） A.游戏机 B.游行 C.有关 D.有没有 E.有事

1. 国庆节的时候，大家都高兴地走到马路上，举行庆祝____。

2. 你____跟这件一模一样的外套？

3. 爸爸说他晚上____，就不回家吃饭了。

4. 这些小孩子整天玩儿____，缺乏运动，这样非常不健康。

5. 你说的情况我不太了解，你可以找其他____同事问一下儿。

（四） A.于 B.娱乐 C.愉快 D.与 E.宇航员

1. 邀请信已经____上周寄出。

2. 音乐____美术都是艺术表现形式。

3. 孩子们在学校里的生活过得很____。

4. 这附近有一些____场所，我和朋友们休息时常去。

5. 我弟弟的理想是将来当一名____。

三、选择合适的词语完成句子 Choose the right words to complete the sentences.

1. 我们已经做好了充分的准备，遇到任何问题都可以灵活____。

   A.对应 B.应对 C.回答 D.对付

2. 虽然妈妈在家总是让我做这做那，但我明白她的____，是希望我能学会自己照顾自己，早点儿独立。

   A.用处 B.用法 C.用途 D.用心

3. 因为工作出色，白老师被评为了"____教师"。

   A.优质 B.优良 C.优秀 D.优点

4. 我的写字台上比较乱，摆满了各种____，有吃的、玩儿的、用的……

   A.物品 B.用品 C.商品 D.产品

5. 我买了一套平时在家穿的很____的服装。

   A.娱乐 B.休闲 C.轻松 D.放松

第51单元　Unit 51

◎ 目标词语　Target words

1001. 雨衣	1002. 预约	1003. 元素	1004. 园	1005. 原地
1006. 原	1007. 原告	1008. 原谅	1009. 圆珠笔	1010. 援助
1011. 缘故	1012. 远方	1013. 远离	1014. 远远	1015. 约定
1016. 乐曲	1017. 晕	1018. 允许	1019. 运作	1020. 晕车

◎ 速记　Quick memory

1001 雨衣　yǔyī　n.　raincoat

我穿的这件黄色雨衣是新买的。
骑车上下班的人一般会准备一件雨衣。

1002 预约　yùyuē　v.　make an appointment

取消预约；网上预约；预约时间
如果要找方大夫看病，您需要提前预约。
这个博物馆每天只接待800名参观者，我们可以先电话预约。

1003 元素　yuánsù　n.　element

这位现代艺术家在他的音乐作品中融入了一些科技元素。
这条河的水中检测出了一些对人的身体有害的化学（huàxué, chemistry）元素。

1004 园　yuán　n.　area of land for growing plants; place for public recreation

爷爷整天在他的菜园里辛苦劳动。
我儿子想去动物园看大熊猫。

1005 原地　yuándì　n.　the same place

原地等待
活动结束后，你就留在原地等我去接你。
跟他同时进公司的同事已经当上经理了，他却一直停留在原地，没有任何进步。

1006 原　yuán　adj.　original

生产这些家具的原材料都是进口的。
就算他退出，我们也要按原计划进行这次活动。

1007 原告　yuángào　n.　plaintiff, prosecutor

原告打赢了这场官司。
原告已经向上级法院提出上诉（shàngsù, appeal）了。

1008 原谅　yuánliàng　v.　forgive

这件事是我们不对，请您原谅。

你好好给他道个歉，我相信他会原谅你的。

1009 圆珠笔 yuánzhūbǐ *n.* ballpoint pen

圆珠笔是一个伟大的发明。
试卷的这个部分不能用圆珠笔写，要用铅笔。

1010 援助 yuánzhù *v.* aid

法律援助；大力援助；国家援助
国际社会援助灾区人民重建家园。
他们盼望着援助物品能早点儿到来。

1011 缘故 yuángù *n.* reason

不知什么缘故，姐姐今天情绪不太好。
金融危机的缘故，很多小公司都倒闭了。

1012 远方 yuǎnfāng *n.* distant place

我看着列车渐渐消失在远方。
为了迎接远方来的客人，我们特地准备了好酒好菜。

1013 远离 yuǎnlí *v.* stay far away (from), leave for a distance place

远离城市
健康的生活习惯可以帮助人们远离疾病。
她十几岁的时候就远离家乡，一个人去外地读书了。

1014 远远 yuǎnyuǎn afar; far, greatly

那个人远远看上去好像是我认识的什么人。
由于采用了新的生产技术，我们今年的产量远远超过了去年。

1015 约定 yuēdìng *v.* appoint

遵守约定；违反约定
我们约定十分钟后在路口见面。
按照约定，这笔钱最晚明天要付给我们。

1016 乐曲 yuèqǔ *n.* (a piece of) music

他一生中创作了不少有名的乐曲。
姐姐用钢琴为我们演奏了一首优美的乐曲。

1017 晕 yūn

（1）*v.* faint
气晕；吓晕；累晕
她被这可怕的消息吓得晕过去了。
今天太阳实在太大了，我快被晒晕了。
（2）*adj.* dizzy, giddy
这些孩子把我吵得晕头晕脑的。
我好像发烧了，觉得头有点儿晕。

1018 允许 yǔnxǔ *v.* allow

法律允许；获得允许

办公室里不允许吸烟。
没有得到老师允许，你不能离开学校。

1019 运作   yùnzuò   v.   operate

企业运作；商业运作；正常运作
任何一个行业都有自己的运作规律。
大部分机器都需要依靠电力才能运作。

1020 晕车   yùn//chē   be carsick

晕车药
你的脸色不太好，是晕车了吗？
我有点儿晕车，可以让我坐靠窗的座位吗？

◎ **速练   Quick practice**

一、先根据词语写拼音，再将词语和正确的英文释义连起来
Write Pinyin according to the words, and then match the words with the correct English definitions.

1. 允许 _____   A. make an appointment

2. 元素 _____   B. element

3. 原告 _____   C. plaintiff, prosecutor

4. 晕车 _____   D. aid

5. 原谅 _____   E. reason

6. 缘故 _____   F. allow

7. 预约 _____   G. be carsick

8. 援助 _____   H. forgive

二、选择合适的词语填空   Choose the right words and fill in the blanks.

（一）   A. 雨衣   B. 预约   C. 元素   D. 园   E. 原地

1. 中国的古人认为金、木、水、火、土是构成世界上所有物质的五种基本____。

2. 操场上有一群穿着____的小朋友正在雨中玩儿。

3. 这个植物____里有一百多种不同的花。

4. 女朋友离开后，他还一直站在____。

5. 前面那位顾客____的时间已经过了，他大概不会来了。

（二）   A. 原   B. 原告   C. 原谅   D. 圆珠笔   E. 援助

1. 她不愿意____这个深深伤害过自己的人。

2. 这些孤儿需要大家的____和关爱。

3. ____提供了大量的有效证据。

4. 这支____是我找同学借的。

5. 我____以为他会答应我们的要求，没想到他拒绝了。

（三）　　A. 缘故　　B. 远方　　C. 远离　　D. 远远　　E. 约定

1. 可能是气候的____，最近我的皮肤状态好了很多。

2. 这个地方____城市，环境非常好。

3. 他站在山顶看着____的大海，陷入了回忆。

4. ____的时间一到，我们就开始举行仪式，所以你千万不能迟到。

5. 这点儿钱买房子是____不够的。

（四）　　A. 乐曲　　B. 晕　　C. 允许　　D. 运作　　E. 晕车

1. A：小丽刚才怎么____倒在地上了？

   B：她为了减肥，已经两天没吃饭了。

2. 我们必须严格管理、严格组织，这样企业才能正常____。

3. 大家都被这感人的____打动了。

4. 不是我不想去看你，而是时间不____。

5. 车在山路上行驶的时候，人很容易____。

三、选择合适的词语完成句子　Choose the right words to complete the sentences.

1. 小明____我明天去公园玩儿。

   A. 约　　　　B. 约会　　　　C. 约定　　　　D. 预约

2. 这条街是不____停车的。

   A. 同意　　　B. 许可　　　　C. 允许　　　　D. 答应

3. 这个主意听起来不错，但还得再看看实际____的效果。

   A. 运　　　　B. 动作　　　　C. 运动　　　　D. 运作

4. 她很害怕狗，一看到狗就离得____的。

   A. 远远　　　B. 远处　　　　C. 远方　　　　D. 长远

5. 吸毒的危害特别大，我们一定要____毒品。

   A. 离　　　　B. 离开　　　　C. 分离　　　　D. 远离

第52单元　Unit 52

◎ 目标词语　Target words

1021. 杂	1022. 再生	1023. 再说	1024. 遭到	1025. 遭受
1026. 遭遇	1027. 早晚	1028. 增进	1029. 增值	1030. 扎
1031. 扎实	1032. 炸	1033. 炸弹	1034. 炸药	1035. 债
1036. 占据	1037. 战场	1038. 战略	1039. 战术	1040. 战友

◎ 速记　Quick memory

1021 杂　zá　*adj.*　miscellaneous

那个地方什么样的人都有，很杂，你要注意安全。
他每天在办公室干一些杂活儿，比如：接电话、打扫卫生、复印资料……

1022 再生　zàishēng　*v.*　regenerate

地球上很多资源都是无法再生的，所以我们要节约和保护它们。
有一些动物的身体有再生能力，比如壁虎（bìhǔ, gecko）的尾巴断了，不久又会长出来。

1023 再说　zàishuō

（1）*v.*　put off until some time later
这件事我不能决定，等经理回来再说吧。
这些东西你先拿去用吧，钱的事以后再说。
（2）*conj.*　besides, moreover
这套房子离公司近，再说房租也便宜，我们就租这套吧。
他是第一次来我们这儿，再说还带了那么多行李，我们还是去接一下儿他吧。

1024 遭到　zāodào　　meet with (misfortune)

遭到打击
当地的房屋在这场暴风雨中遭到了严重破坏。
尽管遭到强烈反对，但这个建议还是被采纳了。

1025 遭受　zāoshòu　*v.*　suffer

遭受打击；遭受破坏
他们遭受的痛苦是你想象不到的。
我们在这次金融危机中遭受了巨大的损失。

1026 遭遇　zāoyù

（1）*v.*　encounter
遭遇敌人
他在工作过程中遭遇了不少困难。
他在遭遇失败的时候也没有放弃希望和努力。
（2）*n.*　(bitter) experience
不幸的遭遇

225

我很同情你的遭遇，但我什么也做不了。
一想到他童年的悲惨遭遇，我们就忍不住流下眼泪。

1027 早晚 zǎowǎn

（1）*n.* morning and evening
他每天早晚都要喝一杯牛奶。
这种药早晚各服一次，每次三片。
（2）*adv.* sooner or later
他早晚会来的，你就别着急了。
像你们这样工作，早晚要出问题的。

1028 增进 zēngjìn *v.* enhance, promote

增进团结；增进了解；增进信任
你要多陪陪孩子才能增进你们父子之间的感情。
为了增进两国之间的友谊，我们做了很多努力。

1029 增值 zēngzhí *v.* increase in value

他投资的股票增值了。
这座城市有很大的发展潜力，买这儿的房子将来一定会增值。

1030 扎 zhā *v.* prick

扎伤；扎流血
他用笔在纸上扎了几个洞。
我用剪刀的时候，不小心把手扎破了。

1031 扎实 zhāshi *adj.* solid, down to earth

她的基础知识学得很扎实。
每个人都扎实做好自己的工作，我们就能完成好这项任务。

1032 炸 zhà *v.* explode

他在一场事故中被炸伤了。
气球突然炸了，大家都吓了一跳。

1033 炸弹 zhàdàn *n.* bomb

飞机从空中把炸弹投了下来。
这颗炸弹夺走了无数人的生命。

1034 炸药 zhàyào *n.* explosive

炸药是危险物品。
小心！那个袋子里包着的是炸药！

1035 债 zhài *n.* debt

国债；血债
小林欠了银行一大笔债。
这些钱是用来还债的，不能给你。

1036 占据 zhànjù *v.* occupy, hold

现在我们在比赛中占据优势。

商业活动在现代社会中占据着重要地位。

1037 战场　zhànchǎng　*n.*　battlefield

他哥哥在战场上牺牲了。
这些伤员都是刚从战场上下来的。

1038 战略　zhànlüè　*n.*　strategy

战略思想；战略眼光；战略目标；战略任务
制订战略很重要，但是执行更重要。
这两个国家之间是战略合作伙伴关系。

1039 战术　zhànshù　*n.*　tactics

战术大胆；使用战术
比赛中我们可以采取灵活的进攻战术。
为了赢得胜利，我们暂时采取了防守战术。

1040 战友　zhànyǒu　*n.*　comrade-in-arms

爸爸一直和他的老战友保持着联系。
我们有五名战友在昨天的战斗中牺牲了。

◎ **速练　Quick practice**

一、先根据词语写拼音，再将词语和正确的英文释义连起来
Write Pinyin according to the words, and then match the words with the correct English definitions.

1. 杂 ＿＿＿＿＿＿＿　　A. suffer

2. 扎 ＿＿＿＿＿＿＿　　B. prick

3. 炸 ＿＿＿＿＿＿＿　　C. increase in value

4. 债 ＿＿＿＿＿＿＿　　D. miscellaneous

5. 遭受 ＿＿＿＿＿＿　　E. occupy, hold

6. 增值 ＿＿＿＿＿＿　　F. debt

7. 占据 ＿＿＿＿＿＿　　G. strategy

8. 战略 ＿＿＿＿＿＿　　H. explode

二、选择合适的词语填空　Choose the right words and fill in the blanks.

（一）　A. 杂　　B. 再生　　C. 再说　　D. 遭到　　E. 遭遇

1. 他现在正在生气，你说什么他都不会听的，还是等他冷静下来＿＿＿吧。

2. 过去的＿＿＿让他变得更加勇敢坚强。

3. 我们提出的要求＿＿＿了对方的拒绝。

4. 这种药物可以促进细胞____，对于一些疾病的治疗有很好的效果。

5. A：我看你常常去图书馆，你喜欢看什么书？

　　B：我看的书比较____，文学的、经济的都有，碰到什么就看什么。

（二）　　A. 遭受　　　B. 早晚　　　C. 增进　　　D. 增值　　　E. 扎

1. 不断地学习会让你的人生____。

2. 他的身体在这次事故中____了严重的伤害。

3. 他被地上的碎玻璃____伤了。

4. 你这么努力，我相信你____会成功的。

5. 通过这两次谈话，我们____了对彼此的了解。

（三）　　A. 扎实　　　B. 炸　　　C. 炸弹　　　D. 战术　　　E. 债

1. 这座城市遭到了____的攻击。

2. 这些工人都受过____的培训，也有丰富的经验。

3. 目前的情况对我们不利，我们需要改变____。

4. 我欠的____越来越多，怎么还也还不完。

5. 他们的房子在战争中被____毁了。

（四）　　A. 占据　　　B. 战场　　　C. 战略　　　D. 炸药　　　E. 战友

1. 我们的____是先防守，消耗对方的力气，再主动进攻。

2. 这个柜子太大了，几乎____了半个房间。

3. ____之间的友谊是非常珍贵的。

4. 这种____是在工业中使用的，比如建筑、采（cǎi, mine）矿等行业中都会用到。

5. 哥哥平安地从____上回来了，全家人都松了一口气。

三、选择合适的词语完成句子　　Choose the right words to complete the sentences.

1. 吃这种酸酸甜甜的水果可以____食欲。

　　A. 增产　　　　B. 增值　　　　C. 增多　　　　D. 增进

2. 你看这年轻人的身体多么____有力。

　　A. 扎实　　　　B. 结实　　　　C. 老实　　　　D. 真实

3. 她少得可怜的休息时间也被各种家务____了。

　　A. 占领　　　　B. 拥有　　　　C. 占有　　　　D. 占据

4. 生活和工作中处理问题的时候要讲究____。

   A. 战略   B. 策略   C. 战术   D. 技术

5. 他不喜欢整理房间，所以房间里总是很____。

   A. 杂   B. 复杂   C. 乱   D. 混乱

第 53 单元　Unit 53

◎ 目标词语　Target words

1041. 站台	1042. 章	1043. 长	1044. 掌声	1045. 账
1046. 账户	1047. 涨	1048. 障碍	1049. 招	1050. 招聘
1051. 照样	1052. 照耀	1053. 哲学	1054. 这就是说	1055. 镇
1056. 争夺	1057. 整顿	1058. 整治	1059. 正当	1060. 政策

◎ 速记　Quick memory

1041 站台　zhàntái　*n.*　platform

按照规定，上站台送行的人必须购买站台票。
火车已经开走了，站台上送行的人也纷纷离开了。

1042 章　zhāng　*m.*　chapter

这本书共有十二章。
论文的最后一章还没写完。

1043 长　zhǎng　*suf.*　chief, head, leader

省长；局长；校长；院长；班长
这位是北京市的市长。
他曾经担任联合国秘书长。

1044 掌声　zhǎngshēng　*n.*　applause

田老师在大家的掌声中走上了舞台。
让我们用热烈的掌声欢迎今天的嘉宾。

1045 账　zhàng　*n.*　account; debt

王会计是给我们公司管账的。
你别想赖账，你欠我的五百块到底什么时候还？

1046 账户　zhànghù　*n.*　account

个人账户；公司账户
妈妈每个月都会往我的银行账户里存两千块的生活费。
参加工作以后，我开通了一个账户，专门用来接收工资。

1047 涨　zhàng　*v.*　swell up; (of the head) be swelled by a rush of blood; be more, larger, etc. than expected

这种毛巾平时只有一块糖那么大，但遇到水就会涨开。
她因为生气，脸涨得通红。
上个月，他把钱花涨了。

230

第53单元

1048 障碍 zhàng'ài

（1）*n.* obstacle
设置障碍；产生障碍；排除障碍；文化障碍
面对困难的时候，首先要克服心理上的障碍。
因为语言的障碍，这两个来自不同国家的人没办法交流。
（2）*v.* hinder
这辆车停在这里障碍了大家的通行。
我们要拆除这些障碍交通的建筑物。

1049 招 zhāo *v.* beckon; recruit; bring about (something bad); offend; cause

我看见他站在阳台上对我招手。
今年我们公司计划招20名新员工。
以后不要再说这种招灾的话了。
这个孩子爱哭，你别招他。
这只小猫真招人喜欢。

1050 招聘 zhāopìn *v.* recruit

公开招聘；进行招聘
我们公司每年都会招聘一些新职员。
他正在看网上的招聘启事，想找一份新工作。

1051 照样 zhàoyàng *adv.* as before

虽然今天很冷，但爷爷照样去游泳了。
老师已经批评他很多次了，可他每天还是照样迟到。

1052 照耀 zhàoyào *v.* shine

妈妈的爱像太阳一样照耀我成长。
阳光照耀着大地，生活多么美好啊！

1053 哲学 zhéxué *n.* philosophy

哲学家；中国哲学；西方哲学；现代哲学
这些问题都是跟哲学有关的。
我看不懂这本关于古典哲学的书。

1054 这就是说 zhè jiùshì shuō that is to say

爸爸今晚要加班，这就是说，他不能回家吃晚饭了。
我账户里已经没钱了，这就是说，我不能去旅游了。

1055 镇 zhèn

（1）*v.* press down; cool with ice or cold water
这种药贴在背上可以镇痛。
把西瓜放在冰箱里镇一镇再吃吧。
（2）*n.* town
我住在一个环境优美的小镇里。
奶奶每个周末都会带我去镇上买好吃的。

1056 争夺　　zhēngduó　　v.　　fight for

激烈争夺；争夺市场；争夺遗产
这是一场争夺权力的斗争。
两支队伍将在明晚的比赛中争夺冠军。

1057 整顿　　zhěngdùn　　v.　　rectify

整顿思想；整顿队伍；整顿市场；彻底整顿
经过整顿以后，那条路的堵车情况有了明显改善。
最近学生们的表现很不好，需要好好整顿一下儿课堂纪律。

1058 整治　　zhěngzhì　　v.　　regulate, renovate; punish

整治市场；大力整治；整治坏人
这条大河一下大雨就会发洪水，政府决心进行整治。
有关部门正在整治乱收费现象。

1059 正当　　zhèngdàng　　adj.　　proper

正当行业；正当生意
他们用不正当的手段赢得了这场比赛。
妈妈希望她找一份正当工作，不要每天在家做梦当明星。

1060 政策　　zhèngcè　　n.　　policy

制定政策；执行政策；经济政策；教育政策
中国一贯坚持独立自主的外交政策。
我们在农村实施的各项政策已经取得了良好效果。

◎ 速练　Quick practice

一、先根据词语写拼音，再将词语和正确的英文释义连起来
Write Pinyin according to the words, and then match the words with the correct English definitions.

1. 账 _____　　A. obstacle; hinder

2. 镇 _____　　B. account; debt

3. 整顿 _____　　C. recruit

4. 障碍 _____　　D. press down; cool with ice or cold water; town

5. 政策 _____　　E. shine

6. 照耀 _____　　F. philosophy

7. 哲学 _____　　G. rectify

8. 招聘 _____　　H. policy

二、选择合适的词语填空　Choose the right words and fill in the blanks.

（一）　　A.站台　　　B.章　　　C.长　　　D.掌声　　　E.账

1. 妈妈每天都会记____，她说这样能了解家里的经济状况。

2. 听说你们学校换了新的校____。

3. 哥哥坐的车已经离开了____，妈妈还一直站在原地没动。

4. 他的发言赢得了大家的____。

5. 你借给我的书我已经读到第八____了。

（二）　　A.账户　　　B.涨　　　C.障碍　　　D.招　　　E.招聘

1. 语言不通不会成为艺术交流中的____，人们可以用心交流。

2. 每年夏天，学校都会派老师去全国各地____生。

3. 开了一下午的会，我头昏脑____。

4. 你一把钱打到我们公司____，我们就会把产品寄给你。

5. 这次的____工作由高经理负责。

（三）　　A.照样　　　B.整治　　　C.哲学　　　D.这就是说　　　E.镇

1. 你没那么重要，没有你公司也____正常运作。

2. 他是中国著名的____家。

3. 爸爸一发脾气，调皮的弟弟就被____住了。

4. 老师问他什么，他都不知道，____，他完全没有认真学习。

5. 政府将严肃____污染企业。

（四）　　A.争夺　　　B.整顿　　　C.照耀　　　D.正当　　　E.政策

1. 这些小饭馆的卫生环境需要好好____，因为关系到消费者的身体健康。

2. 这次会议没有____理由不允许请假。

3. 灯光把房间里____得如同白天。

4. 改革开放的____让中国的经济有了很大发展。

5. 两家公司为了____市场，进行了各种宣传和打折促销活动。

三、选择合适的词语完成句子　Choose the right words to complete the sentences.

1. 今年公司发展得很快，所以员工不足，我们已经发布了____广告。

　　A.招　　　　　B.招聘　　　　　C.请　　　　　D.聘请

2. 明天报名需要交一张照片，所以他____去了。

   A. 按照　　　　B. 依照　　　　C. 照相　　　　D. 照样

3. 为了____父亲留下来的财产，他们兄弟俩打起了官司。

   A. 争取　　　　B. 竞争　　　　C. 斗争　　　　D. 争夺

4. 我们鼓励____竞争，不允许采用不合法的手段。

   A. 正当　　　　B. 正式　　　　C. 恰当　　　　D. 适当

5. 因为掌握的信息有误，公司做出了错误的____。

   A. 政治　　　　B. 政策　　　　C. 策略　　　　D. 决策

第 54 单元　Unit 54

◎ **目标词语　Target words**

1061. 政党	1062. 政权	1063. 症状	1064. 之类	1065. 支撑
1066. 支援	1067. 枝	1068. 知名	1069. 织	1070. 直升机
1071. 职责	1072. 止	1073. 只得	1074. 只顾	1075. 只管
1076. 指定	1077. 指数	1078. 指头	1079. 指着	1080. 至于

◎ **速记　Quick memory**

1061 政党　zhèngdǎng　*n.*　(political) party

他没有加入任何政党。
这个政党受到该国群众的广泛支持。

1062 政权　zhèngquán　*n.*　political power

争夺政权；政权稳定
新的政党掌握了国家的政权。
为了巩固政权，他们采取了改革措施。

1063 症状　zhèngzhuàng　*n.*　symptom

这种疾病在早期没有任何症状。
感冒时常常会出现发烧、头疼等症状。

1064 之类　zhīlèi　*n.*　and so on

我去超市买了些牛奶、面包之类的食物。
打印之类的小事情就让小白去做吧，我们还有重要任务。

1065 支撑　zhīchēng　*v.*　be barely able to maintain; sustain, support, prop up

爸爸去世以后，一家人的生活就靠妈妈一个人支撑。
这张桌子断了一条腿，先找个东西支撑一下儿，明天请师傅来修。

1066 支援　zhīyuán

（1）*v.*　assist, help, support
支援战友
大家纷纷捐钱捐物支援灾区人民。
我们要大力支援农村地区的经济建设。
（2）*n.*　assistance, support
接受支援
我们需要一些技术支援。
他们将向灾区人民提供医药支援。

1067 枝 zhī

（1）*n.* branch
看！一只小鸟正站在枝头歌唱。
一场暴风雨后，树枝（shùzhī, branch）折断了不少。
（2）*m.* a measure word for flowers with stems intact
他手里拿着一枝花。

1068 知名 zhīmíng *adj.* well-known

知名演员；知名人士；知名品牌
他是一位知名作家。
这个品牌在国外有很高的知名度。

1069 织 zhī *v.* knit; weave

妈妈给我织了一件暖和的毛衣。
现在已经没有多少人会手工织布了。

1070 直升机 zhíshēngjī *n.* helicopter

他有一架私人直升机。
这架直升机正在执行救援任务。

1071 职责 zhízé *n.* duty, responsibility

保护人民的生命财产安全是警察的职责。
这些工作不在我的职责范围内，所以我不是特别了解。

1072 止 zhǐ *v.* stop

止血（zhǐxuè, stop bleeding）；止痛；止住
我的话就止于此，该怎么做你心里清楚。
听了我说的话，爸爸大笑不止，非常开心。

1073 只得 zhǐdé *adv.* have to

我的车坏了，今天只得坐地铁去公司。
我们都不懂日语，只得请了一个翻译。

1074 只顾 zhǐgù *adv.* be absorbed in, single-mindedly

我们不能只顾眼前的利益，还要考虑将来。
那个年轻的妈妈只顾玩儿手机，孩子摔倒了都没发现。

1075 只管 zhǐguǎn *adv.* by all means, feeling free to

有什么要求你只管提，我们一定满足你。
今天你只管把菜买回来，别的事不用你做。

1076 指定 zhǐdìng *v.* appoint

指定地点；指定范围
这件事你们必须指定一个可靠的人去办。
您指定一个时间，到时候我们过来找您。

1077 **指数**　zhǐshù　*n.*　index

股票指数上涨与很多因素有关。
生活中容易满足的人，幸福指数会比较高。

1078 **指头**　zhǐtou　*n.*　finger; toe

妈妈做饭的时候把一只指头弄伤了。
小明踢球时不小心踢断了脚指头。

1079 **指着**　zhǐzhe　point at

老师正指着黑板给我们解释这个问题。
不要用手指着别人说话，那样很没礼貌。

1080 **至于**　zhìyú

（1）*v.*　go so far as to
这只是一点儿小事，你至于这么生气吗？
他虽然病得有点儿重，但还不至于要住院。
（2）*prep.*　as for
你只管挑你喜欢的买，至于价格你不用考虑。
我只知道大概的情况，至于具体细节你得问我妈妈。

◎ 速练　Quick practice

一、先根据词语写拼音，再将词语和正确的英文释义连起来
Write Pinyin according to the words, and then match the words with the correct English definitions.

1. 织 ＿＿＿＿＿＿＿　　A. (political) party

2. 止 ＿＿＿＿＿＿＿　　B. symptom

3. 症状 ＿＿＿＿＿＿　　C. be barely able to maintain; sustain, support, prop up

4. 支撑 ＿＿＿＿＿＿　　D. assist, help, support; assistance, support

5. 至于 ＿＿＿＿＿＿　　E. knit; weave

6. 政党 ＿＿＿＿＿＿　　F. duty, responsibility

7. 支援 ＿＿＿＿＿＿　　G. stop

8. 职责 ＿＿＿＿＿＿　　H. go so far as to; as for

二、选择合适的词语填空　Choose the right words and fill in the blanks.

（一）　A. 政党　　B. 政权　　C. 症状　　D. 之类　　E. 支撑

1. 吃了药以后，那些＿＿＿就消失了。

2. 父母的爱＿＿＿着我度过了那段最困难的日子。

3. 这是一场争夺＿＿＿的斗争。

4. 每个____都有自己的政治理想。

5. A：他打电话给你说什么了？

B：没什么，就是一些道歉____的话。

（二） A. 支援　　B. 枝　　C. 知名　　D. 织　　E. 直升机

1. 我哥哥会驾驶____。

2. 非常感谢社会各界对我们的____。

3. 这条围巾是他女朋友亲手给他____的。

4. 花瓶里插着一____梅花。

5. 我们省有好几所全国____的大学。

（三） A. 职责　　B. 止　　C. 只得　　D. 只顾　　E. 至于

1. 妻子对他很不满，因为他每天____工作，从不关心家里的事情。

2. 医生的____就是治病救人。

3. 这次考试不难，只要你认真复习了，就不____不及格。

4. 看着我们拿出的证据，他____承认了自己的错误。

5. 他的手被碎玻璃扎破了，医生正在给他____血。

（四） A. 指定　　B. 指数　　C. 指头　　D. 指着　　E. 只管

1. 病人血液检查的各项____都比较正常。

2. 他____墙上的照片高兴地说："看！这是我姐姐。"

3. 你喜欢吃就____吃，冰箱里还有很多呢。

4. 姐姐的____又细又长，很适合弹钢琴。

5. 请大家明天准时在____地点集合。

三、选择合适的词语完成句子　Choose the right words to complete the sentences.

1. 洪水发生前，我们已经做好了各种准备，出现任何____都可以马上处理。

A. 现状　　　　B. 症状　　　　C. 状况　　　　D. 状态

2. 生病后他就失去了工作，一直靠存款____基本生活。

A. 支持　　　　B. 支配　　　　C. 支撑　　　　D. 支援

3. 这件事不是某一个人的错误，我们都应该承担部分____。

A. 职务　　　　B. 职位　　　　C. 职责　　　　D. 责任

4. 父母总是对孩子说:"你____好好读书,家里的事情不用你担心。"

   A. 只得   B. 只好   C. 只有   D. 只管

5. 他每个月都会把房租汇到房东____的账户里。

   A. 指定   B. 规定   C. 制定   D. 决定

第 55 单元　Unit 55

◎ 目标词语　Target words

1081. 治病	1082. 智慧	1083. 中等	1084. 中华	1085. 中期
1086. 中外	1087. 忠心	1088. 钟头	1089. 肿	1090. 种种
1091. 粥	1092. 珠宝	1093. 诸位	1094. 主持人	1095. 主角
1096. 主流	1097. 煮	1098. 住宅	1099. 驻	1100. 柱子

◎ 速记　Quick memory

1081 治病　zhì bìng　cure disease

为了给孩子治病，他们把房子都卖了。
广告上说这种茶可以治病，都是骗人的。

1082 智慧　zhìhuì　*n.*　wisdom

这些现代化的建筑体现了人类的智慧。
我们应该团结起来，运用集体的智慧解决当前的难题。

1083 中等　zhōngděng　*adj.*　secondary, medium

中等规模；中等教育；程度中等
这个姑娘中等身材，不胖也不瘦。
他的收入在这个城市属于中等水平。

1084 中华　Zhōnghuá　*n.*　China

中华大地；中华文化
我们要继承中华民族的优良传统。
无数中华儿女为保卫国家付出了生命。

1085 中期　zhōngqī　*n.*　midterm, middle period

中期检查
他是20世纪90年代中期出国的。
这批新员工都顺利通过了中期考核。

1086 中外　zhōngwài　*n.*　China and foreign countries

政府将召开新闻发布会回答中外记者的提问。
这个古老的城市吸引了无数中外游人前来参观游玩。

1087 忠心　zhōngxīn　*n.*　loyalty

他对国家的一片忠心永远不会动摇。
他是一个忠心为人民服务的好领导。

1088 钟头　zhōngtóu　*n.*　hour

我们每天工作七个钟头。

240

今天堵车，所以路上多花了一个钟头。

1089 肿 zhǒng *v.* swell

红肿
妹妹哭得太厉害了，眼睛都哭肿了。
他刚才摔倒了，现在腿慢慢肿了起来。

1090 种种 zhǒngzhǒng *pron.* a variety of

大家提出了种种解决问题的方法。
人们对这件事产生了种种不同的想法。

1091 粥 zhōu *n.* congee; porridge

奶奶每天早上都要喝一碗粥。
尝尝我做的牛肉粥味道如何。

1092 珠宝 zhūbǎo *n.* jewellery

小偷儿把妈妈的珠宝都偷走了。
这些珠宝都是假的，不值什么钱。

1093 诸位 zhūwèi *pron.* (*a term of respect*) all of you

诸位老师请往这边走。
我有个问题想请教诸位。

1094 主持人 zhǔchírén *n.* compère, host

他们俩将担任这次宴会的主持人。
主持人首先介绍了参加这次会议的领导。

1095 主角 zhǔjué *n.* leading performer, leading role

男主角
你是今天晚会的主角，千万别迟到了。
这部电影的女主角不是什么明星，只是一个普通的农民。

1096 主流 zhǔliú *n.* mainstream

他的想法跟主流思想有些不一致。
这些年轻人听的都是非主流音乐。

1097 煮 zhǔ *v.* cook, boil

煮粥
这个肉还没煮熟。
你饿不饿？我煮碗面给你吃吧。

1098 住宅 zhùzhái *n.* residence

住宅楼；高档住宅
这一片住宅区的环境非常好。
那是私人住宅，我们不能进去。

1099 驻 zhù *v.* be stationed, be posted

他在中国驻日本大使馆工作。

241

这是我们公司驻北京的办事处。

1100 柱子　　zhùzi　　n.　　pillar

这根石头柱子特别结实。
这里的屋顶是由一排柱子支撑起来的。

◎ 速练　Quick practice

一、先根据词语写拼音，再将词语和正确的英文释义连起来
Write Pinyin according to the words, and then match the words with the correct English definitions.

1. 煮 ＿＿＿＿＿＿＿　　　　A. wisdom

2. 肿 ＿＿＿＿＿＿＿　　　　B. loyalty

3. 粥 ＿＿＿＿＿＿＿　　　　C. swell

4. 忠心 ＿＿＿＿＿＿＿　　　D. congee, porridge

5. 智慧 ＿＿＿＿＿＿＿　　　E. (*a term of respect*) all of you

6. 诸位 ＿＿＿＿＿＿＿　　　F. leading performer, leading role

7. 主角 ＿＿＿＿＿＿＿　　　G. cook, boil

8. 柱子 ＿＿＿＿＿＿＿　　　H. pillar

二、选择合适的词语填空　Choose the right words and fill in the blanks.

（一）　A. 治病　　B. 智慧　　C. 中等　　D. 中华　　E. 中期

1. 我们要为国家的建设贡献自己的力量和＿＿＿。

2. 龙是＿＿＿文化的一个重要象征。

3. 家里为给他＿＿＿已经花光了所有的钱。

4. 这是一家＿＿＿规模的企业。

5. 根据目前的情况看来，我们需要调整一下儿＿＿＿计划。

（二）　A. 中外　　B. 忠心　　C. 钟头　　D. 肿　　E. 种种

1. 他用自己的行动表达了对企业的＿＿＿。

2. 人这一生会遇到＿＿＿困难，但是永远都不要放弃。

3. 许多＿＿＿科学家都对这个难题感兴趣。

4. 他昨天晚上加班，所以只睡了三个＿＿＿。

5. A：你这块儿皮肤怎么有点儿红＿＿＿？

　　B：昨天被小虫子咬了一口。

（三） A. 珠宝　　　B. 诸位　　　C. 主持人　　　D. 主角　　　E. 粥

1. 每到结婚纪念日的时候，他都会买一件____送给妻子。

2. 她没什么食欲，只喝了一点儿____。

3. 欢迎____领导来到我们公司检查和指导工作。

4. 他是一个电视节目____，因为说话幽默，深受观众喜爱。

5. 他非常珍惜这次演男____的机会。

（四） A. 主流　　　B. 煮　　　C. 住宅　　　D. 驻　　　E. 柱子

1. 妈妈在厨房里____饺子呢。

2. 这么漂亮的____，一看价格就不便宜。

3. 这是一家外国品牌的____华分公司。

4. 改革是我们当前的____工作，要格外重视。

5. 大门两侧的____又粗又高。

三、选择合适的词语完成句子　Choose the right words to complete the sentences.

1. 这个小姑娘长着一双好看的、充满____的眼睛。
   A. 聪明　　　B. 智慧　　　C. 智力　　　D. 智能

2. 毕业论文的____部分已经完成了，还有一些细节需要完善。
   A. 主角　　　B. 主体　　　C. 主流　　　D. 主导

3. 那是一座____楼，不是办公楼。
   A. 住房　　　B. 住宅　　　C. 居住　　　D. 房屋

4. 不管遇到什么困难，都不会动摇我参加比赛的____。
   A. 忠心　　　B. 虚心　　　C. 决心　　　D. 耐心

5. 包括做手术在内的所有____费用一共需要50万。
   A. 治疗　　　B. 治理　　　C. 防治　　　D. 治病

第56单元　Unit 56

◎ 目标词语　Target words

1101. 祝愿	1102. 专用	1103. 转	1104. 转动	1105. 赚
1106. 赚钱	1107. 装备	1108. 壮观	1109. 追究	1110. 捉
1111. 咨询	1112. 自来水	1113. 自我	1114. 自学	1115. 自言自语
1116. 自在	1117. 宗教	1118. 总部	1119. 总监	1120. 总经理

◎ 速记　Quick memory

1101 祝愿　zhùyuàn　*v.*　wish

我们向他们表达了美好的祝愿。
祝愿所有的同学身体健康，学习进步！

1102 专用　zhuānyòng　*v.*　be used for a special purpose

专用通道；专用资金
这是私人专用的停车场。
这些物品都是专用于救灾的。

1103 转　zhuàn　*v.*　turn; stroll

你看那汽车轮子转得多快！
下班后他就到处转，也不回家。

1104 转动　zhuàndòng　*v.*　turn, rotate

机器转动时很危险，不要靠近。
这个玩具娃娃的头可以灵活地转动。

1105 赚　zhuàn　*v.*　make a profit

我估计他这次能赚个一万块。
因为家里经济条件不好，他就自己打工赚生活费。

1106 赚钱　zhuàn//qián　make money

一个好的企业不能只顾赚钱，也要承担一定的社会责任。
一个人如果没有健康的身体，赚多少钱也没意义。

1107 装备　zhuāngbèi

（1）*v.*　equip
企业给每个工作人员都装备了电脑。
我们的生产部门装备了最先进的设备。

（2）*n.*　equipment
缺乏装备；补充装备
一双合适的鞋是爬山的必要装备。

为了提高效率，我们购买了一批先进的装备。

1108 壮观 zhuàngguān

（1）*adj.* spectacular
我们开学典礼的场面非常壮观。
昨晚我们观看了一场十分壮观的烟花表演。
（2）*n.* spectacular sight
看着眼前的壮观，我不禁忘了呼吸。
大自然的壮观给我留下了深刻的印象。

1109 追究 zhuījiū *v.* look into, investigate

你们一定要彻底追究这次事故的原因。
一旦发生问题，就会追究相关人员的责任。

1110 捉 zhuō *v.* catch, seize

捉小偷儿
那个凶手已经被警察捉住了。
小明从外面捉了一只小虫子回来。

1111 咨询 zīxún *v.* consult

业务咨询；咨询效果
他在一家心理咨询机构工作。
我想找一位律师咨询一些法律方面的问题。

1112 自来水 zìláishuǐ *n.* tap water

农村地区的居民基本都用上自来水了。
我们楼下的自来水管道破了，正在维修。

1113 自我 zìwǒ *pron.* self

自我批评；自我介绍；自我欣赏
父母应该培养孩子的自我保护意识。
关于刚才的考试，他自我感觉良好。

1114 自学 zìxué *v.* teach oneself

他正在自学西班牙语。
我哥哥的修车技术都是自学的。

1115 自言自语 zìyán-zìyǔ talk to oneself

他一个人在家的时候常常自言自语。
妈妈自言自语地说："粥怎么吃完了？"

1116 自在 zìzai *adj.* comfortable, at ease

小鱼在水里自在地游来游去，真快活啊！
爷爷奶奶都退休了，每天种种花、散散步，日子过得很自在。

1117 宗教 zōngjiào *n.* religion

宗教信仰
佛教是世界三大宗教之一。

他们正在举行某种宗教仪式。

1118 总部　zǒngbù　n.　headquarters

我们公司的总部位于北京。
总部将要派领导来检查我们的工作。

1119 总监　zǒngjiān　n.　chief inspector

艺术总监；创意总监
这位是我们公司的设计总监。
我们厂的技术总监说这台设备需要维修。

1120 总经理　zǒngjīnglǐ　n.　general manager

今天总经理要来公司检查工作。
总经理今天的行程安排得很满。

◎ 速练　Quick practice

一、先根据词语写拼音，再将词语和正确的英文释义连起来
Write Pinyin according to the words, and then match the words with the correct English definitions.

1. 捉 _____   A. turn; stroll

2. 赚 _____   B. equip; equipment

3. 转 _____   C. spectacular; spectacular sight

4. 咨询 _____   D. catch, seize

5. 壮观 _____   E. consult

6. 宗教 _____   F. make a profit

7. 总监 _____   G. religion

8. 装备 _____   H. chief inspector

二、选择合适的词语填空　Choose the right words and fill in the blanks.

（一）　A. 祝愿　　B. 专用　　C. 转　　D. 转动　　E. 赚

1. 这个月生意不好，____得不多。

2. 这里的街道太复杂了，我快____晕了。

3. 这是公司处理销售问题的____电话。

4. 车轮慢慢停止了____。

5. 我____大家在新的一年里工作顺利！家庭幸福！

（二） A.赚钱　　B.装备　　C.壮观　　D.追究　　E.捉

1. 他已经主动承认了错误，我们就不继续____了。
2. 这个房间里____了所有生活必需的物品。
3. 为了给孩子创造好的生活条件，父母辛苦工作____。
4. 鸡跑到屋子里去了，奶奶叫我把它____出来。
5. 我从来没见过这么____的景象。

（三） A.咨询　　B.自来水　　C.自我　　D.自学　　E.总经理

1. 他不喝家里的____，要去买瓶装的纯净水喝。
2. 这辆车是____专用的。
3. 我想了解出国留学的信息，打算先找一家留学服务公司____一下儿。
4. 大家都是第一次见面，我们先做一个____介绍吧。
5. 我哥哥靠____成了画家。

（四） A.自在　　B.宗教　　C.总部　　D.总监　　E.自言自语

1. 我们这儿只是一个分公司，____在北京。
2. 人们有____信仰自由的权利。
3. 小丽，你躺在那儿____说什么呢？
4. 艺术____对舞蹈演员的表现不太满意。
5. 想找一份工资高又轻松____的工作可不容易。

三、选择合适的词语完成句子　Choose the right words to complete the sentences.

1. 为了给辛老师送行，同学们____准备了这份礼物。
　　A.专用　　　　B.专利　　　　C.专心　　　　D.专门
2. 这支队伍经过严格的训练，再加上这些现代化的____，战斗力更强了。
　　A.装修　　　　B.装备　　　　C.改装　　　　D.安装
3. 几千匹马在草原上奔跑，这个场面实在是太____了。
　　A.主观　　　　B.客观　　　　C.壮观　　　　D.外观
4. 事情已经过去了，你也没什么损失，为什么还要____是谁的错呢？
　　A.追　　　　　B.追究　　　　C.追求　　　　D.寻求
5. 我们开通了专门的教育热线，为家长们提供____服务。您在教育孩子的过程中有任何问题，都可以给我们打电话。
　　A.咨询　　　　B.询问　　　　C.查询　　　　D.审查

第 57 单元　Unit 57

◎ **目标词语　Target words**

1121. 总量	1122. 走私	1123. 奏	1124. 租金	1125. 足
1126. 足以	1127. 族（*n.*）	1128. 族（*suf.*）	1129. 祖父	1130. 祖国
1131. 祖母	1132. 钻	1133. 最佳	1134. 最终	1135. 罪
1136. 罪恶	1137. 作	1138. 作废	1139. 作战	1140. 座谈会

◎ **速记　Quick memory**

1121 总量　zǒngliàng　*n.*　total quantity/amount

销售总量；生产总量
我们的业务总量比去年增长了30%。
他的财产总量大大超过了我们的想象。

1122 走私　zǒu//sī　smuggle

走私品；走私船
他因为从事走私活动被警察抓了。
国家采取严厉措施打击走私犯罪。

1123 奏　zòu　*v.*　play (a musical instrument)

合奏
现在升国旗，奏国歌！
这是李老师一个人的独奏音乐会。

1124 租金　zūjīn　*n.*　rent

收租金
这套房子的租金不高。
每个月的15号是交租金的日子。

1125 足　zú

（1）*adj.*　enough, sufficient
时间还很足，你慢慢写，别着急。
昨天晚上没睡好，今天精神不足。
（2）*adv.*　up to a certain amount/degree
这条鱼足有20斤重。
这点儿工作，一个钟头足能做完。

1126 足以　zúyǐ　*v.*　be enough

这些证据不足以证明他有罪。
我们看到的事实已经足以说明问题。

第57单元

1127 族 zú *n.* clan; race, ethnic group

他们俩是同族的兄弟。
这个地区生活着汉族、白族、回族等多个民族的人。

1128 族 zú *suf.* a class of people with common features or attributes

我姐姐是个普通的上班族。
"月光族"是指到月底就花光每个月赚的钱的人。

1129 祖父 zǔfù *n.* (paternal) grandfather

祖父对我的教育非常严格。
他的祖父在他很小的时候就去世了。

1130 祖国 zǔguó *n.* motherland

他们把青春都奉献给了祖国。
在国外的这十几年,他日夜盼望回到祖国。

1131 祖母 zǔmǔ *n.* (paternal) grandmother

我非常怀念我的祖母。
是祖母把我从小养大的。

1132 钻 zuān *v.* drill; get into; study intensively

他在门上钻了一个小洞。
小狗钻到桌子底下去了。
他对不懂的东西很有钻劲儿,不论有多难,一定要弄明白。

1133 最佳 zuìjiā *adj.* optimum

最佳答案;最佳表现;最佳时机
我市正在评选"最佳医院"。
大家都觉得这是养老的最佳地点。

1134 最终 zuìzhōng *n.* the end, the final

他一直在犹豫,最终还是没有来。
经过三天的激烈比赛,最终我们队获得了冠军。

1135 罪 zuì *n.* crime; sufferings

无罪
法院最终判他有罪。
这么热的天不开空调,真是受罪!

1136 罪恶 zuì'è *n.* evil, crime

罪恶思想;罪恶行为
这些利益都是用罪恶手段获得的。
我们永远不会原谅他们犯下的罪恶。

1137 作 zuò *v.* regard as; write, compose

他一直把我们作自家人看待。
他只用一个小时的时间就作了一首诗,后来那首诗被发表在了报纸上。

1138 作废 zuòfèi v. become invalid

我换了新的身份证,旧的已经作废了。
这些优惠券过时作废,得赶快把它们用掉。

1139 作战 zuòzhàn v. fight

勇敢作战;联合作战;作战方针
我们已经制订了详细的作战计划。
这是爸爸的战友,他们曾经共同作战。

1140 座谈会 zuòtánhuì n. forum

文艺座谈会;出席座谈会
大家都在座谈会上积极发言。
我们召开了一次负责人座谈会。

◎ 速练　Quick practice

一、先根据词语写拼音,再将词语和正确的英文释义连起来
　　Write Pinyin according to the words, and then match the words with the correct English definitions.

1. 足 ＿＿＿＿＿＿　　A. smuggle

2. 罪恶 ＿＿＿＿＿　　B. play (a musical instrument)

3. 最佳 ＿＿＿＿＿　　C. enough, sufficient; up to a certain amount/degree

4. 奏 ＿＿＿＿＿＿　　D. clan; race, ethnic group; a class of people with

5. 族 ＿＿＿＿＿＿　　　　common features or attributes

6. 作废 ＿＿＿＿＿　　E. drill; get into; study intensively

7. 钻 ＿＿＿＿＿＿　　F. optimum

8. 走私 ＿＿＿＿＿　　G. evil, crime

　　　　　　　　　　　H. become invalid

二、选择合适的词语填空　Choose the right words and fill in the blanks.

（一）　A. 总量　　B. 走私　　C. 奏　　D. 租金　　E. 足

1. 这些汽车是____来的,所以价格便宜。

2. 我们已经提前付了半年的____。

3. 因为人力不____,我们没有按时完成任务。

4. 今年我们国家的出口____是去年的一倍。

5. 他一首乐曲____完,大家都鼓起掌来。

(二)　　A. 足以　　B. 族　　C. 祖父　　D. 祖国　　E. 祖母

1. 今天是国庆节，我们要歌唱我们伟大的____！
2. 这些钱____让我们过上好日子了。
3. 我的____是一位非常能干的女性。
4. 我爸爸长得很像____。
5. 这个____的人大部分信仰佛教。

(三)　　A. 族　　B. 钻　　C. 最佳　　D. 最终　　E. 罪

1. 因为门打不开，所以我们就从窗户____进去了。
2. 这是目前可以想到的____方案了，我们先试试。
3. 我犯了什么____？你们为什么要抓我？
4. 我就是个打工____，哪儿有钱买房子呀。
5. 虽然他已经尽力了，但____还是失败了。

(四)　　A. 罪恶　　B. 作　　C. 作废　　D. 作战　　E. 座谈会

1. 爷爷退休后每天在家____画儿。
2. 因为考试的时候违反纪律，所以成绩____。
3. 因为____勇敢，他受到了上级表扬。
4. 爷爷说浪费粮食是____的行为。
5. 参加这次____的有不少知名学者。

三、选择合适的词语完成句子　Choose the right words to complete the sentences.

1. 我们今天出去吃饭、唱歌、看电影，____消费了1000多块钱。
   A. 总数　　　　B. 总共　　　　C. 总量　　　　D. 数量

2. 我们这辆车每个月的____是3000块。
   A. 房租　　　　B. 租金　　　　C. 金额　　　　D. 金钱

3. 早上吃得很饱，所以现在干活儿力气很____。
   A. 多　　　　　B. 够　　　　　C. 满　　　　　D. 足

4. 世界上有200多个____和地区。
   A. 国　　　　　B. 国家　　　　C. 家园　　　　D. 祖国

5. 这些烟花虽然美丽，但____还是会消失的。
   A. 最终　　　　B. 终于　　　　C. 终点　　　　D. 以后

语法术语缩略形式一览表
Abbreviations for Grammar Terms

缩略形式 Abbreviations	英文名称 Grammar Terms in English	中文名称 Grammar Terms in Chinese
adj.	Adjective	形容词
adv.	Adverb	副词
conj.	Conjunction	连词
int.	Interjection	叹词
m.	Measure Word	量词
n.	Noun	名词
nu.	Numeral	数词
ono.	Onomatopoeia	拟声词
pref.	Prefix	前缀
prep.	Preposition	介词
pron.	Pronoun	代词
pt.	Particle	助词
suf.	Suffix	后缀
v.	Verb	动词

六级词汇检索表
Index of Vocabulary Level 6

序号 No.	词语 Vocabulary	页码 Page	序号 No.	词语 Vocabulary	页码 Page	序号 No.	词语 Vocabulary	页码 Page
1	挨着	1	24	爆炸	5	47	便	9
2	挨	1	25	悲惨	5	48	便是	10
3	挨打	1	26	背心	5	49	遍地	10
4	安检	1	27	背着	5	50	表面上	10
5	罢工	1	28	被告	5	51	病房	10
6	罢了	1	29	奔跑	6	52	病情	10
7	白领	1	30	本	6	53	拨打	10
8	百分点	1	31	本地	6	54	波动	10
9	办公	2	32	本期	6	55	波浪	10
10	办事处	2	33	本身	6	56	播	10
11	办学	2	34	本土	6	57	不便	10
12	半决赛	2	35	本质	6	58	不见	11
13	傍晚	2	36	逼	6	59	不料	11
14	保健	2	37	笔试	6	60	不再	11
15	报刊	2	38	必将	6	61	不至于	13
16	报考	2	39	必修	6	62	补考	13
17	抱歉	2	40	闭	7	63	补课	13
18	暴风雨	2	41	边缘	9	64	补习	13
19	暴力	2	42	编制	9	65	补助	13
20	暴露	3	43	扁	9	66	捕	13
21	暴雨	5	44	变更	9	67	不成	13
22	爆	5	45	变换	9	68	不禁	14
23	爆发	5	46	变形	9	69	不仅仅	14

序号 No.	词语 Vocabulary	页码 Page	序号 No.	词语 Vocabulary	页码 Page	序号 No.	词语 Vocabulary	页码 Page
70	不通	14	101	长假	21	132	重建	27
71	不怎么	14	102	长久	21	133	重组	27
72	不怎么样	14	103	长跑	21	134	崇拜	27
73	不值	14	104	长远	21	135	宠物	27
74	布满	14	105	常规	21	136	冲	27
75	部队	14	106	常年	21	137	出场	28
76	采纳	14	107	厂商	22	138	出动	28
77	踩	14	108	场地	22	139	出访	28
78	参赛	14	109	场馆	22	140	出路	28
79	参展	15	110	场景	22	141	出面	31
80	餐	15	111	畅通	22	142	出名	31
81	残疾	17	112	超	22	143	出入	31
82	残疾人	17	113	超出	22	144	出事	31
83	残酷	17	114	炒	22	145	出台	31
84	惨	17	115	炒股	23	146	出行	31
85	仓库	17	116	炒作	23	147	初等	32
86	藏	17	117	车号	23	148	除	32
87	操纵	17	118	车牌	23	149	厨师	32
88	厕所	17	119	车展	23	150	储存	32
89	侧	18	120	撤离	23	151	处处	32
90	测定	18	121	撤销	26	152	处长	32
91	策划	18	122	撑	26	153	传出	32
92	策略	18	123	成	26	154	传媒	32
93	层面	18	124	成分	26	155	传输	32
94	差异	18	125	成品	26	156	传言	32
95	查出	18	126	承诺	26	157	船员	33
96	查看	18	127	城区	27	158	船长	33
97	拆迁	18	128	城乡	27	159	船只	33
98	产量	19	129	城镇	27	160	串	33
99	昌盛	19	130	持有	27	161	窗口	36
100	长短	19	131	冲击	27	162	创办	36

序号 No.	词语 Vocabulary	页码 Page	序号 No.	词语 Vocabulary	页码 Page	序号 No.	词语 Vocabulary	页码 Page
163	创建	36	194	待会儿	41	225	定价	48
164	创意	36	195	担忧	41	226	定时	48
165	此处	36	196	单打	41	227	定位	49
166	此次	36	197	诞生	41	228	动画	49
167	此前	36	198	党	41	229	斗争	49
168	此事	37	199	当	42	230	都市	49
169	此致	37	200	当成	42	231	毒品	49
170	次数	37	201	当天	44	232	赌	49
171	从不	37	202	当作	44	233	赌博	49
172	从没	37	203	档	44	234	渡	49
173	醋	37	204	档案	44	235	端	49
174	村庄	37	205	岛	44	236	端午节	50
175	错过	37	206	到期	44	237	短片	50
176	搭	37	207	盗版	44	238	队伍	50
177	搭档	37	208	道教	45	239	对抗	50
178	搭配	38	209	道歉	45	240	对外	50
179	打动	38	210	低头	45	241	蹲	53
180	打断	38	211	低温	45	242	多半	53
181	打发	40	212	滴	45	243	多方面	53
182	打官司	40	213	抵达	45	244	多媒体	53
183	打牌	40	214	抵抗	45	245	夺	53
184	打印机	40	215	地板	45	246	夺取	53
185	打造	40	216	地名	45	247	恩人	53
186	大道	40	217	地下室	45	248	儿科	54
187	大街	40	218	电车	46	249	发病	54
188	大力	40	219	电动	46	250	发电	54
189	大米	41	220	电力	46	251	发放	54
190	大批	41	221	电器	48	252	发怒	54
191	大赛	41	222	吊	48	253	发起	54
192	大师	41	223	调研	48	254	发言人	54
193	大使	41	224	跌	48	255	发炎	54

序号 No.	词语 Vocabulary	页码 Page	序号 No.	词语 Vocabulary	页码 Page	序号 No.	词语 Vocabulary	页码 Page
256	法庭	54	287	负	61	318	更是	67
257	法语	54	288	妇女	61	319	工商	67
258	番	54	289	复苏	62	320	公	67
259	番茄	55	290	副¹ (*adj.*)	62	321	公安	70
260	凡是	55	291	副² (*m.*)	62	322	公鸡	70
261	繁殖	57	292	富人	62	323	公众	70
262	反抗	57	293	富有	62	324	公主	70
263	反问	57	294	改装	62	325	攻击	70
264	反响	57	295	干涉	62	326	供给	70
265	犯	57	296	肝	62	327	宫	70
266	犯规	57	297	杆	62	328	巩固	71
267	犯罪	57	298	赶不上	62	329	贡献	71
268	防范	58	299	赶忙	63	330	构建	71
269	防守	58	300	赶上	63	331	孤独	71
270	房价	58	301	敢于	65	332	孤儿	71
271	仿佛	58	302	感人	65	333	姑姑	71
272	飞船	58	303	刚好	65	334	古典	71
273	飞行员	58	304	岗位	65	335	股	71
274	肺	58	305	港口	65	336	股东	72
275	分工	58	306	高层	65	337	股票	72
276	分裂	58	307	高档	65	338	故障	72
277	愤怒	58	308	高等	66	339	顾	72
278	风暴	58	309	高峰	66	340	刮	72
279	峰会	59	310	高考	66	341	拐	75
280	奉献	59	311	高科技	66	342	关爱	75
281	佛	61	312	高手	66	343	关联	75
282	佛教	61	313	稿子	66	344	观光	75
283	服	61	314	歌唱	66	345	官司	75
284	浮	61	315	歌词	66	346	管道	75
285	父女	61	316	歌星	66	347	光辉	75
286	父子	61	317	革新	66	348	广阔	76

序号 No.	词语 Vocabulary	页码 Page	序号 No.	词语 Vocabulary	页码 Page	序号 No.	词语 Vocabulary	页码 Page
349	轨道	76	380	宏大	81	411	吉祥	89
350	跪	76	381	洪水	83	412	极端	89
351	国产	76	382	忽略	83	413	急救	89
352	国歌	76	383	壶	83	414	疾病	89
353	国会	76	384	互动	83	415	集	89
354	国旗	76	385	户外	83	416	给予	90
355	国王	76	386	护	83	417	加盟	90
356	果酱	76	387	花费	84	418	家电	90
357	果树	76	388	花瓶	84	419	家园	90
358	过渡	77	389	花生	84	420	嘉宾	90
359	过后	77	390	化解	84	421	假日	93
360	过时	77	391	幻想	84	422	尖	93
361	海报	79	392	患者	84	423	检测	93
362	海底	79	393	皇帝	84	424	监督	93
363	海军	79	394	回应	84	425	捡	93
364	海浪	79	395	毁	84	426	简介	93
365	海外	79	396	会见	84	427	剑	94
366	海湾	79	397	会长	85	428	鉴定	94
367	海洋	79	398	绘画	85	429	箭	94
368	好（不）容易	79	399	昏	85	430	将军	94
369	好似	80	400	混	85	431	讲课	94
370	好转	80	401	混合	88	432	酱	94
371	好学	80	402	混乱	88	433	酱油	94
372	合约	80	403	活跃	88	434	骄傲	94
373	和谐	80	404	火箭	88	435	焦点	94
374	核心	80	405	机动车	88	436	脚印	95
375	黑夜	80	406	机关	88	437	觉	95
376	很难说	80	407	机械	88	438	教堂	95
377	狠	80	408	基督教	89	439	教育部	95
378	横	80	409	激情	89	440	接收	95
379	衡量	81	410	吉利	89	441	揭	98

序号 No.	词语 Vocabulary	页码 Page	序号 No.	词语 Vocabulary	页码 Page	序号 No.	词语 Vocabulary	页码 Page
442	街头	98	473	酒水	104	504	看作	113
443	节	98	474	救命	104	505	康复	113
444	节假日	98	475	救援	104	506	抗议	113
445	节能	98	476	救助	104	507	考场	113
446	节奏	98	477	就是说	105	508	考题	113
447	杰出	98	478	就算	105	509	科研	114
448	截止	99	479	局	105	510	客车	114
449	截至	99	480	剧	105	511	肯	114
450	解	99	481	据	108	512	空军	114
451	解说	99	482	捐	108	513	口试	114
452	界（*n.*）	99	483	捐款	108	514	扣	114
453	界（*suf.*）	99	484	捐赠	108	515	酷	114
454	借鉴	99	485	捐助	108	516	跨	114
455	金额	99	486	决策	108	517	快车	114
456	金钱	99	487	觉悟	108	518	宽阔	115
457	金融	99	488	绝	109	519	矿	115
458	尽	100	489	绝大多数	109	520	阔	115
459	进攻	100	490	军队	109	521	啦	117
460	近日	100	491	军舰	109	522	来往	117
461	近视	103	492	军事	109	523	赖	117
462	惊人	103	493	开创	109	524	栏目	117
463	惊喜	103	494	开关	109	525	蓝领	117
464	精	103	495	开设	109	526	蓝天	117
465	精美	103	496	开通	109	527	懒	118
466	精品	103	497	开头	110	528	牢	118
467	井	104	498	开夜车	110	529	老乡	118
468	景	104	499	看	110	530	冷气	118
469	景点	104	500	看管	110	531	冷水	118
470	净	104	501	看得见	113	532	礼堂	118
471	纠纷	104	502	看得起	113	533	理	118
472	纠正	104	503	看好	113	534	理财	118

序号 No.	词语 Vocabulary	页码 Page	序号 No.	词语 Vocabulary	页码 Page	序号 No.	词语 Vocabulary	页码 Page
535	理智	118	566	嘛	127	597	母	133
536	力	119	567	埋	127	598	母鸡	133
537	利	119	568	馒头	128	599	母女	133
538	联盟	119	569	慢车	128	600	母子	133
539	联赛	119	570	盲人	128	601	墓	136
540	联手	119	571	梅花	128	602	拿走	136
541	凉鞋	122	572	美容	128	603	奶粉	136
542	两侧	122	573	蒙(mēng, v.)	128	604	奶牛	136
543	两手	122	574	蒙(méng, v.)	128	605	难忘	136
544	聊	122	575	猛	128	606	内地	136
545	聊天儿	122	576	棉	128	607	内外	136
546	料¹(v.)	122	577	免得	128	608	内衣	137
547	料²(n.)	122	578	面对面	128	609	能否	137
548	裂	122	579	面向	128	610	泥	137
549	灵活	123	580	妙	129	611	扭	137
550	领取	123	581	灭	131	612	排行榜	137
551	领袖	123	582	民歌	131	613	派出	137
552	另	123	583	民工	131	614	判	137
553	留言	123	584	民警	131	615	盼望	137
554	流感	123	585	民意	131	616	泡	137
555	楼道	123	586	民主	131	617	炮	137
556	楼房	123	587	名额	131	618	陪同	137
557	露(lòu, v.)	123	588	名胜	132	619	配置	138
558	陆军	124	589	名义	132	620	皮球	138
559	录像	124	590	名誉	132	621	偏	140
560	录音机	124	591	明日	132	622	贫困	140
561	路过	127	592	命	132	623	品牌	140
562	露(lù, v.)	127	593	膜	132	624	聘请	140
563	旅店	127	594	磨	132	625	平凡	140
564	绿化	127	595	没收	132	626	平方米	140
565	马车	127	596	墨水	132	627	平衡	140

序号 No.	词语 Vocabulary	页码 Page	序号 No.	词语 Vocabulary	页码 Page	序号 No.	词语 Vocabulary	页码 Page
628	平台	141	659	亲属	146	690	认同	154
629	评	141	660	亲眼	146	691	日夜	154
630	评选	141	661	倾向	148	692	日语	154
631	屏幕	141	662	清	148	693	融合	154
632	坡	141	663	清洁	148	694	融入	154
633	扑	141	664	清洁工	148	695	如	154
634	铺	141	665	清明节	148	696	如一	154
635	欺负	141	666	清洗	148	697	乳制品	155
636	奇妙	141	667	情绪	149	698	入	155
637	企图	141	668	求职	149	699	入学	155
638	起点	142	669	球拍	149	700	若	155
639	起诉	142	670	球星	149	701	塞	158
640	气氛	142	671	球员	149	702	赛	158
641	恰当	144	672	区分	149	703	赛场	158
642	恰好	144	673	渠道	149	704	三明治	158
643	恰恰	144	674	取款	149	705	丧失	158
644	牵	144	675	取款机	149	706	山峰	158
645	铅笔	144	676	去掉	149	707	山谷	158
646	谦虚	144	677	权	149	708	山坡	158
647	前方	144	678	权力	150	709	伤口	159
648	前来	144	679	全力	150	710	伤亡	159
649	潜力	145	680	全新	150	711	伤员	159
650	强盗	145	681	券	153	712	商城	159
651	强化	145	682	缺陷	153	713	上当	159
652	强势	145	683	却是	153	714	上帝	159
653	强壮	145	684	让座	153	715	上市	159
654	桥梁	145	685	热点	153	716	上台	159
655	巧妙	145	686	热水	153	717	上演	159
656	茄子	145	687	热水器	153	718	勺	160
657	切实	145	688	热线	154	719	少儿	160
658	侵犯	146	689	人权	154	720	舌头	160

序号 No.	词语 Vocabulary	页码 Page	序号 No.	词语 Vocabulary	页码 Page	序号 No.	词语 Vocabulary	页码 Page
721	设计师	162	752	首	167	783	太阳能	175
722	涉及	162	753	首次	167	784	叹气	175
723	深化	162	754	首脑	167	785	探索	175
724	深深	162	755	首席	167	786	探讨	175
725	审查	162	756	首相	167	787	趟	175
726	升级	162	757	书房	168	788	掏	175
727	升学	162	758	薯片	168	789	特	176
728	升值	163	759	薯条	168	790	特大	176
729	生活费	163	760	双打	168	791	特地	176
730	省钱	163	761	爽	171	792	特快	176
731	圣诞节	163	762	水泥	171	793	特意	176
732	盛行	163	763	税	171	794	疼痛	176
733	师父	163	764	顺	171	795	踢	176
734	师生	163	765	说明书	171	796	提交	176
735	时而	163	766	说实话	171	797	提升	176
736	时节	163	767	司长	172	798	天然	176
737	时期	163	768	死亡	172	799	天堂	177
738	时时	163	769	四处	172	800	天下	177
739	时装	164	770	寺	172	801	添	179
740	识	164	771	送礼	172	802	田	179
741	识字	166	772	送行	172	803	田径	179
742	实践	166	773	素质	172	804	跳水	179
743	食欲	166	774	算了	172	805	听取	179
744	市民	166	775	算是	172	806	通报	179
745	事后	166	776	虽	172	807	通道	180
746	试点	166	777	岁数	172	808	通红	180
747	适当	167	778	所	173	809	通话	180
748	收藏	167	779	踏实	173	810	通行	180
749	收取	167	780	塔	173	811	通讯	180
750	收养	167	781	踏	175	812	同	180
751	手续费	167	782	台灯	175	813	同胞	180

序号 No.	词语 Vocabulary	页码 Page	序号 No.	词语 Vocabulary	页码 Page	序号 No.	词语 Vocabulary	页码 Page
814	同行	180	845	顽皮	188	876	细菌	193
815	同期	180	846	顽强	188	877	先锋	194
816	同一	181	847	王后	188	878	嫌	194
817	铜牌	181	848	王子	188	879	显出	194
818	头疼	181	849	网吧	189	880	险	194
819	投票	181	850	网页	189	881	线路	196
820	透露	181	851	往后	189	882	陷入	196
821	图书	184	852	往来	189	883	响声	196
822	徒弟	184	853	往年	189	884	想不到	196
823	途径	184	854	望见	189	885	消耗	196
824	土	184	855	危机	189	886	消灭	196
825	团队	184	856	威胁	189	887	小费	197
826	推出	184	857	微波炉	189	888	小麦	197
827	退票	184	858	维生素	189	889	小于	197
828	吞	185	859	为此	189	890	晓得	197
829	托	185	860	为何	190	891	笑脸	197
830	拖	185	861	文娱	192	892	笑容	197
831	拖鞋	185	862	卧铺	192	893	笑声	197
832	挖	185	863	乌云	192	894	协会	197
833	娃娃	185	864	无边	192	895	协商	197
834	哇	185	865	无关	192	896	协调	197
835	外币	185	866	无效	192	897	协助	198
836	外部	185	867	舞蹈	192	898	写字楼	198
837	外出	185	868	物品	193	899	写字台	198
838	外观	185	869	误	193	900	心灵	198
839	外科	186	870	西班牙语	193	901	心愿	201
840	外来	186	871	吸毒	193	902	心脏	201
841	外头	188	872	牺牲	193	903	心脏病	201
842	外衣	188	873	洗衣粉	193	904	新人	201
843	外资	188	874	戏曲	193	905	新兴	201
844	弯曲	188	875	细胞	193	906	薪水	201

序号 No.	词语 Vocabulary	页码 Page	序号 No.	词语 Vocabulary	页码 Page	序号 No.	词语 Vocabulary	页码 Page
907	信仰	201	938	样	207	969	因素	214
908	信用	202	939	药品	207	970	阴谋	214
909	兴旺	202	940	要不然	207	971	阴影	214
910	行程	202	941	要好	209	972	音量	214
911	形	202	942	要么	209	973	音像	214
912	凶	202	943	要素	209	974	隐藏	214
913	凶手	202	944	野	209	975	隐私	214
914	修车	202	945	野生	209	976	印	214
915	袖珍	202	946	医药	209	977	英雄	215
916	悬	202	947	依次	209	978	迎来	215
917	旋转	202	948	依赖	210	979	影迷	215
918	选拔	202	949	一次性	210	980	影星	215
919	选举	203	950	一代	210	981	应对	217
920	学会	203	951	一道	210	982	应急	217
921	学员	205	952	一贯	210	983	用处	217
922	血管	205	953	一路上	210	984	用得着	217
923	血液	205	954	仪器	210	985	用法	217
924	循环	205	955	仪式	210	986	用品	217
925	压迫	205	956	遗憾	210	987	用心	217
926	烟花	205	957	一番	210	988	优质	217
927	沿	205	958	一模一样	211	989	游人	218
928	沿海	205	959	一齐	211	990	游玩	218
929	沿着	206	960	一时	211	991	游戏机	218
930	研发	206	961	一同	213	992	游行	218
931	眼看	206	962	一行	213	993	有关	218
932	演奏	206	963	艺人	213	994	有没有	218
933	宴会	206	964	议题	213	995	有事	218
934	洋	206	965	异常	213	996	于	218
935	仰	206	966	意想不到	213	997	娱乐	218
936	养老	206	967	意愿	213	998	愉快	219
937	氧气	206	968	因	214	999	与	219

序号 No.	词语 Vocabulary	页码 Page	序号 No.	词语 Vocabulary	页码 Page	序号 No.	词语 Vocabulary	页码 Page
1000	宇航员	219	1031	扎实	226	1062	政权	235
1001	雨衣	221	1032	炸	226	1063	症状	235
1002	预约	221	1033	炸弹	226	1064	之类	235
1003	元素	221	1034	炸药	226	1065	支撑	235
1004	园	221	1035	债	226	1066	支援	235
1005	原地	221	1036	占据	226	1067	枝	236
1006	原	221	1037	战场	227	1068	知名	236
1007	原告	221	1038	战略	227	1069	织	236
1008	原谅	221	1039	战术	227	1070	直升机	236
1009	圆珠笔	222	1040	战友	227	1071	职责	236
1010	援助	222	1041	站台	230	1072	止	236
1011	缘故	222	1042	章	230	1073	只得	236
1012	远方	222	1043	长	230	1074	只顾	236
1013	远离	222	1044	掌声	230	1075	只管	236
1014	远远	222	1045	账	230	1076	指定	236
1015	约定	222	1046	账户	230	1077	指数	237
1016	乐曲	222	1047	涨	230	1078	指头	237
1017	晕	222	1048	障碍	231	1079	指着	237
1018	允许	222	1049	招	231	1080	至于	237
1019	运作	223	1050	招聘	231	1081	治病	240
1020	晕车	223	1051	照样	231	1082	智慧	240
1021	杂	225	1052	照耀	231	1083	中等	240
1022	再生	225	1053	哲学	231	1084	中华	240
1023	再说	225	1054	这就是说	231	1085	中期	240
1024	遭到	225	1055	镇	231	1086	中外	240
1025	遭受	225	1056	争夺	232	1087	忠心	240
1026	遭遇	225	1057	整顿	232	1088	钟头	240
1027	早晚	226	1058	整治	232	1089	肿	241
1028	增进	226	1059	正当	232	1090	种种	241
1029	增值	226	1060	政策	232	1091	粥	241
1030	扎	226	1061	政党	235	1092	珠宝	241

六级词汇检索表

序号 No.	词语 Vocabulary	页码 Page	序号 No.	词语 Vocabulary	页码 Page
1093	诸位	241	1124	租金	248
1094	主持人	241	1125	足	248
1095	主角	241	1126	足以	248
1096	主流	241	1127	族（n.)	249
1097	煮	241	1128	族（suf.)	249
1098	住宅	241	1129	祖父	249
1099	驻	241	1130	祖国	249
1100	柱子	242	1131	祖母	249
1101	祝愿	244	1132	钻	249
1102	专用	244	1133	最佳	249
1103	转	244	1134	最终	249
1104	转动	244	1135	罪	249
1105	赚	244	1136	罪恶	249
1106	赚钱	244	1137	作	249
1107	装备	244	1138	作废	250
1108	壮观	245	1139	作战	250
1109	追究	245	1140	座谈会	250
1110	捉	245			
1111	咨询	245			
1112	自来水	245			
1113	自我	245			
1114	自学	245			
1115	自言自语	245			
1116	自在	245			
1117	宗教	245			
1118	总部	246			
1119	总监	246			
1120	总经理	246			
1121	总量	248			
1122	走私	248			
1123	奏	248			